الله الرحمن الرحيم

FECR

Fecr Yayınları: 310

AHLÂK-I CELÂLÎ
Levâmi'u'l-İşrâk fî Mekârimi'l-Ahlâk
(Güzel Ahlak Hakkında İşrâk Parıltıları)

Celâleddîn Devvânî

Eserin Özgün Dili: Farsça

Çeviren
Prof. Dr. Ejder Okumuş

Tashih/Redakte
Nasrin Zabeti Miandoab-Abdullah Can

Mizanpaj ve *Kapak*
FCR

Baskı ve Cilt
ŞAFAK MATBAACILIK
İvedik O.S.B. Matbaacılar Sitesi 1515. Sk. No: 53
Yenimahalle/ANKARA • Tel: 0312. 229 57 84
(Sertifika No: 16104)

1. Baskı: Eylül 2019

ISBN: 978-605-7570-34-5

FCR YAYIN REKLAM BİLGİSAYAR SAN. ve TİC. LTD. ŞTİ.
Hacı Bayram Mah. Boyacılar Sk. No: 14/1 Ulus-Altındağ/ANKARA
Tel: (0312) 310 08 60 (pbx) - Fax: (0312) 311 47 89
Web: www.fcr.com.tr • e-mail: fcr@fcr.com.tr

AHLÂK-I CELÂLÎ

Levâmi'u'l-İşrâk fî Mekârimi'l-Ahlâk
(Güzel Ahlak Hakkında İşrâk Parıltıları)

Celâleddîn Devvânî

Farsça'dan Çeviren:
Prof. Dr. Ejder Okumuş

Ankara 2019

Celâleddîn Devvânî (1425?-1502?): Tam adı Celâleddîn Ebû Abdullâh Muhammed b. Sa'deddîn Es'ad b. Muhammed b. Abdurrahîm ed-Devvânî el-Kazerûnî eş-Şirâzî eş-Şâfi'î es-Sıddîkî olan Celâleddîn Devvânî, İran'ın Kazerûn şehrinin Devân kasabasında dünyaya gelmiştir. Devvânî, Karakoyunlular ve Akkoyunlular zamanında yaşamış çok yönlü bir İslam âlimidir. Kelâm, tefsir, hadis, fıkıh, felsefe ve tasavvuf gibi alanlarda önemli eserler vermiş olan Devvânî, kadılık ve müderrislik gibi mühim görevlerde bulunmuş ve pek çok ilim insanı yetiştirmiş bir şahsiyettir.

Bazı Eserleri: *Levâmi'u'l-İşrâk fî Mekârimi'l-Ahlâk* (*Ahlâk-ı Celâlî*), *'Unmûzecu'l-'Ulûm*, *Risâle der Dîvân-ı Mezâlim*, *Şevâkilu'l-Hûr fî Şerhi Heyâkili'n-Nûr*, *Arznâme*, *Şerhu Tehzibi'l-Mantık ve'l-Kelâm*, *Hâşiye alâ Şerhi'ş-Şemsiyye*, *Tefsîru Sûreti'l-Kâfirûn*, *Tefsîru Sûreti'l-İhlâs*, *Şerhu'l-'Akâ'idi'l-Adûdiyye*, *Hâşiye alâ Şerhi't-Tecrîd*, *Risâle fî îmâni Firavn*, *Risâle fî Halki'l-'Âmâl*, *Risâle-i Sayha ve Sadâ*, *Şerh-i Rubâiyyât*, *Şerh-i Yek Gazel-i Hâce Hâfız*, *Şerh-i Beytî ez Gülşen-i Râz*.

Ejder Okumuş: 1967 yılında Kahramanmaraş'ta dünyaya geldi. 1988'de Selçuk Üniversitesi İlâhiyat Fakültesi'ni bitirdi. 1995'te Selçuk Üniversitesi Sosyal Bilimler Enstitüsü'nde Yüksek Lisansını, 1999'da Marmara Üniversitesi Sosyal Bilimler Enstitüsü'nde Doktorasını tamamladı. Akademik çalışmalarını Ankara Sosyal Bilimler Üniversitesi Dini İlimler Fakültesi'nde sürdürmektedir.

Bazı Eserleri: Din Sosyolojisi (Ankara, Maarif Mektepleri, 2018); Nasihat Kitabı (Yunus Emre) (İstanbul, İnsan Yayınları, 2018); Türkiye'nin Laikleşme Serüveninde Tanzimat (3. bs., İstanbul, İnsan Yayınları, 2017); Din ve Toplumsal Çatışma (İstanbul, İnsan Yayınları, 2017); Toplumsal Değişme ve Din (4. bs., İstanbul, İnsan Yayınları, 2015); Osmanlı'nın Gözüyle İbn Haldun (3. bs., İstanbul, İz Yayıncılık, 2017); Kur'ân'da Toplumsal Çöküş (5. bs., İstanbul, İnsan Yayınları, 2015); Zamanın Toplumsal Gerçekliği (İstanbul, Ark Kitapları, 2011)

İÇİNDEKİLER

İKİNCİ LÂMİ'

ÜÇÜNCÜ LÂMİ'

MÜTERCİMİN ÖN SÖZÜ

Ahlâk düşünürü Muhammed b. Es'ad ed-Devvânî es-Sıddîkî'nin, meşhur adıyla Celâleddîn Devvânî'nin (ö. 908/1502) çevirisini sunduğum eseri, bizzat Devvânî'nin kendisinin belirttiği gibi *Levâmi'u'l-İşrâk fî Mekârimi'l-Ahlâk* (Güzel Ahlak Hakkında İşrak Parıltıları) başlığıyla kaleme alınmış olmakla birlikte *Ahlâk-ı Celâlî* diye tanınıp ün kazanmıştır. Özellikle kelâm, felsefe ve tasavvufta uzmanlaşmış olan İslam âlimi Celâleddîn Devvânî'nin, Akkoyunlu Hükümdarı Uzun Hasan'ın (1423-1478) isteğiyle oğlu Sultan Halil için yazdığı bu kitap, Nasîrüddîn-i Tûsî'nin (1201-1274) meşhur eseri *Ahlâk-ı Nâsırî*'den sonra Farsça ahlâk kitapları içinde en tanınmış olanıdır.

İslam Ahlâk düşüncesi ve felsefesi alanında kendi tarzında yazılan en önemli birkaç eserden biri olan *Ahlâk-ı Celâlî*, bu çeviriyle ilk kez Türkçe olarak yayınlanma imkânı bulmaktadır. Farsça aslından Türkçe'ye kazandırılan kitap, bundan sonra bizzat Farsça metninden yararlanamayan okuyucu ve araştırmacılara doğrudan başvuru kaynağı olma özelliğine kavuşmuş olmaktadır.

Belirtmek gerekir ki, bu çeviriyi yaparken esas alınan baskının[1] yanı sıra, el yazma nüshalara[2] da müracaat edilmiştir. W. G. Grey danışmanlığında Muhammed Kazım Şirâzî tarafından hazırlanıp 1911 yılında yayınlanan *Akhlâk-ı Jalâlî*'ye[3] de ihtiyaç duyuldukça başvurulmuştur. Aynı şekil-

---

1 Celâleddîn Devanî, *Ahlâk-ı Celâlî*, tashih: Abdullah Mes'ûdî 'Ârâ'î, (Tahran: İntişârât -i 'Ittılâ'ât, 1391).

2 Celâleddîn Devanî, *Ahlâk-ı Celâlî*, (Leknev, 1316/1898); Celâleddîn Devanî, *Ahlâk-ı Celâlî*, Tas. Mevlana Mevlevî Nasîruddîn, Ed. Şeyh Mübârek Ali, El Yazmasını Yazan: Muhammed Şerif (Matbaa-i Rohri, Lahor, 1302).

3 Celaleddin Devani, *Akhlâq-ı Jalâlî*, Ed. Muhammed Kazım Şirazî, (Calcutta, the Hablul Matin Press, 1911).

de yeri geldikçe Thompson'ın[4] ve Deen'in[5] İngilizce çevirisine de başvurulmuştur. Bu noktada Thompson'ın çevirisinde başlıkta ve yer yer dipnotlarda Müslümanlar için Muhammedan, Muhammedans veya Muhammedan people gibi kelimelerin kullanılmasının asla doğru olmadığı ifade edilmelidir. Fakat burada kitabın İngilizce çevirisinden yararlanma yoluna gidilmiştir. Ayrıca her iki İngilizce çeviride de ciddi hataların olduğunu belirtmekte fayda vardır. Bu hatalardan bir kaçı yeri geldiğinde dipnotlarda belirtilmiştir. O sebeple burada bunlardan ayrıca bahsetmeye gerek yoktur.

Bu çeviride teknik bazı hususlardan da bahsetmek, okuyucular için faydalı olabilir.

Öncelikle elinizdeki çeviri kitaptaki dipnotların tamamı, çevirene aittir.

Ayet ve hadislerdeki parantez, parantez içi ve tırnak işaretleri ile italikler mütercime aittir.

Kitabın sonuna kaynaklar ve indeks kısımları çeviren tarafından eklenmiştir.

Dipnotlarda zaman zaman *Ahlâk-ı Celâlî*'nin ele aldığı konular, içerik bakımından *Ahlâk-ı Nâsırî* ve *Ahlâk-ı Âlâî* ile mukayese edilmektedir. Elbette bu, sadece örnek olması bakımından yapılmaktadır, yoksa kitabın tamamı söz konusu diğer iki kitapla karşılaştırılmamaktadır.

Metin içindeki bazı kelime, kavram, ifade ve cümleler, ihtiyaç duyulduğunda bazen mütercimin isminin baş harfleriyle (EO), bazen de dipnotlarda açıklanmaktadır.

Eserin orijinal metninde âyetlerin sûre ve numaraları verilmemektedir. Mütercim kitapta geçen bütün âyetlerin sûrelerini ve numaralarını dipnotlarda vermeyi tercih etmiştir.

Kitapta hadis olarak zikredilen rivâyetlerin kaynaklarının verilmediğini de belirtmek gerek. Çeviren, bu rivâyetlerin kaynaklarını tespit etmeye çalışmış ve bulabildiklerini ilgili rivâyet geldiğinde dipnot olarak vermiştir.

Kitap üç ana bölümden oluşmaktadır. Yazar, her bir ana bölüm başlığının başına, parıldayan, ışık, ışık veren, aydın-

---

[4] Celaleddin Devani, *The Akhlak-ı Jalaly, Practical Philosophy of the Muhammadan People,* Çev. W. F. Thompson, (Londra, The Obiental Translation Fund of Great Britain and Ireland), MDCCCXXXIX.

[5] Jalaluddin Mohammad Allame Dawwani, *The Akhlak-ı Jalali*, Çev. S. H. Deen, (Lahore, Yayınlayan: Seikh Mubarak Ali , 1939).

lık, aydınlatan, aydınlatarak ileten, işaret eden gibi anlamlara gelen "lâmi'" kelimesini koyar. Bu bağlamda birinci bölüme "Lâmi'-i Evvel: Der Tehzîb-i Ahlâk" (1. Lâmi': Ahlâkı Güzelleştirme Hakkında) başlığını atar. İkinci bölüme "Lâmi'-i Dovvom: Der Tedbîr-i Menzil" (2. Lâmi': Aile Yönetim İlmi Hakkında) başlığını atar. Üçüncü bölüme de "Lâmi'-i Sevvom: Der Tedbîr-i Mudun ve Rusûm-i Pâdişâhî" (3. Lâmi': Siyaset İlmi ve Yönetim Kuralları Hakkında) başlığını atar. Celâleddîn Devvânî, anlaşıldığı kadarıyla geleneksel tasavvufî yazı üslubuna uyarak verdiği bilgilerle okuyuculara ışık saçan, ışıkla yol gösteren, onları aydınlatan anlamına gelecek şekilde bu kelimeyi kullanmıştır. Çeviride bu kelime olduğu gibi bırakılmıştır. Yani mesela "Lâmi'-i Evvel: Der Tehzîb-i Ahlâk" başlıklı birinci Lâmi', "Birinci Lâmi': Ahlâk İlmi ve Ahlâkı Güzelleştirme" şeklinde çevrilmiştir.

Devvânî, alt başlıklarda ise parıltı, parıldama, aydınlatma, ışık, aydınlık gibi anlamlara gelen ve "lâmi'" ile aynı köke sahip "lem'a" kelimesini kullanır. Örneğin birinci Lâmi'nin birinci altbaşlığına "Lem'a-i Evvel: Der Hasr-i Mekârim-i Ahlâk" der. Bu ve diğer benzer başlıklarda "lem'a" sözcüğü de olduğu gibi yazılmıştır. Mesela mezkur birinci bölümün birinci altbaşlığına "1.Lem'a: Güzel Ahlâk" denilmiş, yine örneğin ikinci bölümün birinci altbaşlığına "2.Lem'a: Ev ve Aile İhtiyacının Sebebi" denilmiştir.

Çeviren, birkaç yerde metnin özgün halinde bulunmadığı halde yazarın ele aldığı konuya uygun başlıklar atma gereği duymuştur. Bu başlıklardan her birinin, atıldığı yerde dipnotta mütercime ait olduğu belirtilmiştir.

15. asır Farsça'sıyla yazılmış ve yoğun Farsça ve Arapça şiirlerle mücehhez bir kitabın çevirisinin ne kadar zor olduğunu takdir edersiniz. Bu zorluk, eserin kendine has konusunun olması ve ayrıca yazarın kendine has bir üslupla yazılması gibi hususlar dikkate alınırsa, katmerleşmektedir. Büyük bir emek ve gayretle bu zorlukların üstesinden gelmeye çalıştığımı belirtmem gerek.

Her çeviri için söylenebilecek şeyler bu çeviri içinde söylenebilir: Kendi alanında ve kendi tarzında önemli bir kaynak eseri, dili, konusu ve yazarın üslubu bakımından taşıdığı zorlukları aşmaya çalışarak Türkçe'ye kazandırdım.

Çeviriyi mümkün olduğunca aslına sadık kalarak yapmaya çalıştım. Bilerek herhangi bir sebeple çevirisi yapılmayan, atlanan bir yer olmadı. Bütün bunlar, çalışmanın Türkçe'sinin, mütercimden kaynaklı olarak hem içerik hem de dil açısından eksikliklerinin olmayacağı anlamına gelmez. Bu eksiklikleri, elbette mütercim olarak peşinen kabul ediyorum. Okuyucular, yöneltecekleri olumsuz ve olumlu eleştirilerini, her zaman en iyi şekilde karşılayacağımdan ve hatalarımı düzeltmeye çalışacağımdan emin olsunlar.

Çeviriyi yapmam için bana teklifte bulunan Fecr Yayınları editörü sayın Hüseyin Nazlıaydın'a müstakilen çok teşekkür ederim. Ayrıca yayınevinde bu kitabın yayınlanmasında emeği geçen bütün arkadaşlara teşekkürü bir borç bilirim.

Kitabın hayırlı olmasını diliyorum.

Ejder OKUMUŞ
Ankara - Haziran 2019

BAŞLANGIÇ[1]

Rahman ve Rahim Allah'ın adıyla
Kitabı tamamlamak için Allahtan yardım dileyerek.

Ezelî nüfuzlu emriyle mümkinatın seçkin mücehhez ordularını yokluk sınırından varlığın kalbine, başkentine ileten ve hilafet-i kübrâ fermanını topraktan var ettiği Âdem adına inâyet buyuran, Âdem'i dostluk, ıstıfa ve mücteba meclisiyle hilafet şerefine eriştiren Yüceler Yücesi Vacibu'l-Vücûd[2] Cenab-ı Allah'ın adıyla söze başlıyorum. O Allah, yoktan vareden ve örneksiz en güzel şekilde yaratandır. Göklerin ve yerin bedî'i, en güzel ve ilk var kılıcısı olan Allah, insanî fıtrat levhasını isimlerin sûretlerinin resimlerine öyle nakşetmiş, insanın kabiliyetleri arasına düşünen nefsi öyle yerleştirmiş ki insan, "*Âdem'e isimleri öğretti.*"[3] âyeti gereği lemyezel sıfat ve isimlerin hakikatleri ile ilmî, teorik ve pratik felsefenin inceliklerini öğrensin; yüce meâric ve meârif üzerinde azimle yükselsin, melekût okulunda "Ey Âdem! bunları isimleriyle onlara bildir"[4] âyeti gereği Mele-i Alâ'nın üstadlarından faydalanma makamına nâil olsun.

Ne mutlu ki temiz bir neş'eyle, üretilen kitabın başlangıcına eriştik, huzurla, insaniyetle ve severek güzel ahlâk ve seçilmiş iyi latifelerin önsözüne giriş yaptık. Ne mükemmeldir ki, şer'î şiarların adabı ve vaz'î kanunların esrarı kılavuzluğunda, hidâyet yollarının irşad taliplerini dalâletin tehlikelerinden kurtarmış, yetkinlik menzilinin başına iletmiştir. Sülûk vadisinde kaybolanlarla arayış yolunda susayanları güzel irşadla duru vuslat nehrine eriştirmiştir.

---

1 Bu başlık mütercime aittir.

2 Vâcibu'l-vücûd: Vücûd, Allah'ın zihnin dışında varlık olarak gerçekliğinin bulunduğunu, Vâcibü'l-Vücûd ise Allah'ın varlığı zorunlu bir varlık olduğunu belirtir.

3 Bakara, 2/31.

4 Bakara, 2/33.

O'nun ailesine ve ashabına selam olsun ki onlar temiz inanç hayatının kahramanları, parlak yolun rehberleri, din meydanlarının süvarileri ve açık şeriat muhafızlarıdırlar.

Sâhib-i Zemânî[5] Hazret-i Hâkânî'nin Devletine Dua ve Övgü

Allahu Teâlâ âlemler üzerindeki hilafet ve şefkatini ebedî kılsın. Nimeti ve ihsanı sınırsız Melik'e hamd ve Seyyid-i enâm[6] aleyhi efâdılı't-tahıyye ve'l-ikram'a[7] salât u selâmdan sonra: Kuşatıcı adaletinin nuruyla dünyalıların gönül gözünün açıldığı, kâmil lütfunun uğuruyla geniş çöl meydanının gül bahçesine dönüştüğü Padişahın kutlu lakaplarını anmakla, sözün düğümlerinin çözümü, o anmaya yaraşır ve uygun bir şekilde gerçekleşsin. O Hüsrev, o hükümdar ki, yıldızların hepsinin ortaya çıkmasıyla büyüklüğü belli olur; hiçbir çağda onun gibi bir Sâhib-kırân,[8] onun gibi büyük bir sultan görülmemiştir. Feleklerin hepsinin kulak vermesiyle onun ihtişamındaki ahengin ne kadar etkileyici olduğu anlaşılır; hiçbir ses, hiçbir tını, hiçbir devlet sahibinin görkemindeki ritim, onun ahenk ve ritminin derecesine erişemez. O padişah ki, saadet ve ikbal, o Hazretin hizmet semtinin uğuruyla kabul sıfatına mazhar olur. Zafer ve nusret, günün yarısında zeval korkusundan onun kutlu gölgeliğinin gölgesine sığınır. Onun kılıcı öyle bir güneştir ki düşman onu tepe noktasında, başı-

5 "Sâhib-i Zemânî" veya farklı kullanımıyla "Sâhib-i Zemân", Zamanın Sâhibi anlamında güçlü, fâtih, muzaffer, âdil, iyi hükümdarları veya başka büyük şahsiyetleri nitelemek için kullanılan sıfatlardır. Esasen "Sâhib-i Zemân" veya "Sâhib-i Zemânî", bazı dinî ve mezhebi yaklaşımlarda Mehdi ve büyük kurtarıcı gibi anlamlarda kullanılmaktadır.

6 "Seyyid-i en'âm" veya "Seyyidü'l-en'âm", yaratılmışların Efendisi demektir.

7 "Aleyhi efâdılı't-tehıyye ve'l-ikram", Hz. Muhammed (sav) için yapılan dua olup "selam ve ikramın en üstünleri onun üzerine olsun" anlamına gelir. Peygamberimize salavâtın değişik versiyonlarından biridir.

8 Arapça sâhib ve kırân kelimelerinden oluşan sâhib-i kırân veya Farsça sâhib-kırân (sâhib-kırânî) terkibi, müneccimler tarafından çok mümtaz sayılan yaklaşma veya bir araya gelme zamanında, Müşterî (Jüpiter) ile Zühre'nin (Venüs) veya Zühal'in (Satürn) aynı burçta bir araya gelme vaktinde doğmuş olan kişiyi ifade etmek için kullanılan bir sıfattır. Bu sıfat, güçlü, üstün, uğurlu, kutlu, bahtiyar, tâlihli, muzaffer, galip, fâtih ve cihangir olarak bilinen hükümdarları niteler. Nitekim burada da yazar, Akkoyunlu hükümdarı Uzun Hasan'ı nitelemek ve övmek için bu sıfatı kullanmaktadır.

nın üstünde görünce kendi zeval vakti bilir. Öyle bir sudur ki kötülük ve kin ateşinin şerleri, muhaliflerin sinesinden onunla çıkar. Hayır, bilakis öyle bir ateştir ki, savaş meydanında vuruşma başladığında, düşmanları kuru ot gibi yakar. Aydınlık bir aynadır ki, melek güzeli gelin, kendi çehresini ondan başka bir yerde göremez.

O öyle usta, öyle işbilir bir mücevhercidir ki, kara sevdaya tutulmuş düşman, ancak ve ancak canını vererek ondan bir mücevher satın alabilir. Öyle temiz bir incidir ki, "*Demiri indirdik.*"[9] âyetini hatırlatır; öyle heybetli bir endamdır ki hamlesinin niteliği, "*onda şiddetli bir güç vardır.*"[10] âyetini hatırlatır; buluttan çakan şimşek gibi onun iyilik deryasına ışık saçar, düşmanların kan seli, her taraftan revan olur. Bahar bulutu gibi kan gözyaşı dökmeye başladığı zaman, iyilerin gönüllerinin goncası, şükürle tebessüm eder, şükrederek konuşur. Gerçi şimşekten elmas fırlasa da, onun kılıcı elmasın tersiyle şimşek çakar. Oku ölümcül ve süratlidir; öyle ki devletinin düşmanlarının ecelnamesi olur veya Ölüm Meleğinden resm-i sefâretle düşmanlarının yanına gelen keskin yüzlü çok hızlı bir habercidir. O ince bir mânadır ki hasmının karanlık kalbinden doğar; öyle tam bir hayaldir ki devletine haset edenlerin dimağına yerleşir; onun büyük azamet şemsiyesi, göğün üzerini öyle kaplar ki güneş onun gölgesinde kalır.

Yönetim merkezi öyle bir eyvan, öyle bir hisardır ki, göklerin tabakalarına yüksek izler bırakır. Onun ateş çakan atı, zamanın Süleyman'ının bindiği şiddetli bir fırtına gibidir; adeta peri görünüşlü, ifrit hızında dev soylu biri. Hayır hayır, güneşi bir günde doğudan batıya götüren feleku'l-eflâktır. Bir gün ve gecede dünyanın çevresini dolaşan bir akbaba. Çünkü cihad meydanında "*And olsun nefes nefese koşanlara!*"[11] âyeti uyarınca canhıraş koşar durur; felek, "*Derken o sırada tozu dumana katanlara*"[12] âyetinin teşrifiyle ait olduğu eser ve izlerinin zafer tozunu göz tutyası yapmış. "*Sonra çakarak kıvılcım çakanlara!*"[13] hükmünce, atı, nihaî hızla gider-

---

[9] Hadid, 57/25.

[10] Hadid, 57/25.

[11] Âdiyât, 100/1.

[12] Âdiyât, 100/4.

[13] Âdiyât, 100/2.

ken ay gibi nalından ateşler çıkardığı zaman, varlık harmanı kötü küffarı yakar. Şah, savaş meclisinde güneşvari gayret kadehinden aslan kesildiği zaman, tilki sıfatlı düşmanı kendine yer bulamaz, kaçacak delik arar. Ve yine Zülfikar kalitesindeki intikam ateşiyle tutuşan kılıcı, fecr-i sâdık gibi kın ufkundan çıktığı zaman, karanlık sembolü kara yüzlü düşmana kaçmaktan başka çare kalmaz. Evet, gece, bütün karanlık güçleriyle aydınlık güneşin yalnız teniyle karşılaşamaz ve zayıf karıncanın o kadar çok sürüye sahip olsa da Süleyman ile savaşması tasavvur olunamaz. Onun adalet hükmü ve gününde, bahçelerdeki kuşlardan başkası feryat etmez ve gönül vermiş aşık üzerinde maşukun gamzesinden başkasının zulmü ve sitemi kalmaz. Her kim kartal gibi başını isyana kaldırırsa, güvercinin boynu gibi boynunu gerdanlığa koyar. Her kim şahin gibi düşman pençesini açarsa, ayağına paslı zincir vurur.

Fitne, iyilerin ve sevgililerin gözünün köşesinde uykuya gitmiş ve sevgililerin zülfünün kıvrımına yerleşmiş. Dilberlerin kaşından başka kimin fitne yayını gerdirme mecali olur? Ay yüzlülerin kirpiklerinden başka kim düşmana kılıç çekme gücüne sahiptir? Güneşin doğuşu kılıç çekmeye bağlı olduğu için şahın kahrının korkusundan sararıp solar ve her akşam batıda gizlenir; fakat onun siyaset müşaviri, sabah vakti yakasından tutup doğu tarafından huzuruna getirtir. Ay, ışığı aldığı için hırsızlıkla suçlandığından, onun kahrının salvetinin korkusundan karanlık gecenin örtüsünün arkasına saklanır. Kutlu hareketi nereye yönelirse, düşman ordusu onun hücum ve heybetinin korkusundan hezimete uğrar ve gerisin geri kaçar. Onun zafer sancakları, her yerde azimle geçmişi geleceğe, şu anda da fethi geleceğe taşır. Behram intikamı hıncıyla aslanların avlanma yeri olan savaş meydanına çıktığında Behram'ı zebra, aslanı karınca sayar. Adaletin gereği olarak düşmanın zayıf boynundan başın ağır yükünü kaldırır, eyalet yasasına göre muhalif düşmanların gönül toprağına okbaşlarının tohumunu eker. Ne acaiptir ki diken eker, fakat fetih gülü yetişir. Kıta:

Şehî ki gû-yi felek râ sovâr-i tedbîreş
Çû gûy der ham-i çevgân-i imtihan âverd

Be ahd-i ma'deleteş berre kerîhte râ
Girifte gorg-i keşâneş sû-yi şebân averd

Felek z'behr-i alîk semend-i û cû ve kâh
Be şekl-i sünbüle ez râh-ı kehkeşân.

Diger kesî netevâned be resm-i dest-endâz
Be ahd-i ra'fet-i û zûr der kemân averd.[14]

O, sultanların en azametlisi, hakanların en zengini ve en cömerti, iktidar gücüyle zamanın kilitlerine sahip; liyakat, ehliyet ve kifâyetiyle insanlığın maslahatlarının dizginlerini elinde tutan, zulme ve tuğyana karşı Allah'ın beldelerinin hâmisi, zalimlik ve düşmanlığın izlerini mahvedendir. O, Sultan oğlu Sultanın oğlu, devlet ve hilafet ile dünya ve dinin medar-ı iftiharı Hasan Bey Bahadır Han'dır, Allah Teâlâ onun hilafet gölgesini ebedi kılsın, âlemler üzerindeki şefkat nurlarını daim eylesin; mavi göklere yükselen, devletinin düşmanlarını yeryüzünden kaldırdığını simgeleyen yüksek sancaklarını korusun. Onun saadetli adı, Hâtemu'l-Enbiya Hz. Muhammed'in (sav) seçkin varislerinin özel lügati olan sayı diliyle açık bir şekilde cihanın sultanı, zemin ve zamanın kayyimi, şanı yüce olarak tezahür etmektedir. Mısra:

Âncâ ki 'ay'ân est, çi hâcet be beyân est.[15]

el-Hakk, şimdinin penceresinden, halde olanlardan istikbalde olacakları nazar-ı şuhûd ile görüp bilen ve arı duru gönül levhasından ğaybî işaretleri tam olarak okuyan büyük

---

[14] Şah ki devlet süvarisi feleğin topunu
İmtihan sopasının kıvrımında getirir.

Onun adalet devrinde kaybolan kuzuyu
Onun güçlü kurdu bulup sürükleyerek çobana getirir.

Felek, yemesi için atının samanını
Ta samanyolundan başak şeklinde getirir.

Artık hiçbir kimse küçümseyemez yasayı
Şefkat zamanında haydutu dize getirir.

[15] Konunun ayan beyan ortada olduğu yerde, açıklamaya ne hacet var?

keşif ve tahkik önderleri,[16] risale ve kitaplarda bu devlet-i âlînin, Allah varlığını daim eylesin, zuhurunu açık bir biçimde müjdelemiş, çeşitli yerlerde o Hazret'in vasıf ve şekillerini, o güçlü, kahir, galip, yüksek ve azametli devletin kaidelerini istihkam edecek bir yönetim kuracağını ortaya koymuşlardır. O devlet güneşi, "*bid'i sinîn*"[17] ufkundan doğmuştur. Nitekim dünya halkları, hiçbir kimsenin hiçbir surette asla şüphe duymayacakları şekilde buna gözleriyle tanıklık etmişlerdir. Beyit:

Tale'a's-subhu lizî'i ayn
ve lem yebka deccâ[18]

Dikkatli, tedbirli, akıllı ve feraset sahibi bilir ki, Hükümdar'ın kutlu durumları, hal diliyle şunun gerçek bir sözünü veriyor: Çok yakın bir zamanda dünyanın meskun ve meskun olmayan dört bir yanında dinarların yüzleri ile min-

---

16 Önderler kelimesi, Farsça metinde eimme olarak geçmektedir.

17 "Bid'i sinîn", Arapça bir ifade olup birkaç (3-9) yıl anlamına gelir. Bu ifade, Kur'an-ı Kerîm'de Rûm sûresi (31/4) ile Yûsuf sûresinde (12/42) geçmektedir. Devvânî, burada bu ifadeyi zikretmekle, Rûm sûresinde Rumların birkaç yıl içinde elde edecekleri zafer üzerinden Müslümanların sevincine ve zaferlerle müjdelenmesine atıf yaparak Uzun Hasan'ın kendi zamanında kısa sürede zaferler elde edeceğine, bilhassa yakın bir zamanda, 1467 yılında Karakoyunlular hükümdarı Cihan Şah'ı mağlup edip öldürtmesine işaret etmek istemiş olabilir.

Kitabı İngilizce'ye çeviren Deen "Bid'i sinîn" ifadesini muhtemelen anlamadığı için ikincisini, yani "sinîn" kelimesini kaldırarak sadece birincisini "Bida" şeklinde almış, ama onu da açıklamamıştır. Deen'in ilgili kısmı çevirisi şöyledir:

"There can be no better and surer signs of the perpetuity and consolidation of the foundaditon of this exalted, bright and domainant empire, than the morning of its advent had dawned from the horizon of "Bida" in such a way that the people of the world have got no scope for doupt it." (Jalaluddin Mohammad Allame Dawwani, *The Akhlak-ı Jalali*, Çev. S. H. Deen, v-vi) Bu kısımın İngilizce çevirisinde ciddi problemler olduğu anlaşılmaktadır. Ayrıca Thompson'ın İngilizce çevirisinde de bu kısımlar yer almamaktadır. Anlaşılan anlamadığından veya metnin anlamını çözemediğinden bu kısmın da içinde yer aldığı bazı yerleri (s. 48-51) çevirmemiştir (Celaleddin Devani, *The Akhlak-ı Jalaly, Practical Philosophy of the Muhammadan People*, Çev. W. F. Thompson, 4-5, 6).

18 Gün ağardı gören göze
Kalmadı karanlık gece

berlerin başları, onun adının şerefi ve şanlı intisabının lakaplarının onuruyla iftihar edecek.[19] Şiir:

Bâş tâ âft'ab cilve koned
Ki-în henüz ez netâyic-i seherest.[20]

Allah Teâlâ, bu adîmu'l-misâl[21] Padişah'ın azamet ve celal kulelerini destekleyip güçlendirsin, ikbalini kıyamete kadar daim eylesin. Şiir:

Der zıll-i âftâb-i tû âsûdeend halk
Yâ Rab mebâd tâ be kıyâmet zevâl-i tû

Bekıyyet-i bekâ-i'd-dehr yâ kehf-i ehlih
Ve hâzâ du'âun lilberiyyeh şâmil.[22]

Bu Kitabı Telif Etmenin Sebebi

Bu kitabı yazmamın sebebini ve İslam Padişahzadesinin, Allahu Teâlâ yönetimini ve sultanlığını ebedi kılsın, kutlu lakaplarını zikretme hakkında açıklamak faydalı olabilir. Nitekim şiirde bu gerçeğe işaret edilmeketedir:

Ni'me'l-İlâhi alâ'l-'ıbâd kesîrah
Ve eceluhunne necâbetu'l-evlâd.[23]

Allah'ın insanlara verdiği en iyi nimet, iyi çocuklardır. Rabbânî lütuftan ve İlâhî destek bolluğundan Hz. Sâhibkırânî'ye gerçek bir halef bahşedilmiştir; "Hür evlat, aziz atalarını örnek alır." hükmünce saltanat ve eyaletinin insaf, ada-

---

19 Yazar, burada hükümdar Hasan Bey'in adına para basılacağına ve hutbe okunacağına işaret etmektedir.

20 Dur biraz bekle, güneş doğacak,
Bu gördüğün, sabahın habercisidir.

21 Eşi bulunmaz.

22 Rahattır halk güneşinin gölgesinde senin
Kıyamete kadar olmasın senin zevalin

Dursun dünya durdukça senin hakimiyetin
Bütün insanlığa şamildir bu dua bilin

23 Allah'ın kullara nimeti ne kadar çoktur.
O nimetlerin en güzeli iyi evlattır.

let ve kanunlar düzeninde o Hazretin yolunu kendine örnek almış, hiçbir zaman merî olmayan mülk ve milletin[24] kaidelerinin inceliklerini terketmemiştir.[25] Mısra:

Şinşinetun a'rifuhâ min ahzem
Ve men eşbehe ebâhu femâ zulm.[26]

Yani dünya sultanlarının en seçkini Hz. Padişah ve Padişah-zâde-i İslam, öyle bir insandır ki mâzinin büyük sultanları, onun zamanında yaşasalardı, padişahlığın inceliklerini ve püf noktalarını öğrenmede yaşının gençliğine rağmen onun akıllı, bilgi dolu görüşünden yararlanırlardı. Onun söz ve işindeki doğruluğu, İlahî buyruğa uygun gerçek bir reçetedir. Mısra:

Be devlet-i civân ve be tedbîr-i pîr.[27]

O öyle bir devlet başkanıdır ki, onun mızrağı fetih, refah ve ikbalde, düşmanın kalbinin kanından sulanan bir fidandır; onun mızrağının başı, zafer gülşeninde muzafferiyetin saba nesiminden rengini alan bir goncadır. Kılıcı, düşmanlarının talihli servet yıldızı derecesine erişmiş bir kuyruklu yıldızdır. Oku, düşmanın zillet ve musibet evini delip geçen ölüm okudur. Temreni, düşmanın taş kalbinden kan çeşmeleri akıtan Hz. Musa'nınkine benzer bir asadır. Oku, ateş saçarak kayan yıldız gibi inatçı asiyi varlığın zirvesinden yokluğun toprağına atar. Parlak sağlam kılıcının suyuyla haset, kötümserlik ve kötü düşünceliliğin karanlıklarını temizler. Ağır topuzunun darbesiyle, düşmanının beyinsiz kafasını kibir rüzgârının ağırlı-

---

[24] Millet ile, burada İslam dini kastedilmektedir.

[25] Thompson, bu paragrafı İngilizce'ye çevirisinde "mülk ve milletin (İslam dini) kaideleri" ifadesini "principles of church and state" (kilise ve devletin prensipleri) olarak karşılamıştır (s. 7). Burada "church" (kilise) kelimesini muhtemelen "millet" kelimesinin karşılığı olarak tercih etmiş, fakat bu doğru değildir. Religion olarak çevirseydi, kısmen doğru olabilirdi.

[26] Erkek yılanın bildiğim tabiatı
Kim babasına benzerse bunda zulümden bahsedilemez.
(Bu dizeler, Thompson'ın çevirisinde yok.)

[27] Devlette genç, tedbirde tecrübeli.

ğından kurtarıp hafifletir. Oku, düşmanların kalbine oturmuş düz bir eliftir. Okbaşı, düşmanların sinesinin hazinesine yerleştirilmiş bir mücevherdir. Oku, feleğin ok sayfasını hedef yapmıştır. Mızrağı, çoban yıldızının üzerine başını kaldırmıştır. Ok ve yayı, fetih gerçeğinin tahkik ve ispatına delalet eden veya tersine kötü düşmanın red ve zevaline işaret eden birbiriyle birleşmiş çok güçlü bir elif ve nûndur.

Feleklerin yıldızları, eğer onlara parlak incilerden en az miktarda ihsan etme korkusu olmasaydı, devlet hazinesinin incilerinin dizisinde dizilirlerdi. Güneş ve ay, eğer onlara altın gibi iyi bir ihsan yerine en küçük ve basit bir ihsanda bulunma buyurulsaydı, elbette her gece özel çalışanlar halinde inerlerdi. Şiir:

Ed-durru ve'durrâ hâfâ cûde
Fetehassanâ fî'l-bahr ve'l-eflâk.[28]

O, üstün, güçlü saltanat evinin parlak ışık vereni, büyük hilafetin sedef incisi, Rabbânî lütufların âyetlerinin mazharı, Rahmanî inâyetlerin nurlarının matla'ı[29] ve melekûtî nurların matrahı,[30] lâhûtî nazarların matmahıdır.[31] Mesnevî:

Hüsrev-i mâlik rikâb-i dîn-penâh
Âftâb-i mekremet, zıll-i ilâh

Z'âftâbeş hem sinân u hem siper
Tûemâneş çâker-i zerrîn-i kemer

Peykereş kân ser be ser nûr u safâst
Sâye-i envâr-ı horşîd bekâst

Zâhir eger sâye-i ayn-i nûr nîst
Kec mebîn kez nûr çendân dûr nîst

---

28 İnci ve yıldızlar telaşlandılar onun cömertliği karşısında
Saklanacak yer aradılar kendilerine deniz ve feleklerde

29 Matla', doğuş yeri, zuhur etme, doğma gibi anlamlara gelir.

30 Matrah, mahal, yer, bir şeyin atıldığı yer gibi anlamlara gelir.

31 Matmah, bakış yeri, tamah olunan, dikkatle bakılan, bakma gibi anlamlara gelir.

Sâye râ dav'-i devvom gûyed hekîm
Ez dûyî bigozer ki geştî mustakim

Saltanat râ nûr-i hollet şod delîl
Mazhareş ez gayb şod sultân-i halîl

Nâr-i cevr ez makdem-i û nûr şod
Zulmet-i zulm ez memâlik dûr şod

Ehl-i vizr-i âzer-sıfat but sâhtend
Râyet-i tezvîr u zûr efrâhtend

Lîk sultân çûn halîl-i but-şiken
Mahv kerd ân cumle râ ez encumen

Gevher-âsâ nâmeş ihfâ mî konem
Nazm der silk-i muammâ mî konem

Âsmân râ sır şod ve ez cân bekâst
Subh-i rûyeş tâ karîn-i zolf hâst

Şod bedânsân lutf-i bîpâyân-i û
K'evvel şeb mî numâyed subh-i rû

Meh z'zolfeş şod diger der tâb u teb
Tâ bi-bîned matla'-ı rûyeş be şeb.

Câheş ez tûr-i medârik berterest
Akl bâ kadreş çû huffâş u hûrest

Çûn neyârem ez senâyeş dem zeden
Dest der zeyl-i duâ hâhem zeden

Yâ Rab ez çeşm-i bedâneş dûr dâr
Râyet-i ikbâl-i û mansûr-i dâr

Berter ez eyvân-i keyvân-i rutbeteş
Sûre-i innâ fetahnâ nusreteş

Dûstâneş ber bisât-i ʻizz u nâz
Düşmenân çûn şem' der sûz u godâz.[32]

---

[32] Kölelerin mâliki, din koruyan Hüsrev
Cömertlik güneşi, Tanrı'nın gölgesi

Güneşinden hem mızrak başı hem de siper
Yanındakiler altın kemerli hizmetçi

Vücudu baştan başa nur ve sefâ kaynağıdır
Hurşidin envârının gölgesi bekâdır

Zahiren nur pınarının gölgesi değilse de,
Şaşı bakma, nurdan o kadar uzak değildir

Gölgeye ikinci nur diyor bilge kişi
İkiliği bırak ki müstakim olasın.

Sultanlığa sevgi nuru delil oldu
Gaybdan mazharı Sultan Halil oldu

Zulüm nârı, gelişiyle nur oldu
Zulmün zulmeti memalikten uzak oldu

Günah yolundakiler Âzer gibi put yaptı
Zor ve tezvır bayrağını göndere çektiler

Lakin put kıran Halil gibi Sultan
Ortadan kaldırdı cümlesini meclisten

Adını inci gibi saklıyorum
Dizide nazmı muamma yapıyorum

Gökyüzüne yükseldi ve cândan ağlayış var
Yüzünün sabahı, karîn-i zülfe kadar yükseldi

Oldu ancılayın sonsuz lütfu
Gecenin başında sabah yüzünü gösteriyor

Zülfünden ay oldu artık parlamada
Gece yüzünün matlaını görene kadar

Makamı beş duyu kavrayışından üstündür
Akıl ölçüsüyle yarasa karşısındaki güneş gibidir.

Onu övmeye cüret edemeyince
Duadan sonra alkışlamak isterim

Ey Rabbim! onu nazardan uzak tut
İkbal sancağını zafere taşı

Zühal köşkünden üstündür onun rütbesi
İnnâ fetahnâ sûresidir zaferi

Dostları izzet ve naz minderinde
Düşmanlar mum gibi yanıp erimede. (Celâleddîn Devvânî)

O Hazret, saadet, necabet ve asalet eserlerini, güzel ve asil ürünlerini, gençliğinin baharında bir insan olarak ve de hayat, geçim ve mutluluk vasıtaları ile saltanat ve dünya bekçiliği ilgilerine denk bir şekilde sahip bir kişi olarak ortaya koyar. Gurur ve aldanma şarabıyla sarhoş olanlar gibi boş zamanlarını sonuna kadar cismanî veya bedenî zevklerinin peşine düşerek, öfke güçlerini, gazabî ve şehevî kuvvetlerini arttırarak geçirmez; tersine saatlerin kutlu vakitlerinin büyük çoğunluğunu, dine ve millete taalluk eden farzları eda ettikten, ülkenin maslahatlarının gereği olan işlerini yerine getirdikten, halkın ihtiyaçlarını karşıladıktan, adalet işlerini yaptıktan sonra geriye kalan serbest zamanlarını, ilmî hakikatler, çok kıymetli hikmetli hususlar, ilim ve kemal erbabının nasihat ve meselleri ve de adalet düzeni sultanları ile seçkin din önderlerinin hikayeleri hakkındaki kitaplarına ayırırlar.

Bu bağlamda belirtilen hususların kanıtı; "Ve hayru celîsin fi'z-zemâni kitâb."[33] dizesi gereğince ünlü meliklerin, iyilik imamlarının, iyi önderlerin, büyük filozofların, hikmet sahibi erdemlilerin sözlerinden enfes hikmetleri ve garip kelimeleri içine alan bir kitabı her zaman sırdaş edinmiş olmalarıdır. Elhak kitap, değerli faydaları ve yüksek hakikatleri inceleyen kitaptır. Bunun için o Hazret'in büyük selefleri, onu devlet hazinesinde çok kıymetli mücevherlerden ayrı tutmamışlardır. Fakat bazı mütekaddim âlimlerin şimdi tedavülde olmayan garip şiirler ve bilinmeyen ibareleri içine alan tasnifleri, yani kitapları olduğu için bu sermayesiz fakîr ve hakîrin[34] de bu kitabı yazması ve tamamlamasına işâret-i 'aliyye[35] ile bir işaret geldi. Bu fakîr, düşünce ve endişe naza-

---

33 "Vakit geçirmek için en iyi arkadaş, kitaptır."

34 "Sermayesiz" kavramı, yoksul anlamına gelmekle birlikte yazar, burada tasavvufî yaklaşımda "fakîr" kavramının anlam dünyası içinde Allah katındaki manevî yoksulluğa ve Allah'a her daim muhtaç olmaya işaret etmektedir. Hakîr ise küçük, hor, önemsiz, zavallı, değersiz gibi anlamlar taşıyıp burada yazar, kendisi için bir tevazu ifadesi olarak kullanmaktadır.

35 İşâret-i 'aliyye, yüksek işaret anlamına gelir. Teknik bir terim olarak geçmişte devlet yapısı içinde, mesela Osmanlı bürokrasisinde devlet erkânının arzları, teklifleri, takrirleri için "arz", "telhis", "buyruldu" gibi özel tabirlere ek olarak "işâret-i aliyye" de kullanılmıştır. Örneğin Şeyhülislâm'ın emri anlamına gelecek şekilde kullanımı Osmanlı Devleti'nde söz konusudur.

rıyla öyle derin anlamlara vardı ki neticede şöyle bir durum ortaya çıktı: Konuları tertip etme, düzenleme, birbirine bağlama bakımından kitabın kısımları dağınık ve yaygın iken maksatlar bakımından ahlâk ve siyaset ilminin ana konu ve esaslarının tamamını ihata etmede eksikti. Bu noktada tabiatın mimarı, hayal levhasına şunu nakşetti: Kitap; pratik hikmet ve felsefenin usûl ve esaslarını kapsamakla birlikte delil ve kanıtlar itibariyle, Kur'anî âyetlerin ışık saçan nurlarından, Hz. Hâtemiyyet-i Mahmûd aleyhi efdalu's-salevât ve ekmelu't-tahiyyât'ın[36] ışık veren hadîslerinden, Sahâbe, Tâbiîn ve meşâyih ve din önderlerinin[37] sözlerinin lambalarından ve de önde gelen ilahî hikmet filozoflarının[38] işaret ışıklarından alıntılar yaparak güçlü bir şekilde hazırlanmalıdır. Kitapta uygun yerlerde imkan ölçüsünde o nüshanın maksatlarını muhafaza etmeli, uygun noktalarda keşif ve şuhûd ehlinin zevkiyatından çeşniler katmalıdır. Böylece zamanî seçkin insanların bereketlerinden, güzel ilim ve fikirlerinden nasipsiz kalınmamış olur. Umarım, devlet-i Sultânînin şan u şerefiyle hem ilmî ve teorik hakikatlerin tâliplerinin hem de pratik hikmet ve felsefenin yöntemlerinin sâliklerinin bol haz alacakları ve yeterli derecede nasiplenecekleri bir kitap olur, inşallah.

Bu kitabın maksatları, amelî, yani pratik hikmet ve felsefenin kaideleri olduğu ve o da düşünen insanî nefsin durumlarıyla ilgili bir ilim olduğu için; övülen, makbul ve geçerli olan fiiller ile yerilen, kötü, reddedilen ve geçersiz fiiller, onu irade ederek hasıl olabilecek ve böylece insan o ilim sebebi ve vasıtasyla erdemsizliklerden uzaklaşacak, erdemlerle mücehhez olacak ve ona müteveccih bir yetkinliğe ulaşacaktır. Mezkur fiiller, iki kısma ayrılır: Biri, her nefisle infirada, bireysel olana dair olan kısımdır. Bu *ilm-i ahlâk ve ferheng*[39] olarak ad-

---

[36] "Aleyhi efdalu's-salevât ve ekmelu't-tahiyyât" duası, Sallallahu aleyhi vesellem'in farklı bir versiyonu olup şu anlama gelir: Salevatın en üstünü ve tahiyyatın en mükemmeli onun üzerine olsun. Bu da kısaca Allah'ın salât, destek ve selamı en üstün ve en mükemmel bir şekilde Hz. Muhammed'in üzerine olsun demektir.

[37] Farsça metinde eimme-i dîn olarak geçmektedir.

[38] Metafizikçiler, metafizikçi filozoflar.

[39] Yaygın olarak ilm-i ahlâk adıyla zikredilen bu ilim, ahlâk ilmi anlamına gelmektedir.

landırılır. Diğeri bireyin başka bireylerle etkleşimiyle ilgili kısımdır. Bu da iki kısımdır: Biri evdeki etkileşime, müşarekete dönük, yani ev halkının durumlarının intizamına sebep olan şeylerle ilgili kısımdır. Buna *ilm-i kethüdâî ve tedbir-i menzil*[40] denir. Diğeri ise şehir, vilâyet, bölge, coğrafya, memleket veya ülkedeki toplumsal muaşeret, müşareket veya etkileşimle ilgili kısımdır. Buna da *ilm-i memleketdârî ve siyâset-i mudun*[41] derler.

İmdi *Levâmi'u'l-İşrâk fî Mekârimi'l-Ahlâk*[42] olarak isimlendirilen bu kitabın maksatları kaçınılmaz olarak üç ana kısma münhasır olarak ele alınmaktadır. Kitabı tedvin etme, yazma usûl ve adabı, fenne, yani sanat, disiplin veya ilme ait bazı hususları kapsayan bir mukaddime (giriş-EO) takdim etmeyi gerekli kılar. Böyle bir giriş, konuların tahsilini yapmada tâlibi basiret ve çabaya sevkeder. Aynı şekilde kitabın tertibi, söz konusu hususların, üç maksatta üç "lâmi'"nin[43] beyanı noktasında bir "matla'"a (başlangıç-EO) ihtiyaç hasıl etti. Üç bölümün alt kısımlarına ise lem'alar ve benzeri başlıklar uygun görülmüştür. Başarı Allah'tandır. Yalnızca Sana ibadet eder, yanızca Senden yardım dileriz.

---

[40] Yaygın olarak ilm-i tedbir-i menzil adıyla zikredilen bu ilim, buradaki ifadesinin karşılığı olarak Türkçe'ye aile ve ev yönetim ilmi olarak, bugünkü bilim diline uygun bir şekilde ise aile yönetim bilimi olarak çevrilebilir.

[41] Yaygın olarak ilm-i siyaset-i mudun veya ilm-i siyaset-i medîne adıyla zikredilen bu ifade, buradaki ifadesinin karşılığı olarak Türkçe'ye ülke yönetim ve siyaset ilmi olarak, bugünkü bilim diline uygun bir şekilde ise siyaset bilimi olarak çevrilebilir.

[42] Güzel Ahlak Hakkında İşrak Parıltıları.

[43] Lâmi', parıldayan, ışık, ışık veren, aydınlık, aydınlatan, ileten, işaret eden gibi anlamlara gelir. *Ahlâk-ı Celâlî*'de üç ana bölüm başlıklarından her birine girişte de belirtildiği gibi bölüm karşılığı olarak "lâmi'" denilmiş, alt başlıklarda ise parıltı, parıldama, aydınlatma, ışık, aydınlık gibi anlamlara gelen "lem'a'" kelimesi kullanılmıştır.

GİRİŞ

Allahû Teâlâ şöyle buyurur:

Biz gökleri, yeri ve bunlar arasındakileri oyun olsun diye, eğlence için boşu boşuna yaratmadık.[1]

Yine Allâhu Teâlâ şöyle buyurur:

Sizi boş ve anlamsız yere yarattığımızı ve bize döndürülmeyeceğinizi mi sandınız.[2]

Bu iki kutsal ışık saçan nurun şuasının aydınlığından tahkik ehli, araştırıcı, sorgulayıcı görüş sahiplerine şu manâ apaçık bir şekilde delil olsun: Gaybın gizli kaldığı yerden şuhûdün açığa çıktığı yere gelip görünen ve "*Allah'ın boyası: Kimin boyası Allah'ın boyasından daha güzel olabilir!*"[3] gülgibi âyetiyle ayân meydanına süslenip çıkan varlıkların zerreleri ile imkan âleminin hakikatlerinin her biri için, "*O her şeye yaratılışını verdi ve sonra yol gösterdi.*"[4] âyetinin hükmüyle bir gaye ve onun semeresi mesabesinde bir maslahat vardır. Çünkü mutlak cömertin ve hak üzere çalışan aktif eyleyenin fiili, her ne kadar maksatlara, çıkar, işlev ve faydalarına bağlı değilse ve dolayısıyla yarar ve çıkarlarla sakat hale gelmezse de, hikmetlerden, maslahatlardan, faydalardan, iyi işlevlerden, ürünlerden, gaye ve maksatlardan hali değildir. Nitekim her iki öncül ilm-i İlâhî'de[5] kesin burhanlar ve güçlü delillerle ispatlanmıştır. Varlıkların hülasası, pınarların gözü, uluların ulusu, cihanın özü olan insanın gaye ve amacı, ilâhî hilafettir. "*Şüphesiz ben yeryüzünde bir halife yaratacağım.*"[6] kerim nassının manası ile "*Sizi yeryüzünde halifeler kılan*

---

1 Duhân, 44/38. Ayrıca bkz. Enbiya, 21/16.

2 Mu'minûn, 23/115.

3 Bakara, 2/138.

4 Tâhâ, 20/50.

5 Metafizik, ilahî ilim, ilahî bilgi, Allah'ın ezelî bilgisi.

6 Bakara, 2/30.

O'dur."[7] âyetinin fehvası, bunu açıkça beyan ederler. Yine "*Biz emaneti göklere, yerküreye ve dağlara teklif ettik, ama onlar bunu yüklenmek istemediler, ondan korktular ve onu insan yüklendi. Kuşkusuz insan çok zalim, çok bilgisizdir.*"[8] âyet-i kerimesinde de buna işaret vardır. Bu âyetteki emanet, meşhur tefsirlerde yazılı olduğu gibi akla veya mükellefiyete hamledilirse, evvelen şuna dikkat edilmelidir ki cin ve melekler akıl noktasında insanla ortaktırlar. Saniyen cin teklif veya sorumlulukta insanla ortak özelliğe sahiptir. Dolayısıyla akıl insana mahsus değildir; fakat âyetin siyakından insanın onunla özgülük kazandığı anlaşılıyor. Zevk-i selîm sahibi kişilere gizli kalmadığı gibi bunu da İlâhî hilafetle birlikte değerlendirmek ve İlâhî hilafet sırrına hamletmek gerekir. Bu görevin ağır yükünü taşımak, zayıf bir insandan başkası için uygun değildir. Şiir:

Bâr-i vücûd-ı hîş netâbed dilem z'za'f
Lîkin z'bâr-i aşk keşîden za'îf nîst.[9]

Diğer şiir:

Âsmân bâr-ı emânet netevânest keşîd
Kur'a-i kâr be nâm-i men dîvâne zedend.[10]

İnsanın hilafet mertebesini istihkakı, kabiliyetinin yetkinliğine dayanır. Birbirine tekabül eden sıfatlar, birbirini karşılayan İlâhî isimlerin mazharı olabilecek, sûret ve mâna âleminin umranıyla ortaya çıkabilecek şekildedirler; çünkü meleklerde, her ne kadar ruhaniyet ile onun gerekleri boyutu, ilmî işrakları, yani aydınlatmaları ile ona tâbi olanlar, fıtrat bakımından aklî lezzetlerden hasıl olursa da, maddenin katılığı ve cismaniyet açısından bütünüyle nasipsizdirler. Felek cisimleri, her ne kadar hikmet ve felsefe kaidelerine göre

---

7 En'âm, 6/165.

8 Ahzab, 33/72.

9 Kendi varlık yükümü taşımaya kalbim zayıf
Ama aşk yükünü çekemeyecek kadar da zayıf değil.

10 Gök emanet yükünü çekemedi
İşin kurası ben mecnuna çıktı.

düşünen nefis iseler de, nefsânî ve ruhî yetkinlikleri fıtrîdir, cisimleri de birbirine aykırı niteliklerden ve muhtelif tabiatlardan uzaktırlar. Bütün çevre aşamalarının ve diğer mertebelerin tamamının üzerinde olan insanî durumun tersine muhtelif mertebe ve derecelerde hareket etme, noksanlık ve yetkinlik aşamalarında değişim, durumlarda dönüşüm, ulvî ve süflî bütün hakikatleri ihata etme onlarda yoktur. Öncelikle varlığın başlangıcında cansızlık mertebesinden büyüme, yani bitki aşamasına, büyüme aşamasından hayvanî dereceye erişmiş, ordan da insan derecesine ulaşmıştır. Mizacın denge süsüyle ve de cismanî ve ruhânî kuvvetlerin süsüyle mücehhez olunca, beden ve ruh bakımından semavî cisimlere benzer olur. Çünkü zıtlar arasında tavassut, ondan uzak ve tasfiye olma mesabesindedir. Bu tasfiye vasıtasıyla onun nefsi ve ruhu, tikel ve cüzî boyutta geçmiş ve gelecek olayların sûretlerine hareket eder; felekî nefis ve ruhlar gibi ya beyânî ve ayânî hikmet büyüklerinin nezdinde sabit olan misal âlemine muttali olma vasıtasıyla ya da kudsî sûretlerin düşünen nefsin lambasından hayal ışıklarına yansıması vasıtasıyla... Onun görünen hakikatin ve aynalar tabiatının gereği olan cismanî sûrete temessülü, bazı filozofların görüşündeki gibidir. Bu mertebeden ilerleyince Allah'tan başka şeyleri kalp ve zihinden atmak ve gayret ederek temiz hatıraların doruklarına yükselmek hasıl olur; müşahede-i vahdet mertebesine çıkmak müyesser olur. Ayrıca Mukarrabîn Melekleri zümresine, hatta büyük müheyminlerin safına dahil olur. Bununla birlikte bir makama hapsedilmez ve bir makamla sınırlandırılmaz, bilakis istediği her makama yönelme niyet, azim ve menziline sahip olabilir. Şiir:

Lekad sâra kalbî kâbilen kulle sûratin
Fe-mer'â liğazilân ve deyran liruhbânin.

Edînu bidîni'l-hubbi ennî teveccehtu
Rakâibuhû erseltu dînî ve îmânî.[11]

---

[11] Kalbim bütün şekilleri kabul edebilir
Geyik için mera, ruhban için manastır.

Sevgi dini ile ben her nereye yöneldiysem,
Din ve imanımı gönderdim onun kervanıyla.

Bu bakımdandır ki büyüklük ve erdem dizginlerinin sahibi olan Ehl-i Sünnet ve'l-Cemâat imamları, beşerin havâssının meleğin havâssından daha üstün olduğu konusunda ittifak etmişlerdir. Şiir:

Ger âdemî-sıfetî ez-melek girev biburî
Ki secde-gâh-i melek hâk-i âdemî-zâdest.[12]

Fakat beşerin avamıyla meleğin avamını mukayese konusunda ihtilaf etmişlerdir. Bazıları beşerin avamını daha üstün görmüşlerdir. Nitekim bilinen ünlü kelam kitaplarında böyle yazılıdır. Bazıları ise bunun tersine kâil olmuşlardır. Şüphe yok ki meleğin havâssı beşerin avamından daha efdal, daha üstün olacaktır. İlim şehrinin kapısı olan ve kapısı gerçek tâlipler için giriş yeri olan Hz. Murtaza[13] radıyallâ anh ve kerramellâhu vecheh'den[14] şu manâ nakledilmiştir: Allah Te'âlâ, meleğe akıl verirken şehvet ve gazap vermedi; hayvana şehvet ve öfke verirken akıl vermedi; insana ise her ikisini de verdi. Öyle ise insan, şehvet ve öfkeyi aklın emrine verir ve aklî kemal ve yetkinlik noktasına erişirse, onun rütbesi melekten daha üstün olur; zira melek için, yetkinlik istikametinde çaba harcama ve ayrıca irade ve seçme söz konusu değildir. İnsan ise irade, doğal çabalamanın varlığı ve çalışmakla bu rütbeyi kazanır. İnsan eğer aklı şehvet ve gazaba, aşırı arzu ve öfkeye mağlup kılarsa, kendini hayvanlar derecesinden daha aşağıya düşürür; zira hayvanlar, şehvet ve öfkenin denetimcisi olan akıldan yoksun olduğu için insanın tersine kusur ve eksiklikte mazurdur. Kıt'a:

Âdemî-zâde turfe-i ma'cûnîst
Ez fereşte sireşte ve z'hayvân.

Ger koned meyl-i în, şeved kem ez în
Ver koned kasd-i ân şeved be ez ân.[15]

---

[12] İnsan gibi olur isen melekten üstünsün
Meleğin secde yeri insanın toprağıdır.

[13] Hz. Ali.

[14] "Radıyallâ anh", Allah ondan razı olsun; "Kerramellâhu vecheh" ise Allah yüzünü mükerrem kılsın demektir.

[15] İnsanoğlu tuhaf bir macundur
Karılmış melek ile hayvandan.

İnsanın meleğe üstün oluşu ve tercih edilişinde filozoflardan nakledilenin tersine sûfî uzlaşma, uyumluluk ve ıstılahların sahibi, bu yaklaşımı kaldırmaya bir işaret buyurmuş ve iki taraf arasında bir uyumlulaştırma ve uzlaştırma yolunu göstermiştir; şöyle ki, şeref kemal ve yetkinlikten başkadır; zira şeref, icad, galebe, ruhaniyet ile onun lâzımı olan nezahet silsilesinde mebde'e yakınlık bakımından söz konusudur; yetkinlik ise kuşatıcılık, kapsamlılık, toplama, bir arada tutma sebebiyle söz konusudur. O halde her ne kadar melek, araç ve sebeplerin azlığı ile soyutlama hükümlerinin çokluğu bakımından insandan daha şerefli ise de, insan kuşatıcılık, kapsamlılık, toplama, bir arada tutma bakımından daha üstün, daha efdal ve daha mükemmeldir. İnsan ve melekle ilgili bu meselede her taifenin sözünü, görüşlerden birine hamlettikleri veya atfettikleri zaman, hilaf ve zıtlık, uyum ve uzlaşmaya dönüşür ve kavga artar. Başarı Allahu Te'âlâ'dandır.

Aydınlatma

İnsan için hilafetin tahakkuku, iki şeye bağlıdır. Birincisi ilmî ve teorik yetkinlikten ibaret olan hikmet-i bâliğa,[16] ikincisi ise pratik yetkinlikten ibaret kudret-i fâzıladır.[17] Bu yaklaşım, hikmetin sırf varlıkların durumlarıyla ilgili ilim olarak tefsir edilmesi ve pratiğin kendisinin hikmetin dışında tutulması durumunda söz konusudur. Fakat hikmetin yetkinliğe çıkışı -ki bu mümkündür- olarak tefsir edilmesi durumunda ilim ve amel, teori ve pratik noktasında başka bir kayda ihtiyaç kalmaz, bilakis hilafet sadece hikmetle hasıl olur. Çünkü amel ona dahildir ve ikinci yorum daha evladır ve asli manâya daha uygundur. Zira hikmet, lügat kökeni itibariyle doğru söz söyleme ve dürüst davranmaya karşılık gelen bir konudur. Ayrıca "*Kime hikmet verilirse, şüphesiz ona birçok hayır verilmiş demektir.*"[18] nassı da, bu manaya daha uygundur. Birinci yorum, "*Şüphesiz sen alimsin, hakîmsin.*"[19]

Eğer buna meylederse bundan iyi
Ona meylederse, kötü olur ondan.

[16] Hikmet-i bâliğa, üstün hikmet, yüksek seviyeli hikmet, eksiksiz hikmet gibi anlamlara gelir. Bu noktada Kamer, 54/5. ayet hatırlanabilir.

[17] Kudret-i fâzıla, erdemli güç olarak çevirilebilir.

[18] Bakara, 2/269.

[19] Bakara, 2/32.

örneğinde, aynı anlama gelen lafızların atfı kabilindendir. Kuşkusuz birincisinin tesisine hamletme, pekiştirmedir. Eski filozofların felsefenin tarifinde söyledikleri "imkan nispetinde Allah'a benzeme" de ikinci manaya işaret eder. Çünkü ahlâk, huy ve ahlâklanma olmadan sırf ilim ve bilgi ile İlâhî ahlâka benzeme tam olmaz, tam olarak gerçekleşmez. Kesinlikle insan, amel olmadan salt teori ve ilimle yetkinliğin zirvesine erişemez. Nitekim hadis-i Nebevîde "*Amelsiz ilim vebal, ilimsiz amel dalâldir.*" buyrulmuştur. Hz. Risâlet-penah, aleyhi efdalu salavâtillâhi ve selâmih,[20] amelsiz ilimden Allah'a sığınmıştır. Aynı şekilde Hz. Muhammed sallallâhu aleyhi ve sellem'in[21] şu hadis-i şerifi de aynı hususa işaret eder: "*Allahım! Fayda vermeyen ilimden kesin olarak Sana sığınırım.*"[22]

Hikmetin tarifinde zikredilen ilimden maksat, tedavüldeki meşhur sözleri korumak veya ezberlemek değil, bilakis hakikî hususlarda yakin elde etmek ve tam bilgiye erişmektir; ister kendilerini ulema olarak isimlendiren nazar ehlinin yolundan olduğu gibi nazar ve istidlal ile, isterse kendilerini arifler ve evliya olarak isimlendiren fakr ehlinin yolunda olduğu gibi arındırma ve yetkinliğe erdirme ile olsun. Her iki grup mensupları da hakikaten hakîm ve filozofturlar. Belki ikinci gruba mensup olanlar, tam bir Rabbânî bağışla kemal ve yetkinlik derecesine nail oldukları, "*Ona Katımızından bir ilim öğretmiştik.*"[23] mektebhânesinden geçtikleri ve o yolda tehlike dolu şüpheler ile gaileli kuruntular daha az olduğu için daha yüksek olabilir, yaratılmışların en temizi ve seçkini olan peygamberlerin verasetine de daha yakın olabilirler. Her iki yol da nihâyette aynı yere çıkar ve vüsulde aynı yerde buluşur. "*Her iş O'na döndürülür.*"[24] Bu noktada her iki yol ve

---

20 "Aleyhi efdalu salavâtillâhi ve selâmih", "Allah'ın salavât ve selamının en üstünü onun üzerine olsun" anlamında Hz. Muhammed'e (sav) bir salavât türüdür.

21 "Sallallâhu aleyhi ve sellem", Peygamberimize (sav) salavât olup "Allah ona salât ve selam eylesin" veya "Allah'ın salât ve selamı onun üzerine olsun" gibi anlamlara tekabül eder.

22 Müslim, "ez-Zikru ve'd-Du'â ve't-Tevbetu ve'l-İstiğfâr", 2722; Nesâî, "el-İsti'âze", 5470, 5536, 5537; İbn Mâce, "el-Mukaddime", 250; Ahmed b. Hanbel, *Müsned*, 21: 250 (13674).

23 Kehf, 18/65.

24 Hûd, 11/123.

anlayışın muhakkikleri arasında bir ihtilaf yoktur. Nitekim nakledildiğine göre muhakkik müdekkik, araştırmacı, iyi incelemeci, seçkinler ve ayan erbabının önderi, insan ayanının en saf ve seçkini Şeyh Ebû Saîd b. Ebi'l-Hayr, müteahhir filozofların seçkini ve önderi Şeyh Ebû Ali İbn Sina (980-1037), kaddesallahu rûhahumâ,[25] birlikte sohbet ettiler. Bu sohbet esnasında biri "onun bildiğini biz görüyoruz." derken, diğeri "onun gördüğünü biz biliyoruz." dedi. Filozoflardan ve hikmet ehlinden hiç kimse bu yolu inkar etmemiştir, tersine hepsi teyit ve ispat etmişlerdir. Nitekim Aristoteles (M.Ö. 384-322) şöyle der: "Tedavüldeki sözler, istenen ve amaçlanan basamak bakımından merdiven gibidir. Onu elde etmek isteyen, görüşü başka olduğu halde kendisi için elde eder." Eflatun-u ilahî şöyle buyurmuştur: "Benim için binlerce mesele tahakkuk etti. Onlara dair elimde bir burhan yoktur." Şeyh Ebû Ali âriflerin makamları hakkında şöyle buyurur: Onları bilmek ve tanımak isteyen, müşafehe değil, müşahede ehlinden ve işi işitenlerden değil, göze vasıl olanlardan olmak için ilerlesin." Kadîm filozofların yaklaşımlarını canlandıran hakîm-i ilahî Şeyh Şehâbüddin-i Maktul (ö. 1191), *Telvîhât*'ta şöyle nakleder: Bu grubun ıstılahında gaybet denilen latif cezbe halinde iken Aristo'yu gördüm. Felsefî ve hikemî meselelerin güçlüklerinden olan idraki araştırırken ona birkaç noktayla ilgili sorular sordum. Ondan sonra üstadı Eflatun'u methetmeye başladı. Onu büyük bir övgüyle methetti. Ona müteahhirînden hiç kimsenin onun derecesine erişip erişmediğini sordum. Hayır, dedi. Sonra ona İslam filozoflarından bir kısmını zikrettim, hiçbirine iltifat etmedi. Fakat Şeyh Cüneyd-i Bağdâdî, Ebû Yezîd-i Bistâmî, Sehl b. Abdullah Tusterî gibi bazı keşf ve şuhûd erbabını anınca, "bunların hepsi, dedi, hakkıyla filozoftur. Lakin bu yolda çok büyük tehlikeler ve sayısız helak edici şeyler var; zira vesveselerin tehlikeleri, nefsin istek ve aruzlarının ayartıcılıkları, batıl saptırma veya aldatmalar, fâsit tahayyüller, sâliki talep çölünde şaşkına çevirir ve başını döndürür. Öyle ifsat edici, fesada götürücü fesatlar çıkar ki küçük bir nümayişle, davranışları, yapıp ettikleri "susamış kimsenin geniş düzlüklerde görüp su zannettiği serap gibi" olan kafir-

[25] Allah ikisinin ruhlarını yüceltsin, pak eylesin.

ler gibi[26] yoldan çıkabilir, talepten vazgeçebilir. Elbette hileden, durumun aldatma olduğundan haberdar olduktan sonra elde ettiği hâsıla ise, hasret ve vebalden başkası olmaz." Nitekim aynı âyetin devamında bu ifade edilir: "*Sonunda gelip ona ulaşınca orada bir şey bulamaz*".[27] Şiir:

Dûr est ser-i âb ezîn bâdiye hoşdâr
Tâ gûl-i beyâbân neferîbed be serâbet

Halîlî kattâ' el-feyâfî ile'l-hummâ
Kesîrun ve erbâbu'l-vusûl kalâil.[28]

Aynı şekilde bu yolun mürşid-i kâmil üstadı nadirdir ve varlığın takdiri üzre onu bilip tanımak, çok zor veya güçtür. Çünkü insanî kemâlâtı, insanî yetkinlikleri kemâl, yani yetkinlik sahibinden başkası tanıyamaz ve mücevherin kıymetini mücevherciden ve mücevherden anlayan kişiden başkası bilemez. Şiir:

Be sırr-ı kıssa-i sîmurg u ğosse-i hodhod
Kesî resed ki şinâsâ-yi mantıku't-tayr.[29]

İnsanların çoğu, hak görünümlü sûrete ve hakikati olmayan zahire yönelerek yoldan çıkmıştır. Şiir:

Yâkût râ mukâbil-i her-mohre mî nehend
Seng-i siyeh be nerh-i zer-i sorh mî herend.[30]

Denilebilir ki, başlangıç aşamasındaki kişi, telbis, hile ve desise ile aldatılır, aldanır ve kendi ömür sermayesini kemal

---

[26] Nûr, 24/39.

[27] Nûr, 24/39.

[28] Subaşı çok uzak bu çölden dikkat et
Gülyabani aldatmasın serapla seni

Hummaya dost çoktur keskin sahralarda
Vusûl ehli azdır kavuşma yolunda

[29] Kıssa-i sîmurg ile hüdhüdün hüzün sırrına
Kuş dilini bilen kişi erişir elbette.

[30] Koyarlar yakutu katır boncuğunun karşısına
Satarlar kara taşı kırmızı altın fiyatına.

zannıyla nakıslığın hizmetinde harcar. Böylece hal ve meâli, durumu, ânı, şimdisi ve akibeti itibariyle hüsranla bedel öder. Anlayış kıtlığı, haddi tecavüz ve sapmadan Allah'a sığınırız. Bu cihetle ulemâ, halkı daha çok nazar yoluna teşvik etmelidir. Bu çerçevede belirtmelidir ki, tasfiye, yani arındırma yolunda da bu yola ihtiyaç hasıl olur; zira sâlik, resmî ilimden tamamen âri olur, arınırsa, ifrat ve tefrit uçurumundan emin olamaz, korunamaz ve şeriat ve hikmete aykırı duruma düşmekten kurtulamaz. Denge ve itidal sınırını bilmemekten dolayı, aşırı riyazetlere savrulma ihtimali ve ayrıca mizaç bozulması ve istidat batıllığına düşmek gibi bir bedel ödeme ihtimali vardır. Bunun için Hz. Hâdî es-Sekaleyn ilâ es-sırâti'l-mustekîm aleyhi ve âlihî efdalu't-tahıyye ve't-teslîm[31] şöyle buyuruyor: "*Allah cahili asla velî edinmez.*" Diğer bir hadiste de şöyle buyuruyor: "*İki kişi belimi kırar: Körü körüne ibadet düşkünü cahil ve laubali âlim.*"

Önemli Açıklama

İnsanın yaratılış gayesi olan hilafetin tahakkukunun, ilim ve amele, teori ve pratiğe bağlı ve ait olduğu anlaşıldığına göre, bu büyük marifetleri tahsil yolunun niteliği, yolu ve kurallarının kefili olan ilim ancak, ilimlerin en önemlisi ve en faydalısı olabilir. O ise pratik hikmet ve felsefedir. Filozoflar onu ruhânî tıp olarak adlandırırlar; zira onun bilgisiyle, onu bilmekle nefs-i kâmile zerindeki ahlâkî denge korunabilir. Bu da bedenin hıfzussıhhası, yani beden sağlığını koruma mesabesindedir. Bununla nâkıs, eksik ve kusurlu nefislerin itidal ve dengeye getirilmesi sağlanabilir. Bu da bedenleri hastalıktan kurtarma mesabesindedir. Çünkü kötülük melekeleri, nefsânî ve ruhî hastalıklardır. Bu makamda tafsili kelâm odur ki, her ilmin şerefi, ya onun konusunun şanıyla ya gaye ve faydasının büyüklüğü ile ya da burhan ve hüccet belgesiyledir. Bu ilim, üç bakımdan ihtisas artışına mahsustur. Çünkü onun konusu, görüş ve irade bakımından güzel, makbul ve övülen fiillerin veya çirkin, yerilen, kötü ve red-

---

[31] "Hz. Hâdî es-Sekaleyn ilâ es-sırâti'l-mustekîm aleyhi ve âlihî efdalu't-tahıyye ve't-teslîm", şöyle anlaşılabilir: Sekaleyni, yani insanları ve cinleri sırat-ı müstakîme hidayete götüren Hz. Muhammed, en üstün salat ve selam onun ve ailesinin üzerine olsun.

dedilen fiillerin insandan sadır olabilmesi cihetiyle düşünen insanî nefistir.

İnsanî nefsin şerefi ve üstünlüğü, önceki sözlerin siyakından anlaşıldı. Onun gayesi böyle bir şerefli cevherin yetkinliğe kavuşmasıdır. Gerçekten de insan öyle şerefli bir varlıktır ki bu özellik, insanî nefsin, hayvanî ve sebuî[32] mertebede, hatta ondan daha da aşağı mertebede iken melekten daha yüksek mertebeye çıkmasını sağlar. Bunun için bazı büyükler, onu en büyük iksir olarak adlandırmışlardır. Çünkü varlıkların en düşkünü olan nâkıs insan, onun aracılığıyla mümkün varlıkların en şereflisi, en üstünü olacağı bir mertebeye erişebilmektedir.

Bundan dolayıdır ki nübüvvetin nurlarının ışık parıltılarından hikmet ışığını iktibas eden önde gelen önceki filozoflar, erdem tâlibini öncelikle ahlâkı iyileştirme ilmiyle irşad buyurmuşlardır. Ondan sonra mantık ilmiyle veya matematik ilmiyle, sonra tabiat ilmiyle, ondan sonra ilâhî ilimle irşad etmiş, bu ilimlere yöneltmişlerdir. Hakîm, hikmet sahibi, filozof Ebû Ali Miskeveyh, matematiği mantığa öncelemiştir. Bu daha yakın bir yol ve tarzdır; zira matematik eğitimi vasıtasıyla nefis, yakîne yönelir, istikamet ve metanet melekesi kazanır ve de özenti ve yapmacıklık ile tahkikin, düşünmeden körükörüne yapma ile tedkikin arasını ayrımayı şiar edinir. Mantıkla iştigal edenlerin çoğu, matematikten bir tarafa iltifat etmeden bu sıfatların aksine isimlendirildiler. Belki kemali, yetkinliği kavga ve cidalde gördüler. Tahkiki son tahlilde şüpheli bir mugalata veya icat saydılar. Tam da bundan dolayı Eflatun evine şunu yazmıştı: "Geometri bilmeyen evimize giremez." Bilcümle tehzibin, ahlâkı ıslahın ve iyileştirmenin diğer ilimlere üstünlüğü, ittifakla sabittir. Filozof, hikmet ehli Hipokrat şöyle demiştir: "Bozucu karışımlardan uzak olmayan bedene gıda verilirse, onda kötülüğün ve hastalık maddesinin artmasına sebep olunur."

Bu bir simgedir: Nefis, kötü ahlâktan arınmadığı zaman, hikemî ilimleri öğrenmek, onda fesadın artmasına sebep olur. Çünkü o sebep, onda kibir ve gurur maddeleri ve de hür insanlara eziyet eden ve büyük ulema ile saygısız tartışmalara yol açan güç araçları hâsıl eder. Hakikat odur ki, bo-

---

[32] Yırtıcı hayvanlara mahsus.

zulma, gerileme, sapkınlık ve yoldan çıkma derecesinde kalan çoğu ilim talebeleri, "*Evlere kapılarından gelin!*"[33] âyetinin gereğince davranmadıkları, başlangıçta ahlâkı ıslaha ve iyileştirmeye çabalamadıkları, hikmet ve felsefenin taklit bağından kurtardığını ve tahkik derecesine eriştirdiğini duydukları, ama bu sözün manasını bilmedikleri için hikmet ve felsefenin şeriatın kural ve kayıtlarının ihlaline ve de dinin temel yasalarından ayrılmaya sebep olduğu gibi bir batıl tasavvurda bulunurlar. Arzuların, içgüdüsel istek, heva ve heveslerin peşine düşmek sûretiyle tahkike erişmemiş, talep ve öğrenme yolunun insanlarının süslü bahçesi olan şeriatın kanunlarına bağlılıktan çıkmış olan bu kişiler, hayvanlar gibi su ve ota başlarını salarlar; yırtıcı hayvanlar gibi yırtıcı dişlerini, ruhaniyet ecdadı, öğrencilerine hizmet mesailerine şükrün gereği olarak o mesai ve gayreti sahiplenip korumanın farz olduğu selef alimleri ve ayan bilginlere edep perdesini yırtarak açmaya çalışırlar. Aptallığın gereği olarak körü körüne taklitle tahkikten, bilinçli düşünmek ve araştırmaktan, bilerek inanmadan kaçan ve böyle yaparak kurtulaşa ereceğini zanneden aciz ve bunakların itikadıyla kabarır, şişerler. İşin hakikatine erişmeyip "*şeytanların yeryüzünde şaşkınca ayartıp saptırarak düşürmek istedikleri gibi*"[34] şaşırıp kalırlar: "*Arada bocalayıp duruyorlar; ne onlara, ne bunlara! Allah'ın şaşırttığı kimseye asla bir yol bulamazsın.*"[35]

Bütün bu hususlardan çıkan sonuçlardandır ki hikmet, mukaddes Rabbânî maya ve hayat suyunun kaynağının başı olup bu eksiklerin çirkin davranışlarına karşı Kitap ve Sünnet'in çeşitli yerlerinde övülmüştür. Mısra:

Bed-nâm konende-i nikû-nâmî çend.[36]

Bu dize, iyiliği kötülük haline getirmeye çalışan, erdeme karşılık rezaleti tercih edip yayan eksik ve kusurluların durumunu, davranış ve huylarının çirkinliğini vasfetmektedir. Onlar herkesin yergisine maruz kalmışlardır. Allah, isyan,

---

[33] Bakara, 2/189.

[34] En'âm, 6/71.

[35] Nisa, 4/143.

[36] İyiliği kötülüğe dönüştüren niceleri vardır.

azgınlık ve sapkınlıktan, akıl, kavil ve amel kaymalarından bizi ve bütün Müslümanları korusun! Hareket, değişim, dönüşüm ve güç yalnızca Allah'a aittir. Zafer ve yardım ancak Allah katındandır.

Örtüyü Kaldırmak

Şüphe perdesi, tâliplerin basiret gözünün bu temiz asalet güzelinin ve doğru yolun haya sahibi gelininin iyilik ve güzelliklerini idrak etmesini engelleyebilir. O halde bu ihtimale karşı bu şüpheye taaruzda bulunmak, onu keşfetmek, ortaya çıkarmak ve kaldırmak vâciptir.

Şüphe bağlamında şu da ifade edilmelidir ki bu sanat ve mesleğin faydası tahakkuk ettiği zaman, ahlâkın, değişebilir ve dönüşebilir olduğu; yani değişme ve dönüşme kabiliyetine sahip bulunduğu anlaşılıyor demektir. Fakat bu yaklaşım açık değil gibidir; bilakis vehim ve şüphenin daha çok hatıra geldiği ve öne geçtiği anlaşılıyor sanki. Ayrıca "*O hevadan konuşmaz*"[37] âyeti ile Rasûlullah sallallahu aleyhi ve sellem'in "*Bir dağın yerinden kaybolup gittiğini duyduğunuz zaman onu onaylayıp kabul edin; fakat bir insanın huyunun değiştiğini duyduğunuz zaman onu asla onaylayıp kabul etmeyin; zira o kişi ait olduğu aslî durumuna döner.*"[38] hadisinde ortaya konulan hakikatların nassının hükmü düşünüldüğünde, acaba hikmet konusunda ve huyun değişebilir olduğu yönündeki görüş hakkında şüphe öne mi geçmektedir? Bu ve benzeri hakikatlerden abartılı ve aşırı yorumlar yaparak yararlanma yoluna gidilirse, huy ve ahlâkın yok olmasının asla mümkün olmadığı sonucuna varılabilir. Hikmetin kural ve kaideleri bakımından da ahlâk mizaca tâbidir. Mizaç ise değişip dönüşme özelliğine sahip değildir. Eğer kişi, mizacın değişiminden imtina etmeyi men ederse, tek bir şahsın mizacının her yaşta, hatta her durumda farklı olacak olmasından dolayı şöyle deriz: Her şahsın, dört nitelikten her bir nitelikte belirli bir tefrit sınırıyla belirli bir ifrat sınırı arasında orta bir mizaç arzı, alanı ve genişliği vardır. Bütün mertebelerde huy için mizaç arzı, alanı ve genişliği lazım olabilir. Huyun zevali, yok olması veya değişmesi, şahsa özgü mizacın zevali, yok

---

[37] Necm, 53/3.

[38] Ahmed b. Hanbel, *Müsned*, 45: 491 (27499).

olması veya değişmesini gerektirir. Mizaç olmadan huy ve ahlâkın olması mümkün değildir. Denilebilir ki mizaç olmadan huyun bekası muhaldir; o takdirde o huyu izale etmeye çalışmak abestir. Mısra:

Ki zengî be şosten negerded sefîd.[39]

Bu bağlamda hadis-i Nebevî'de, aleyhi efdalu's-salavât ve't-teslîmât[40] şu varittir: "*İnsanlar altın ve gümüş madenleri gibi madenlerdir. Cahiliye döneminde en hayırlınız, düşünüp fıkhettiği, fakih olduğu zaman Müslüman olduktan sonra da en hayırlınızdır.*"[41] Buradan anlaşılmaktadır ki, erdem ve fazilette asıl olan, huy ve tinet temizliği ile fıtrat cevherinin paklığıdır. Zâtî ve özsel kirlilikle, aslî hasaset ve pintilikle onu yetkinleştirmeye çalışmak şu kabilden olur: Kişi, camı cilalayarak lal ve yakut derecesine çıkarmak veya demiri parlatarak gümüş ve altın haline getirmek isterse, hayal kurmuş olur. Bu hayalin gerçekleşmesi ise muhaldir. Ferd:[42]

Govher-ı câm-i cem ez kân-i cihânî digerest
Tû temennâ z'gil-i kûzegerân mî dârî.[43]

Bu, şüphenin bir tür ayrıntılı anlatımıdır. Onu kaldırmak için bir giriş ortaya koymak uygun gözükmektedir. O da şudur: "huy", nefisten fikir ve görüşe ihtiyaç olmadan kolaylıkla fiilî sudûrun olduğu bir melekedir. Nefiste sağlam bir niteliksel melekedir. Teorik hikmet ve felsefede malum olduğu üzere nefsânî ve ruhanî keyfiyet, yani nitelik eğer çabuk değişirse, ona "hâl" derler. Eğer yavaş değişirse "meleke" derler. Bu huyun varlık sebebidir. Nefiste iki şey olabilir: Biri tabiattır. Fıtratın aslındaki şahsî mizaç, ondaki özel niteliksel

---

[39] Zenci yıkanınca beyaz olmaz.

[40] "Aleyhi efdalu's-salavât ve't-teslîmât" duasının anlamı şudur: Allah'ın salâtları ve selamlarının en üstünü onun üzerine olsun.

[41] Buhârî, "Enbiya", 8, 14, 19, "Menâkıb", 1, 25; Müslim, "Fezâil", 2526, "Birr ve Sıla ve âdâb", 2637.

[42] Ferd veya müfred, edebiyat terimi olarak başı ve sonu olmayan tek beyit anlamına gelir.

[43] Câm-i cem incisi dünya madeninden başkadır.
Sen testi yapanların toprağından mı umarsın?

istidad artacak şekilde olur. Nitekim kuru sıcak mizaç öfkeyi, yaş sıcak mizaç şehveti; yaş soğuk mizaç unutmayı, kuru soğuk mizaç ahmaklığı arttırır. Zaten bunlar, hikmet, felsefe ve tıp kitaplarında ayrıntılarıyla açıklanmıştır.

Nefiste olan iki şeyden diğeri alışkanlıktır. Alışkanlık şöyle olur: Başlangıçta iradeyle seçimde bulunarak fiilî çabalama olur, tekrarlar ve alıştırmalarla alışkanlık gerçeklik kazanır. Nitekim görüş ve bakış olmadan kolaylıkla o fiil ondan sadır olamaz. O zaman huy olur. Bazıları huyların tamamının tabiî olduğu, yani tabiatın gereği olduğu ve dolayısıyla değişim kabul etmediği görüşündedirler. Bir topluluk, bazı huyların tabiatın gereği olduğunu ve dolayısıyla değişim kabul etmediğini, bazılarının ise alışkanlıkla elde edildiğini ve dolayısıyla değişebilir olduğunu ileri sürer. Bir grup da hiçbir huyun ne tabiî, ne de gayr-i tabiî olduğu, bilakis nefsin kendi fıtratında kâbil-i mahz olduğu, yani her iki boyuta da sahip olduğu görüşündedir. Bu görüşte nefis, tezadın bir tarafına ya mizaca uygun olduğu zaman kolaylıkla ya da mizaca ters olduğu zaman zorlukla yönelir. Başka bir topluluk, insanların fıtrat temelinde hayır ve iyilik üzere yaratılmış olduklarına, şehvet ve aşırı isteklere yönelmek, kötü işlerde alıştırma yapmak ve tabiatı ihmal etmekle kötülük melekeleri kazandıklarına ve kötü insanlar olduklarına kanaat getirmiştir.

Kadim filozoflardan bazıları ise bu görüşün aksi istikamete gitmiş ve insanın aslında fıtrat temeli itibariyle tabiat kirinden yaratılmış olduğunu ve nefsin kendi cevherinde karanlıkla karışık bir nur olduğunu; dolayısıyla tînetinin temelinde kötülüğün merkezi olduğunu ve eğer kötülük onda nihaî noktada olmaz ve karanlık cevheri, nurânî cevhere galip gelmezse, eğitim-öğretimle iyiliği kabul edeceğini söylemişlerdir.

Galen[44] (ö. 200) ise şu görüştedir: Bazı nefisler, tabiatı gereği iyilik ehli, bazıları tabiatı gereği kötülük ehli, bazıları ise her iki tarafı da kâbildirler. Galen, kendi ekolünü ispat sadedinde şöyle demiştir: Eğer bütün insan bireyleri, fıtratta iyi olurlar ve kötülük arızi olur ise, mecburen kötülüğe bulaşma ya kendinden ya da başkasından olur. Birinci durum-

---

[44] Galen'in asıl adı Galenos'tur (ö. 200?). İslâmî literatürde Câlînûs olarak kullanımı yaygındır. Çağdaş Batı dillerinde daha çok Galen veya Galien olarak yazılmaktadır.

da, onlarda kötülüğün gereği olan güç vardır. O zaman tabiatı gereği iyilik olmaz. Bu gerçeğe aykırıdır. Eğer onlarda hem iyilik kuvveti hem de kötülük kuvveti olursa ve kötülük kuvveti galip gelirse, bunda sakınca lazım gelir. İkinci durumda, yani kötülüğe bulaşma veya kötülüğü kullanma başkasından olursa, zorunlu olarak sakıncalı bir durum ortaya çıkar. O başkası, tabiatı gereği kötü olduğu için hepsi iyi olmamış olur. Bu hüccet, hepsinin tabiatı gereği kötü olduğu hususunu aynıyla iptal eder. Bu iki tarzın iptalinden sonra der ki gözler ve gözlemlemeyle şunu görüyorum: Bazı insanların tabiatı, hayrı, iyiliği gerektirir ve hiçbir şekilde iyilikten başka yöne bir intikalde bulunmaz. Bunlar azdırlar. Bazılarının tabiatı ise kötülüğü gerektirir ve hiçbir şekilde iyiliği kabul etmez. Bunlar çokturlar. Geriye kalanlar ise iyilerle oturduklarında, iyilerin meclisinde bulunduklarında iyi, kötülerle oturup kalktıklarında, kötülerin meclisinde bulundukların da kötü olan ortadaki insanlardır.

Ahlâk-ı Nâsırî'de nakledildiği şekilde Galen'in delili budur. Akıllı, dikkatli ve zeki insan için onun zayıf yönleri, kapalı değildir. Çünkü felsefî esaslar bakımından insan bireylerinin zamansal bidâyetleri yoktur. O takdirde her ferdin kötülük alanlarının başkasından olması mümkün olabilir. Helümme cerrâ.[45] Bu, bizzat kötü olan fertle son bulmaz. Zira bu gibi iş veya durumlarda teselsül, sayılan şeylerdeki teselsül gibidir. Onlar nezdinde batıl yoktur, aksine gerçektir. Böylece ikinci şıkta, hayrın arz ve alanlarının aynı minval üzere başkasından olması mümkün olabilir. Fakat Şeyh Ebû Ali[46] (980-1037) *Şifâ*'da bu bağlamda şunu söyler: "Bu şuna benzer: Büyük birleşme ve yakınlaşmalarda meydana gelen tufanların sebebi, ya iki mıntıkanın intibakı, ya intibaka yaklaşması ya da zirve noktası ile en alt noktanın ve diğer noktaların intikalidir. Yeryüzünde imara uygun yerler vardır. Ayrıca nefes alıp veren hayvanların barınacakları yerler vardır. Belirli alanlar suyun içinde kalır. O zaman yeryüzü denizde kalan yerlere ve imara uygun olmayan açık yerlere bölünür. Bu bağlamda alanın çoğalmasıyla bağlantılı olarak hayvanlar

---

45 "Var kıyas eyle.", "Çek beri getir." gibi kinâye için söylenen bir ifadedir.

46 İbn Sina.

ve bitkiler çürür, yok olurlar. Ondan sonra da tevâlüd[47] ile değil, tevellüd[48] ile hâdis olur, meydana gelirler. O türlerin tevellüd ile meydana gelmelerini savunmaktan imtina etmeyi gerektiren hiçbir burhan, hiçbir açık delil yoktur. Çünkü o türlerin birçoğunda hem tevellüd ile, hem de tevâlüd ile hâdis olanların, meydana gelenlerin bulunduğu müşahede edilmektedir; mesela insan kılından meydana gelen yılanlar, incir ve badructan[49] akrepler, topraktan fare ve yağmurdan kurbağa gibi. Bazı türlerin tevellüd ile meydana gelişinin, uzun süre olmamış olduğundan dolayı genel olarak ve bütünüyle olmaması gerekmez. Zira belirli bir durum, uzun zaman tekrar ettikten sonra durulabilir. Bu, âlemde bu tür küllî olayların uzun süre tekrar etmesine benzer. Bu, büyük kıyamet olur. Bilakis tenâsül[50] ve tevâlüd, cimâ gibi iradî hareketlere bağlı olunca ve iradiyyât zorunlu olmayınca, türün kesintiye uğraması lazım gelmesin diye mecburen insan için tevellüde kâil olunması gerekir; zira herkesin sonuç alması diye bir zorunluluk yoktur."

Ondan sonra İbn Sina şöyle der: "Eğer kişi, sanatlar ve meslekler üzerine düşünürse, hepsinin hâdis olduğunu, sonradan ortaya çıktığını, muayyen bir şahsî görüş ve çabayla hâsıl olduğunu bilir. Sanat ve mesleklerin hudûsünün, sonradan ortaya çıktıklarının delili, günden güne artmalarıdır. Onların sonradan olmaları, insanın doğuş ve üreme silsilesinde yok oluştan sonra bir başlangıcının olduğuna delalet eder; zira sanat ve mesleklerden birçoğu, şu kabildendir: Bilinen tarzın dışında semavî veya Rabbânî ilhamî bir özellikle

---

[47] Tevâlüd, sözlükte "doğurmak" anlamındaki vilâd kökünden türemiş olup "doğmak, üremek, çoğalmak" gibi anlamlara gelir. Terminolojik olarak bitki ve hayvanların erkek-dişi ilişkisi olmadan birbirinden veya cansız maddelerden kendiliğinden meydana gelmelerini (tevellüd) değil, erkek ve dişilerinin bir araya gelmeleriyle gerçekleşen üremeyi ifade eden felsefe terimidir.

[48] Tevvellüd, sözlükte "doğurmak" anlamındaki vilâd kökünden türemiş olup "doğmak, ortaya çıkmak, meydana gelmek" anlamına gelir. Terminolojik olarak bitki ve hayvanların erkek ve dişilerinin bir araya gelmeleriyle gerçekleşen üremeyi (tevâlüd) değil, erkek-dişi ilişkisi olmadan birbirinden veya cansız maddelerden kendiliğinden meydana gelmelerini ifade eden felsefî bir terimdir.

[49] Badruc, reyhana benzer bir bitki, bir reyhan türü, dağ reyhanı, Horasan teresi de derler.

[50] Tenâsül, nesil yetiştirme demektir.

mücehhez olmayan insan, o olmadan olamaz. O halde bir insanın bulduğu, icat ettiği veya ürettiği her şey, kendi kıvamında, kendi nizamı içinde ondan bağımsız olur ve onu diğer insanlar için inşa etmiş ve üretmiş olur."

Buraya kadar Şeyh'in sözü getirilmiştir. Ona dayalı olarak Galen'in sözünde güzel bir boyut vardır. Fakat bu sözde de iknailiğin etkileri gözlemlenmektedir ve münakaşaya çok imkan vermektedir. Müteahhirîn filozofları, hiçbir huyun tabiî olmadığı ve tabiatın zıddı da olmadığı görüşünü tercih etmişlerdir. Şimdi öncelikle belirtilmelidir ki her huy değişebilir, değişimi kâbildir ve hiçbir değişebilir şey, tabiî değildir. Bu yaklaşımdan hiçbir huyun tabiî olmadığı sonucu çıkar. Bunun basit açıklaması odur ki, gözlemle ve gözlerle açık bir şekilde şunu görüyoruz: İnsanlar, kötüler ve iyilerle oturup kalkmak ve sohbet etmek sûretiyle erdemsizlikleri ve erdemleri kesp ederler. Nitekim çocukların durumlarıyla ilgilenildiğinde, eğitimin, terbiye ve tedibin onlar üzerinde büyük bir etki bıraktığı, kabiliyet durumuna göre kolay veya zor ahlâkı, huyları kesp ettikleri açıkça görülmektedir. Eğer ahlâk ve huylar, kâbil-i zeval olmasaydı, değişebilir, dönüşebilir, yok olabilir özellikte olmasaydı, temyiz, irade, görüş ve düşünüp taşınma gücü faydasız olurdu; tedip, terbiye, siyaset ve eğitim de abes olurdu ve de şeriatların yasaların, hukukun, diyanetlerin butlanı lazım gelirdi. Filozof Aristoteles'e göre kötülük ve kötüler, eğitimle iyilik ve iyiler haline gelir. Fakat hiç tabiî zevâlin kâbil olmaması, açıktır. Çünkü zaruretle malumdur ki, müdahale edilmezse, suyun tabiatı değiştirilemez. Ateşin tabiatı da tersine çevrilemez. Bu girişte açık olduğu üzere misaller tenbih için getirilmektedir. Bu delil, bu vecihle *Ahlâk-ı Nâsırî*'de ortaya konulmuştur. Sanat işini yapan, bunun da iknaî olduğu görüşündedir. Çünkü buna kâil olanın, bazı huyların değişiminin görüldüğünün malum olması gibi bazı huyların, bazı ahlâkî tutum ve davranışların bazı şahıslarda asla değişmediğinin de malum olduğunu söylemesine imkan vardır. Her ne kadar bazı insanların, özellikle sezgi, tahmin, düşünme, hıfzetme, bellekte tutma, iyi akletme ve benzeri teorik gücün yetkinliklerini elde etmeye, öğrenmeye çalışsalar da, başarılı olamadıkları gözlenmektedir. Bu sûret, zamanımızın çoğu talebe ve taliplerinde görülmektedir. Bu durumda sırf bu delille nasıl hükmedilebilir: Hiçbir huy ve ahlâk, tabiî değildir. Bütün ahlâk yok olma kabiliyetine sahiptir ve bilcümle tam istikrâ[51] yasaktır. İstikrâ-yı nâkısın[52] faydalı oluşu, kesin değildir. Açıklık iddiası da kesinlik taşımaz. Bu örneklerin zikredilmesi, men etme, yasaklanma, temyiz gücünün, tedibin, eğitim ve terbiye ile siyasetlerin men edilmesi, boşa çıkarılması ve terkedilmesi çerçevesinde tenbih içindir. Şeriatlar ve yasaların geçersizliği lazım geldiği zaman, hiçbir huyun yok olması düşünülemez. Bu, "eğer her bir hastalığın çaresi ve tedavisi olmasaydı, tıp ilmi batıl, anlamsız ve geçersiz olurdu" demeye benzer. Bu sözün geçersizliği ve anlamsızlığında şüphe yoktur. Hasılı, genelde kötüler tedip, eğitim ve siyasetle hayırlı, iyi insanlar olurlar. Nitekim Aristoteles de böyle demiştir. Her ne kadar bu hüküm ve önerme mutlak anlamda geçerli değilse de, tedip, eğitim ve siyasetin tekrar edilmesiyle kötü kimseler üzerinde etkili olunur, olumlu izler bırakılır. Eğer o kötü denilen kişilerdeki şerri veya kötülüğü bütünüyle kaldırıp atmak mümkün olmazsa, azaltmak mümkün olur. Buradan malum olmuştur ki, bu ilmin yararını beyan ederken ahlâkın tamamının yok olma ve geçersizleşme kabiliyetine sahip olduğu gibi bir iddiaya ihtiyaç yoktur; bilakis genel olarak şahıslar boyutunda ahlâkın kabulü kâfidir. Onlarda da bu ilmin yararı, şerri azaltma bakımından kendini gösterir. Öyleyse hiçbir şekilde şerî siyaset ve teklif, yani mükellefiyetlerin butlanı lazım gelmez. Çünkü eğer hasta veya hastalıkta tedavi fayda etmezse, bu, tıp ilmini suçlama veya kötülemeyi meşrûlaştıramaz. Eğer derlerse ki bu takdirde her şahsın teklif ve görevi, her kötü, reddedilen huy ve ahlâkın değişimiyle muntazam olmaz ve düzenlenmez, zira huyun şahsî hakta yok olması düşünülemez, o zaman şöyle cevap veririz: Yok olmanın düşünülemeyeceği kesin olmadığı için akıl ve şeriatın hükmüne göre onu yok etmeye gayret etmek vâcip olur. Sanki Hz. Seyyidü'l-En'âm, Kainatın Efendisi, aleyhi ve alâ âlihi's-salâti ve's-selâm ve't-tahıyye ve'l-

51 Tam istikra, tümevarım, endüksiyon.

52 Eksik istikra, büyültücü tümevarım, bilimsel tümevarım.

ikrâm'ın[53] bildirip ilan ettiği hakikatlerde bu manâya bir işaret vardır. Nitekim şöyle buyurmuştur: "*Amel ediniz; zira herkes kendisi için yaratılan şeye müyesser olur.*"[54] Bu hususlardan malum olmaktadır ki onların bu ilim çerçevesindeki sözü, müsamahaya dayanır. Nitekim bundan sonra bu müsamahâtın[55] misallerinin irtikabında mazeret beyanıyla bundan daha mufassal bir şekilde yazılıp beyan edilecektir, İnşâ'ellahu Te'âlâ ve bihi'l-'ısme ve't-tevfîk.[56]

---

[53] Hz. Muhammed'e (sav) salavatın farklı bir versiyonu olan "Aleyhi ve alâ âlihi's-salâti ve's-selâm ve't-tahıyye ve'l-ikrâm " duasının anlamı şudur: Allah'ın salâtı, selâmı, ikramı onun ve ailesinin üzerine olsun, Allah onun ve ailesinin ömrünü uzatsın.

[54] Buhârî, *Sahîh*, "Tefsîr", 4949. Ayrıca Bkz. Buhârî, "Tefsîr", 4945-4947; "Edeb", 6217; Müslim, "Kader", 2647; Tirmizî, "Ebvâbu'l-Kader", 2136.

[55] Müsamahât, insanın terk etmek zorunda olmadığı şeyleri, başkasının iyiliği için kendi iradesi ve rızasıyla terk etmesi anlamına gelir.

[56] "İnşâ'ellâhu Te'âlâ", "Allah Teâlâ dilerse"; "bihi'l-'ısme ve't- tevfîk" ifadesi ise, "Korunma ve başarı Allah'tandır." demektir.

BİRİNCİ LÂMİ'

AHLAK İLMİ VE AHLAKI GÜZELLEŞTİRME[1]

1. Lem'a: Güzel Ahlak[2]

Psikolojide,[3] tabiat felsefesi konuları çerçevesinde, insana ait düşünen nefsin iki güce sahip olduğu belirtilmektedir: Biri idrak gücü, diğeri ise hareket ettirici güç. Bu iki güçten her birinin de kendi içinde ikişer şubesi mevcuttur. İdrak gücüne ait birinci şube, yüksek ilkelerden ilmî sûretler almak sûretiyle etkilenmenin ilkesi olan teorik akıldır. Bu gücün diğer şubesi, fikir yoluyla tikel eylemlerin meydana gelmesi için bedeni hareket ettirmenin uzak ilkesi olan pratik akıldır. Pratik akıl, öfke ve arzu güçleriyle ilgisi bakımından utanma, gülme ve ağlama gibi birkaç niteliğin fiilî veya infialî sebebi olması anlamında meydana geliş ilkesi; vehim ve mütehayyilenin kullanılması bakımından tikel görüş ve sanatların ilkesi; teorik akılla ilişkisi ve birleşmesi bakımından doğru sözlülüğün iyiliği ve yalancılığın kötülüğü gibi davranışlarla ilgili tümel düşüncelerin gerçekleşme sebebidir.

Hareket ettirici gücün de iki şubesi söz konusudur: Biri, uygun olmayan şeyi üstün gelmek sûretiyle ortadan kaldırmanın ilkesi olan öfke gücü; diğeri uygun olan şeyi çekmenin ilkesi olan arzu gücüdür. Öfke gücünün bedensel güçlerden etkilenmemek için onların üzerinde egemen olması gerekir. Daha doğrusu, bu güçlerin öfke gücüne boyun eğ-

---

1 Celâleddîn Devvânî, bu bölümde sonraki bölümlerin bazı yerlerinde de görülebileceği gibi konuyu bazı boyutlarıyla *Ahlâk-ı Nâsırî*'den farklı ele almaktadır. Bakış açısı aynı olmakla birlikte Devvânî, konuları kimi zaman Tûsî'ye göre kısaltmakta, kimi zaman da farklı hususlara işaret ederek uzatmaktadır.

2 Bu başlık altında ele alınan konu, *Ahlâk-ı Nâsırî*'den daha geniş ele alınmaktadır.

3 Özgün metinde "ilm-i nefs" olarak yer almaktadır.

meleri ve her birinin onun tarafından belirlenen işi yapması gerekir. Diğer bedensel güçlerin onun otoritesine boyun eğmesiyle insan hayatı tıpkı bir memleket gibi düzene kavuşur. Hiçbir bedensel güç, onun emri olmadan bir işe başlayamaz. Yoksa düzenin bozulmasına sebep olur. Her güç, kendi özel fiilini aklın gerektirdiği şekilde yapınca idrak gücünün birinci şubesi olan teorik aklın eğitiminden hikmet, ikinci şubesi olan pratik aklın eğitiminden adalet, öfke gücünün eğitiminden yiğitlik ve arzu gücünün eğitiminden iffet meydana gelir. Bu açıklamaya göre adalet, pratik gücün yetkinliğidir.

Başka bir yöntemle insanî nefsin üç farklı güce sahip olduğundan bahsedilmektedir. Bu güçler dikkate alındığında değişik etkiler nefisten iradeye uygun olarak çıkar. Bu güçlerden biri diğerine üstün gelirse, zayıf güç ya boyun eğer ya da kaybolur. Birincisi, melekî nefis ve nefs-i mutmainne olarak da adlandırılan düşünme gücüdür. Bu güç, temyiz ve şeylerin hakikatleri üzerinde düşünme arzusunun ilkesidir. İkincisi, sebuî[4] nefis ve nefs-i levvâme olarak da adlandırılan öfke gücüdür. Bu güç, azap, yiğitlik, tehlikelere atılma ve egemenlik, yükselme ve makam isteğinin ilkesidir. Üçüncüsü, behimî nefis ve nefs-i emmare olarak da adlandırılan arzu gücüdür. Bu güç ise, besin talebi ve yeme, içme ve cinsel ilişkiden zevk alma isteğinin ilkesidir.

Öyleyse nefse ait erdemlerin sayısı bu güçlerin sayısı kadardır. Çünkü düşünen nefis, itidal veya dengeye doğru hareket edip kesin bilgiler elde etmek isteyince bu hareketten ilim, bilgi ve ona bağlı olarak hikmet hasıl olur. Sebuî nefis itidale doğru hareket edip melekî nefse boyun eğince, düşünen nefsin kendisine ayırdığı payla yetinir ve nefiste bu hareketin sonucu olarak hilim erdemi ve dolayısıyla yiğitlik meydana gelir. Behimî nefis, itidale doğru hareket edip düşünen nefse boyun eğince, aklın gereği olan payla yetinir ve bu hareketten iffet erdemi ve dolayısıyla cömertlik meydana gelir. Bu üç tür erdem meydana gelir ve birbiriyle barışık olarak kaynaşırsa, onların birleşiminden bu erdemlerin kendisiyle tamamlanıp yetkinleştiği benzer bir durum husûle gelir ki buna adalet erdemi denir.

---

[4] Yırtıcı hayvanlara mahsus.

Bu açıklama ve anlatım, *Ahlâk-ı Nasırî*'dendir. Birinci açıklama dahi özet olarak getirilmiştir. Uyanık ve basiret sahibi kişi için birinci açıklamada adaletin basit meleke olduğu açıktır. İkinci açıklamada, her ikisinin basitlik ve bileşiklik ihtimali söz konusudur; fakat basitlik lafzen daha yakındır. Çünkü açık olan şu ki, adalet, nitelikleri farklı unsurların terkip ve birleşiminden meydana gelen mizaç itidali anlamında huy veya ahlâk itidalidir. Felsefenin ilkelerinde belirtilmiştir ki mizaç basit bir keyfiyet veya niteliktir. O unsurlarla ilgili bu noktada bir bütün olarak Nasırî'nin sözünden basitlik anlaşılmaktadır. Diğer noktalarda da onun terkibine dair tasrihte bulunmuştur. Birinci açıklamada adalet, pratik gücün yetkinliğidir ve açıklamada onunla ilgili özel bir kısım yoktur; ancak güçlerden her birinin kullanımını anlatmıştır. Her ne kadar teorik güç olsa da pratik güçle ilgisi vardır. İkinci açıklamada üçlü meleke, ya adaletin cüzleridir ya da mizacın unsurlarının nitelikleri gibi cüzler mesabesindedir; onda da iki ihtimal vardır ve filozofların tercihi onun basitliği yönündedir. Birinci açıklamada üçlü meleke adaletle birlikte konumlandırılmıştır. Bu yüzden pratik gücün yetkinliği odur ki her bir güç, tasarrufları denge üzere olsun diye onun emri altındadır. Ve adalet ondan ibarettir. Açıktır ki bütün güçlerin, işlerin melekesiz gidişatı ve maslahatına göre dengeli bir şekilde, layıkı veçhile, uygun yerde, tasarruf etme melekesi, ondan ayrı olamaz.

Bu makamda söz şöyle ayrıntılandırılabilir: Üçlü meleke hasıl olduğu zaman, pratik aklın her aynası için yükselme gücü bedenî güç üzerinde ortaya çıkar; böylece bütün güçler, onun memuru ve muti'i olurlar, o da onlardan etkilenmez. Nitekim girişte buna işaret edilmiştir. İmdi eğer buna adalet kuvveti denilirse, durum, İmam Hüccetülislâm'ın *İhyâ*'da[5] tercih buyurduğu ve adaleti tarifinde dediği gibidir:

---

[5] İmam Gazzalî'nin *İhyâ'u 'Ulûmi'd-Dîn* kitabı kastedilmektedir. Thompson, İngilizce çevirisinde "İmam Hüccetülislâm"ı "the defender of the faith" (İnancın savunucusu) olarak çevirmiş, "der İhyâ ihtiyâr fermûde" ifadesini ise "İhyâ İkhtiyâr'ında açıklamıştır" şeklinde çevirmiştir. Görüldüğü üzere burada İmam Gazzalî'ye ve eseri *İhyâ'u 'Ulûmi'd-Dîn*'e işaret edildiğini anlamamış, İhyâ'ya bir de cümlede tercih veya seçim anlamındaki ihtiyar kelimesini de anlamayarak *İhyâ*'nın yanına özel isim olarak eklemiştir (s. 59). Thompson'ın çevirisi ne yazık ki, baştan sona bunun gibi eksiklik ve yanlışlıklarla doludur. Deen de, İngilizce

"Adalet, nefsin bir hâlidir ve nefiste gazabı, yani öfke ve şehveti yöneten bir kuvvettir. Nefis, adaleti hikmetin gereği olarak taşır, istirsal ve inkıbazda, bollukta ve darlıkta, bırakmada ve tutmada onu gereğince zapt eder": Üçlü melekenin gereği ve pratik aklın kemâli olan basit bir iştir. Bu meleke, bir vecihte mutlak reistir, diğer melekeler ise onun hizmetkârları konumundadır. Zira kuvvetlerin kullanımı, her ne kadar teorik akıl olsa da, en uygun vecihle vakit, kemiyet ve keyfiyet bakımından bu güce bağlıdır. Bir başka vecihle mutlak reis, teorik güçtür ve bütün güçler, onun hâdimleridirler. Çünkü bu güçte nihâî yetkinlik noktası, varlıkların hakikatlerine tecellidir, bu da se'âdet-i kusvâdır.[6] Eğer adalet, bizzat üç melekeye ıtlak edilirse, bileşik olur ve o takdirde erdemlerin kısımlarını sayarken onu saymaya ihtiyaç olmaz. Zira iyi bilinen bütün ile parçalar arasındaki bağlılık ilkesi gereği kısımların bütünü, başka bir kısım değildir. Özel erdemsizliklerin onun karşısına ve muayyen türleri onun altına yerleştirmek de uygun değildir. O sebepledir ki bu takdirde onun türleri, parçaların veya tikellerin türlerinin toplamının aynısı olur, onun mukabili de onların mukabilleri olur. Denilebilir ki, o sebeple bir biçimin, tür ve hakikat itibariyle üçlü melekeden mürekkep olacağı hususu, açık değildir. Bundan dolayı Şeyh-i Reîs,[7] *Ahlâk*[8] risalesinde adaleti kuvvetlerin bütünüyle birlikte ele aldıktan sonra onun türlerine ve mukabillerine taarruz etmemiş, bilakis üçlü melekenin türleri ve mukabillerini zikretme konusunda kendini geriye çekmiştir. Başkalarının adaletin türleri noktasında getirdikleri şeylerin çoğunu da hikmet ve felsefe altında toplamıştır. Burdan anlaşılmaktadır ki bu ilim üzerine bazı kitaplarda adaletin, üç erdemin özü olduğu; müstakil türlerin erdemsizliklerinin de onun için ispatlandığı hususu, üzerinde düşünülmesi gereken bir konudur. Allah işlerin hakikatlerini en iyi bilendir.[9]

çevirisinde "İmam Hüccetülislâm"ı Thompson gibi "the defender of the faith" (İnancın savunucusu) olarak çevirmiş ve bir açıklama da yapmamıştır (s. 24).

6 Seâdet-i kusvâ, en yüksek mutluluk demektir.

7 İbn Sina.

8 *Risâle fî 'İlmi'l-Ahlâk*.

9 Thompson, bu kısmı çevirisinde de İbn Sina'yı bilmediğini ve ayrıca konuyu da anlamadığını göstermektedir (s. 60-61).

Bu noktada bazıları, hikmet in öncelikle teorik ve pratik olarak ikiye ayrılmasına, pratik hikmetin de üçe ayrılmasına ve bunlardan birinin, hikmetin de içinde olduğu dört erdemi kapsayan ahlâk ilmi olmasına, dolayısıyla hikmetin, bizzat kendisinin bir türü olmasına itiraz ederler. Bu itiraz, kolayca reddedilebilir. Çünkü türlere ayrılan hikmet, varlıkların durumlarıyla ilgili bir ilimdir. Bu ilmin kendisi de varlıklardan olduğu için bu ilimde doğal olarak hikmetin durumlarıyla ilgili hususlar da yer alır. Bunda bir mahzur yoktur. Zira hikmetin parçası olan şey, hikmetle ilgili meselelerdendir; bu yüzdendir ki övülen bir melekedir. Bu melekenin ve benzerlerinin hangi yolla kazanılması gerektiği önemlidir. O zaman hikmet ilminin bizzat kendisinin, onun parçası olan meselelerden bir meselenin konusu olması lazım gelir. Bunda da hiçbir sakınca yoktur. Bilakis onun benzeri ilm-i 'alâ'da[10] bulunabilir. Çünkü onun konusu varlıklardır. İlmin kendisi, varlıklardan olduğuna göre, kendi meselelerinden bir meselenin konusu olabilir. Bundan da asla şeyin, bizzat kendisinin parçası olduğu anlamını çıkarmak lazım gelmez. Zira ilim tasdiklerden[11] veya tasdike ait hüküm ve önermelerden ibarettir; çünkü bu durumda onunla ilgilidir. Tasdikler veya meseleler, tasdike ait olduklarından değil, tasavvur edildiklerinden, tasarlanmış olduklarından meselenin konusudurlar. Hikmet ilminin meseleleri veya ona bağlı tasdikler, pratik hikmetin meselelerinden veya ona bağlı tasdiklerinden bazısı olsaydı, sakıncası olabilirdi. Burada söz konusu olan da bu değildir. Zaten öyle bir şeye de gerek yok. Burada yapılan ve yapılacak şey, cevabı bir vesvese kalmayacak şekilde tahkik etme, irdeleme, eleştirel olarak ortaya koyma ve şüphelerden arındırmadır.

Başka bir cevap daha verilmiştir, o da şudur: Bu bağlamda hikmetten maksat pratik aklın kullanımıdır; nitekim öyle olmalıdır ve ona da pratik hikmet derler. Anlam farklılığı ve ihtilafı sebebiyle karışıklık, taksim ve tasniften uzaktır. Bu cevaptan şu lazım gelir: Adalet, bütün erdemleri içine

---

10 'İlm-i 'Alâ, en yüksek ilim demek olup ilm-i İlâhî, ilahiyat, teoloji, metafizik, felsefe-i ûlâ veya ilk felsefeyi karşılar.

11 Metnin orijinalinde tasdîkât olarak yer almaktadır, onaylamalar veya doğrulamalar gibi anlamlara gelmektedir.

almaz. Bu manânın tersine açıklamada bulunmuşlardır ve insaf odur ki, pratik tikelde kelâmı müsamahaya dayandırmışlardır. Bu fennin tâlibi veya öğrencisini, makâsıdın hikemî tarzda tahkikiyle mükellef görmemişlerdir. Bilakis ilmin, kendisiyle uygulamaya geçtiği ve doğru yolun peşinde olan tâlibin erdemsizlik ve rezilliklerin felaketlerinden kurtulmasını sağlayacak şeylerle iktifa etmişlerdir. Çünkü onlar, mübtediyi, başlangıç aşamasında olan kişiyi, bu ilmi talep etmenin, bu ilme öğrenci olmanın başlangıcında irşad ediyorlarmış. Bu noktada o kişiyi bu konuları araştırmakla mükellef tutmak, olması gerektiği gibi tabiata şaşırmaya ve maksattan vazgeçmeye götürür. Çünkü onların araştırması diğer hikemî, felsefî fenlerden hasıl olur. Mübtedi için o bahiste bir düşünceye dalma yoktur. Bazı muhakkikler bu cümleye açıklama getirmişlerdir. Şeyh-i Reîs[12] *Ahlâk* risalesinde ona işaret buyurmuş ve *Şifâ*'nın bazı yerlerinde belirtmiştir ki pratik aklın yetkinliği, erdemli ve erdemsiz amellerde gerçekte burhana mutabık olan meşhûrât[13] üzerine dayanarak tümel görüşler istinbat etmektir. Onları burhan yoluyla tahkik edip araştırmak, pratik kuvvetin yetkinliğine mütealliktir. Başarının sahibi Allah'tır ve araştırmanın ipi O'nun elindedir.

2. Lem'a: Dört Erdem
Hikmet, Cesaret, İffet ve Adalet

Bu erdemlerle ilgili kurallarda şöyle demişlerdir: Hikmet (felsefe-EO), varlıkların durumlarını insanın gücü yettiği ölçüde gerçekte oldukları şekilde bilmekle ilgili bir ilimden ibarettir. Varlıkların durumlarına gelince; varlıklar ya insanî kudret ve ihtiyara bağlı değildir, ki bununla ilgili ilim, nazarî hikmettir (teorik felsefe-EO), ya da insanın kudret ve ihtiyarına bağlıdır ki bununla ilgili ilim, amelî hikmettir (pratik felsefe-EO).

Cesaret,[14] öfke gücü kontrolü ve eğitimidir. Cesaret erdemi, düşünen nefsin korkunç ve tehlikeli durumlarda sabit

---

[12] İbn Sînâ.

[13] Meşhûrât, meşhûr bilgiler, tüm insanlar ya da insanların çoğunluğunun veya bilginlerin verdiği, tasdiki yaygın olan bilgi ve hükümlerdir.

[14] Orijinal Farsça metinde şecâat olarak geçer.

kalmasını; kaymaya, yoldan çıkmaya yol vermemesini ve doğru görüşün gereği neyse ona göre davranmasını sağlar.

İffet, şehevî gücün düşünen nefse itaat etmesidir. İffet erdemi, şehevî gücün düşünen nefse itaat etmesiyle, düşünen nefsin, aklî görüşün gereği neyse ona göre tasarrufta bulunmasını ve nefsin hevasına tapmaya düçar olmamasını sağlar. Nitekim şair şöyle demektedir:

Bende bende-i hod tâ neşevî hâzır bâş
Zân ki donyâst tû râ bende ve tû sultânî.[15]

Adalet ise; bu kuvvelerin, yani hikmet, cesaret ve iffetin bir araya gelmesi, birbiriyle ittifak yapması ve böylece mümeyyiz kuvveye bağlı kalıp itaat etmesiyle kendini gösterir. Bu üç gücün bir araya gelmesiyle oluşan adalet sayesinde, hevanın ihtilafı ve kuvvelerin birbirini çekmesi, kişiyi şaşkınlık kuyusuna düşüremez ve kişide insaf ile intisaf, yani hakkını alma duygusu oluşur. Söz, adaleti tahkikle geçti. İmdi denilmiştir ki, bu erdemlerden her biri diğerine etki etmez ve geçişli olmadıkça, onun sahibi övgüyü hak etmez. Bundan dolayı da uygun vecihlerdeki infak melekesinin sahibine, ondan başkasına bir iz ulaşmadıkça, cömert değil, infak eden derler. Öfke kuvvesi melekesinin sahibine, bu durumda yiğit ve cesur değil, gayûr, yani hamiyetli derler. Aklî kuvveyi güzelleştirme melekesine sahip olana, hakîm, yani hikmet sahibi değil, yanı basiretli derler. Fakat başkasına geçişli olur, iz bırakırsa, başkasının havf ve recâsının gerekçesi ve sebebi olur; onun ihtişam ve büyüklüğü kalplere yerleşir, onu methetme, himmet sahiplerine farz olur. İşte bu makamda methi hak etmeden maksat, aklın onu methetmenin vücubuna hükmetmesidir. Açıktır ki, havf ve recâ olmadan akıl, onu methetmenin gerekliliğine hükmetmez. Eğer bir kişi, kemâlâtın, yetkinliklerin sınıflarıyla mücehhez ise, faydalı bir ilerleme veya zararlı bir geri çekilme, korku ile ümit olmadıkça, akıl insana o kişiyi övmeye girişmeyi farz bilmez. Bu ikisinden biri olduğu zaman, faydayı celp, zararı def için onu güzelce anarak yaklaşmak, makbulün ötesinde farz sayı-

[15] Ey kul! Kendine kul olma,
Dünya sana kuldur ve sen Sultansın.

lır. Havf ve recânın, korku ve ümidin mertebeleri farklı olsa da, Allah, en üstün, en hayırlı korku ve ümit sığınağıdır. Korkulan ve ümit edilen en üstün sığınak Allah'tır.

3. Lem'a: Dört Erdem Cinsinin Her Birinin Altında Bulunan Türler

Dört erdem cinsinin her birinin altında birçok tür mevcuttur; fakat burada en yaygın olanları ele alınacaktır.

Hikmetin Alt Türleri[16]

Öncelikle hikmetin alt türlerinden bahsetmek gerekirse; onları saymakla bitmez; lakin bilinmesiyle öne çıkanlar yedidir: Birincisi zeka, ikincisi çabuk anlama, üçüncüsü zihin arılığı, dördüncüsü öğrenme kolaylığı, beşincisi iyi akletme, altıncısı ezberleme ve yedincisi hatırlamadır.

Zekâ: Konulardan çabucak sonuca gitme ve öncüllerden kolayca sonuç çıkarma melekesidir. Bu melekenin meydana gelmesi, sonuç getirici öncüller için çok çalışmaya bağlıdır.

Çabuk anlama: Fazla duraksamadan gerekenden gereçlere intikal melekesidir.

Bu ikisi, yani zekâdaki çabukluk ile çabuk anlamadaki çabukluk arasındaki fark şudur: Birincisindeki çabukluk fikri harekette iken, ikincisindeki çabukluk fikir dışı harekettedir. Çünkü tasavvurî melzûmâttan onun levâzımına[17] intikal, ya önermelerden ukûs-i müsteviyeye ya da aks-i nakîzaya[18] geçiş şeklindedir.

Zihin arılığı: Izdırapsız, sarsılmadan ve karışıklık olmadan isteneni çıkarma istidadı melekesidir.

Öğrenme kolaylığı: İstenene, değişik düşüncelerin engellemesi olmadan kolayca ulaşılabilmesi için tam bir yöneliş ve dikkat melekesidir.

---

16 Bu başlık çevirene aittir.

17 Tasavvurî melzûmât, tasavvura ait gerektirilen veya gerekenler; levâzım ise gerektirenler anlamına gelir.

18 Mantıkta döndürme, önermelerle eşdeğerli olan başka önermeler oluşturma demektir. Döndürme iki türlüdür: Düz döndürme, bir önermenin nitelik ve niceliğini değiştirmeden özne ile yüklemi yer değiştirmek, yani önermenin öznesini yüklem, yüklemini özne yapmak; ters döndürme ise, bir önermenin nitelik ve niceliğini değiştirmeden öznenin olumsuzunu veya karşıt halini yüklem, yüklemin olumsuzunu veya karşıt halini özne yapmaktır.

İyi akletme: Her konuyu araştırma ve ortaya çıkarmada ona uygun sınırı koruma melekesidir. Uygun sınırı korumak sûretiyle ne zorunlu işi ihmal eder, ne de bir şeyi gereksizce veya gereğinden fazla kullanır.

Ezberleme: Akledilir veya hissedilir sûretleri gerektiği gibi ezberleme melekesidir.

Hatırlama: Ezberlenen şeyleri istenilen vakitte kolayca hatırlama melekesidir.

Cesaretin Alt Türleri[19]

Cesaret erdeminin altında bulunan türler, on birdir. Birincisi yüksek ruhluluk, ikincisi yiğitlik, üçüncüsü yüksek ideal, dördüncüsü sebat, beşincisi hilm, altıncısı sükûnet, yedincisi korkusuzluk, sekizincisi tahammül, dokuzuncusu tevazu, onuncusu hamiyet, on birincisi rikkat, yani inceliktir.

Yüksek ruhluluk: Kişinin üstünlük ve alçaklığa önem vermemesi; rahatlık ve sıkıntılara iltifat etmemesi; bilakis övgü ve yergiden, fakirlik ve zenginlikten etkilenmemesi, değişim ve geçiş ile teeesür ve infial durumlarındaki dönüşümlere, tersyüz olmalara yol vermemesi demektir. Bu meleke, o kadar yüksek, öyle asildir ki onun yüksek derecelerin çıkmak, irade yolunun çevik yolcularından başkasına müyesser olmaz ve onun yüksekliklerinin zirvesi, kâmil insanların seçkinlerinin dışında hiç kimse için tasavvur edilemez. Bundan dolayı mutasavvıf meşâyihin büyükleri, kaddesellâhu esrârahum,[20] şöyle demişlerdir: "Sıddıkların başlarından çıkan en son şey, makam sevgisidir." ve "Katında övgü ve yerginin eşit olmadığı kişi, fakirliğin tadını almaz."

Yiğitlik: Yiğitlik, nefsin kendini sebata sevketmesi ve böylece tehlikeli, korkunç durumlarda, uygunsuz davranışlara yönelmemesi, kendisinden uygunsuz hareketlerin sadır olmamasıdır.

Yüksek ideal: Nefsin, hakiki güzelliği, ruhânî ve nefsî yetkinliği istemede yüksek düşünce gayesine ve yüce terakki mahalline sahip olması; bu dünyanın menfaatlerini, çirkinliklerini, dikkate almaması ve böylece onların varlığı ve yok-

---

[19] Bu başlık çevirene aittir.

[20] "Kaddesellâhu esrârahum" ifadesi dua olup, "Allah sırlarını takdis eylesin." demektir.

luğunda üzülmemesi ve mutlu olmaması, öyle ki ölümden korkmayacak derecede emin olmasıdır. Nitekim güzel ahlâk meydanının öncülerinden bir kısmı şöyle demiştir: "Biz ölüm sarhoşu divaneleriz." "Ölüm mü'min için armağandır.", bizim halimizi vasfetmektedir. Rubâi:

Ân merd ney-em k'ez 'ademem bîm âyed
K'ân nîme me-râ hûşter ezîn nîm âyed
Cânîst be 'âriyet me-râ dâde Hudây
Teslîm konem çû vakt-i teslîm âyed[21]

Şiir:

În cân âriyet ki hâfiz sepord dûst
Rûzî ruheş be bînem ve teslîm-i vey konem.[22]

Sebât: Sebâta gelince, bu, kişide elem, acı ve zorlukların artarak tesir etmemesi ve tesir ettiğinde yol açacağı zafiyetlerin vicdandan içeriye yol bulmaması için gerekli olan elem, acı ve zorluklara direnme gücüdür.

Hilm: Ağır başlılık, yumuşak huyluluk anlamında hilm, insanın bir tür vakar sahibi olmuşluk ve tatmin bulmuşluk melekesidir. İnsan, bu meleke vasıtasıyla olaylar karşısında aceleyle hareket etmez, öfkeye kesinlikle mağlup olmaz.

Sükûnet: Din ve inancın saygınlığını veya nefis ve asabiyetin haşmetini korumanın zaruret olduğu düşmanlık ya da savaş durumlarında hafiflik göstermeme melekesidir.

Korkusuzluk: Güzel anılmak ve bol mükâfat elde etmek için nefsin büyük işlerin peşine düşme hırsıdır.

Tahammül: Övgüye layık erdemleri ve beğenilen özellikleri kazanmak için bedensel organ veya aletleri kullanma külfetine girme melekesidir.

Tevazu: Kişinin kendini, daha aşağı makamda olan kimselerin üzerinde görmemesi, onlardan daha yüksek meziyet-

---

[21] Ölüm gelince ondan korkacak değilim
O yarı benim için bu yarıdan güzel
Bu Allah'ın bana ödünç verdiği candır
Teslim vakti geldiğinde teslim ederim.

[22] Bu ödünç can Hâfız'a Dostun emaneti
Yüzünü gördüğüm zaman teslim ederim

lere sahip bilmemesidir. Bu melekeyi kazanmanın delili, fıtrî konularda insan fertlerinin ortak olduğunu hatırlamaktır. Eksiklik ve fakirlik pozisyonları ile acizlik ve çaresizlik sıfatları, aslî birlik ve fıtrî yakınlık itibariyle, tevazunun dışına çıkmamayı gerektirir. Nitekim "*Ey insanlar! Sizi tek bir nefisten yaratan Rabbinizden ittika edin, O'na karşı sorumluluğunuzun gereğini yerine getirin.*"[23] âyetinin mazmunu ile "*Yaratılışınız ve dirilişiniz, tek bir kişininki gibidir.*"[24] âyetinin anlam içeriği bunu açık bir biçimde göstermekte, onun hakikat çehresinden örtüyü kaldırmaktadır.

Hamiyet: Dini, kutsalı, haremi ve mahremiyeti korumada gevşeklik ve ihmalkârlık göstermeme ve bu noktada aksa'l-gâyâta[25] varma gayretiyle, en yüksek gayelere erişme çabasıyla çalışmayı gerekli görmektir. Bu bağlamda Rasûlullah sallallahu aleyhi ve sellem şöyle buyurur: "*Şüphesiz Allah hamiyet sahibidir. Hamiyet sahibi olduğu için fuhşiyyatı, çirkin işleri yasaklamıştır.*"[26] Yine Rasûlullah sallallahu aleyhi ve sellem şöyle buyurur: "*Sa'd hamiyetlidir, ama ben Sa'd'dan daha hamiyetliyim. Lakin Allah benden daha hamiyetlidir.*"[27]

Rikkat: İncelik, yumuşak kalplilik, şefkat anlamında rikkat, diğer insanlara dokunan acıları görmekten etkilenme melekesidir. Bu melekede acılardan etkilenme, çaresizliğe, sarsıntı ve bozulmaya meydan vermemek şartıyla söz konusudur.

İffetin Alt Türleri[28]

İffet cinsinin altında bulunan türlere gelince; bunlar, on iki tanedir. Birincisi hayâ, ikincisi nezaket, üçüncüsü güzel yöneliş, dördüncüsü barışçıl olma, beşincisi sükûnet, altıncı-

---

23 Nisâ, 4/1.

24 Lokman, 31/28.

25 "Aksa'l-gâyât", gayelerin en yücesi, doruk noktası, en ileri noktası, nihâî gaye gibi anlamlara gelir.

26 Bkz. Buhârî, "Tefsîr", Hadis no: 4634, 4637, "Nikah", 107, Hadis no: 5220; Müslim, "Tevbe", 2760; Buhârî, "Nikâh", 107. Bkz. Ahmed b. Hanbel, *Müsned*, 14: 69 (8321).

27 Bkz. Buhârî, "Tevhîd", Hadis no: 7416; Müslim "Li'an", 1498.

28 Bu başlık çevirene aittir. Bu başlık altında verilen bilgiler, öz olarak *Ahlâk-ı Nâsırî*'de ve *Ahlâk-ı Âlâî*'de verilen bilgilerle aynı olmakla birlikte sunuş şekli, anlatım tarzı ve içerik itibariyle farklılıklar arz etmektedir.

sı sabır, yedincisi kanaat, sekizincisi vakar, dokuzuncusu vera', onuncusu intizam, on birincisi hürriyet, on ikincisi cömertliktir.

Hayâ: Nefsin çirkin bir iş yaptığını fark ettiği zaman yerilmeyi hak edecek duruma düşmemek için büzülüp içine kapanmasıdır. Hadis-i Nebevî'de, aleyhi efdalu's-salavât ve ekmelu't-tehıyyât,[29] şu variddir: "*Hayâ, bütünüyle hayırdır.*"[30]

Nezakete[31] gelince; nefsin teberru yoluyla meydana gelen iş veya durumlara uyup tâbi olmasıdır.

Güzel yöneliş: Nefsin yetkinlik yoluna tam anlamıyla rağbet etmesidir.

Barışçıl olma: Farklı görüşler çarpıştığı ve aykırı istekler karşı karşıya geldiği zaman nefsin tahammül etmesi ve uzlaşmayı tercih etmesidir.

Sükûnet: Şehvet ve aşırı heves harekete geçtiğinde nefsin sükun bulmasını ifade eder.

Sabır: Nefsin kendisinden çirkin zevklerin ortaya çıkmaması ve kendisini kaplamaması için arzuya, heva ve hevese mukavemet etmesidir. Allahu Teâlâ şöyle buyurur:

> "*Fakat her kim de Rabbinin makamından korkmuş ve nefsi, şehevattan alıkoymuşsa muhakkak ki cennet onun varacağı yerdir.*"[32]

Bazıları sabrı iki kısma ayırmışlardır: Birincisi istenene talep edilen ve arzulanana sabır, ikincisi ise çirkin şeylere sabırdır. İkinci kısım öfke kuvvesiyle ilgilidir. Sabır süsü, nübüvvet ve fütüvvet akitlerinin süsüdür. Nitekim Hz. İzzet, kelimesi ve hükmü yüce olsun, güzel ahlâkın tamamlayıcısı, tevfik ve uyum yollarının Hâdî'si, sallallâhu aleyhi ve

---

[29] "Aleyhi efdalu's-salâvât ve ekmelu't-tehıyyât", Hz. Peygamber'e salavatın farklı bir versiyonu olup "salavatın en üstünü ve selamların en mükemmeli onun üzerine olsun" anlamına gelir.

[30] Müslim, "İmân", 37; Ebû Dâvud, "Evvelu Kitâbi'l-Edeb", Hadis no: 4796; Ahmed b. Hanbel, *Müsned*, 33: 51 (19817). Bazı rivayetler gibi bu rivayet de, *Ahlâk-ı Nâsırî*'de ve *Ahlâk-ı Âlâî*'de yoktur.

[31] Metnin orijinalinde "rıfk" olarak geçmektedir. Kelime, Türkçe'de yumuşak davranma, yumuşak huyluluk, iyi muamele etme, incelik, nezaket gibi anlamlara gelir.

[32] Nâziât, 79/40-41.

sellem'e şöyle buyurur: "*Azim ve kararlılık sahibi peygamberlerin sabrettiği gibi sabret.*"[33] Yani bela, musibet ve zorluklara tahammülde ve çirkinliklere, günah ve hatalara karşı sabırda, Allah'ın huzuruna ve eşiğine mukarrep olan, istifâ ve ictibâ kaftanı ile desteklenen diğer peygamberlere muvafakat et. Şu da meşhur hadislerdendir: "*Sabır, ferahlık ve genişliğin anahtarıdır.*"[34] Diğer bir hadis de şudur: "*Yardım ve zafer, sabırla beraberdir.*"[35] Fars filozoflarının heykel ve mabetlere astıkları küçük sayfada yazılı idi ki demirin tabiatı gereği mıknatısın âşığı olması gibi zafer de isteyerek sabrı ister.

Kanaat: Nefsin yiyecek, içecek, giyecek ve benzerlerini önemsememesi ve zarureti giderecek kadar az şey ile yetinip daha fazlasını istememesidir. Bu yetinme, mal toplama ve biriktirmeye hırs etmek için değil, gönüllü olarak fani zevkleri küçümsemek için olmalıdır. Mal toplamak ve biriktirmek için böyle olmak, taktirdir, açgözlülüktür; nihai ve mükemmel bir övgü noktası olarak adlandırılan birincisinin tersine şer'an ve aklen yerilmiş ve kötüdür. Nitekim Sâdık ve Masdûk'un[36] sözünde şu variddir: "*Kanaat, bitmez tükenmez bir hazinedir.*"[37]

Vakar: Nefsin itminanı ve acelecilikten kaçınmasıdır. Hazret-i Mütemmim-i Mekârim-i Ahlâk,[38] aleyhi't-tehıyye min Allâhi'l-Hallâk,[39] şöyle buyurmuştur: "*Acele, şeytandan, teennî ise Rahmândandır.*"[40] Seyyidu'l-En'âm aleyhi'salevât ve's-selâm'ın şeriat ahkamında acele ve aceleye getirmeden nehyetme noktasında mübalağa öyle bir dereceye varır ki din

---

[33] Ahkâf, 48/35.

[34] Bkz. el-Aclûnî, *Keşfu'l Hafâ'*, 2, 21.

[35] Ahmeb b. Hanbel, *Müsned*, 5: 18 (2803).

[36] Peygamberimiz (sav) için kullanılan sıfatlardan biri olarak Sâdık, sıdk sahibi, dürüst, doğru insan anlamına gelirken yine Peygamberimiz (sav) için kullanılan sıfatlardan biri olarak Masdûk, doğruluğu herkesçe kabul edilen kişi anlamına gelir.

[37] Bkz. el-Aclûnî, *Keşfü'l-Hafâ'*, 2, 133.

[38] Mütemmim-i Mekârim-i Ahlâk, Güzel Ahlâkı Tamamlayan anlamına gelir. "*Şüphesiz ben güzel ahlâkı tamamlamak üzere gönderildim.*" (İmam Malik, *Muvatta*, "Husnu'l Hulk", 8) hadisinden hareketle Hz. Peygamber böyle nitelendirilmiştir.

[39] "Aleyhi't-tehıyye min Allahi'l-Hallâk" duası, "Hallâk Allah'ın selamı onun üzerine olsun" anlamına gelir.

[40] Tirmizî, "Birr", 66.

ulemasının büyüklerinden ve Şer'-i Mübîn'in eminlerinden İmam Maverdî bu bağlamda şu açıklamayı yapmıştır: "Kişi, Cumâ namazını kaçırma korkusuna kapılsa bile yolda yürüme konusunda acele etmemeli, teennî ve itidal caddesinden sapmamalıdır."

Vera': İffetin alt türlerinden dokuzuncusu olan vera', nefsin, iyi amellere ve beğenilen fiillere bağlanmasını ve bu bağlanmayı devam ettirmesini ifade eder. Allahu Teâlâ şöyle buyurur: "*Muttakilerden başkası onun velileri olamazlar.*"[41]

İntizam: İffetin onuncu alt türü, intizamdır. İntizam, nefsin işleri liyakat ve maslahat üzere takdir etmeyi meleke hâline getirmesidir.

Hürriyet: Nefsin uygun ve güzel yollardan mal kazanıp onu iyi ve üstün amaçlar uğrunda harcaması ve kötü yollardan kazanıp çirkin alanlarda harcamaktan kaçınmasıdır.

Cömertlik: Kolaylıkla ve rahatça mal infak etme ve dağıtma melekesidir. Bu türde mal verme, kişinin nefsine ağır gelmez. Malını dağıtmak, cömert insan için sıradan bir şeydir. Böylece cömert kişi, olması gereken ne ve ne kadar ise, öyle ve o kadar yapar ve ulaştırabileceği kadarını ulaştırır. Hz. Mustafa aleyhi efdalu's-salavât ve't-teslîmat'ın cevâmiu'l-kelim'inde[42] variddir ki şöyle buyurur: "*Allahu Teâlâ İslam dinini cömertlikle temyiz edip ayırdı ve seçkin kıldı. Cömertlik ve iyi ahlâk dışında hiçbir şey İslam dinini güzelleştirmez, Müslümanı ıslah etmez, güzel bir mevkiye taşımaz. Dolayısıyla Allah cömertlik ve iyi ahlâk ile müzeyyen kılmıştır.*" Başka bir hadiste şöyle buyuruluyor: "*Kıyamet gününde hasenât mizanına konulacak ilk şey, iyi ahlâk ve cömertliktir. Allah Teâlâ imanı yaratınca, iman, 'Yâ Rabbi! Beni güçlü yap' diye dua etti. Hak Teâlâ bunun üzerine onu iyi ahlâk ve cömertlikle güçlü yaptı. Küfrü yaratınca ise küfür 'Ya Rabbi! Beni güçlü yap' dedi. Bunun üzerine Allahu Teâlâ onu cimrilik ve kötü ahlâkla güçlü yaptı.*"[43]

---

[41] Enfâl, 8/34.

[42] Cevâmiu'l-kelim, "Kapsayan, bir araya getirip toplayan" anlamındaki "câmi'" kelimesinin çoğulu ile "söz" anlamındaki "kelime" sözcüğünün çoğulundan meydana gelen bu tamlama, hadis ilminde Hz. Peygamber'in az sözle çok mâna ifade etme yönünü ortaya koymaktadır.

[43] Bkz. Ebû Dâvud, "Evvelu Kitâbi'l-Edeb", Hadis no: 4799; Tirmizî, "Birr ve Sıla", Hadis no: 2003.

İmam Gazzalî'nin rivâyet ettiğine göre "*Benî Anber kafirlerinden bir topluluğu esir edip Hz. Risâlet-penâh sallallahu aleyhi ve sellem'in yanına getirdiler. Hazret, 'biri hariç hepsini öldürün.' diye buyurunca, Emîru'l-Mü'minîn Ali kerramallâhu vecheh,*[44] *şöyle buyurdu: 'Allah birdir, din birdir, bu kafirlerin hepsinin günahı birdir. Öyleyse onlardan birinin ölmekten kurtulmasının hikmeti ne ola?' Peygamberimiz bu soru karşısında şöyle buyurdu: 'Cebrail indi ve dedi ki 'Hepsini öldür, birini bırak; zira o cömerttir, onun cömertliği bizim katımızda beğeni ve teşekküre layıktır.'''*"

Haber ve rivâyetlerde geçtiğine göre "*Allâhu Teâlâ Musâ aleyhi's-selâm'a vahyetti ve şöyle buyurdu: 'Sâmirî'yi öldürme; zira o cömerttir.'*" Hadis-i Nebevî'de şöyle buyurulur: "*Cennet, cömertler yurdudur.*"

Cömetlik altında birçok tür vardır. Onların ayrıntısı, mutavvelâta, geniş eserlere başvurulup öğrenilebilir.

Bilmek gerekir ki cesaret, galiba cömertliği gerektirir. Çünkü nefiste helake götüren korku ve tehlikelere tahammül melekesi olduğu ve ruhun cömertliği onun katında önemli olduğu zaman, mal kaybı, azalması ve noksanlıkları onun katında nazar-ı itibara alınmaz. Bunun tersi gâyet nadirdir. Her ne kadar diğer melekeleri gerektirmeden daha çok olsa da, cömertliğin cesareti gerektirmesi çok olmaz.[45]

Adaletin Alt Erdemleri[46]

Adalet cinsinin altındaki türler, on ikidir. Birincisi sadakat ve dostluk, ikincisi ülfet, üçüncüsü vefa, dördüncüsü şefkat, beşincisi sıla-i rahim, altıncısı mükâfat, yedincisi iyi ilişki, sekizincisi güzel yargı, dokuzuncusu sevimlilik, onuncusu teslimiyet, on birincisi tevekkül, on ikincisi ibadettir.

Sadakât ve Dostluk: Bu erdem, sadık dostluktan ibarettir. Sıdk, dostluk veya arkadaşlık, öyle bir sevgidir ki, şeran ve aklen kaldırılması gereken yerde ikilik yaklaşımları kaldırılır,

---

44 Hz. Ali için yapılan bu "kerramallâhu vecheh" duası, "Allah yüzünü şereflendirsin, mükerrem kılsın!" anlamına gelir.

45 *Ahlâk-ı Nâsırî*'de ve *Ahlâk-ı Âlâî*'de cömertliğin sekiz alt türünden bahsedilir ve onlar nispeten kısaca açıklanır. Bu kitapta ise bu sekiz türden bahsedilmez, fakat cömertlik uzun bir şekilde anlatılır. Ayrıca bu son paragraf diğer iki ahlâk kitabında mevcut değildir.

46 Bu başlık çevirene aittir.

birlik bağı sağlamlaştırılır. Kendisi için beğenilen arkadaş için de beğenilir, kendisi için istediği, arkadaş için de istenir. Hz. Risâlet-penâh, aleyhi celâilu salâvâtillâh,[47] bu manaya işaret buyurmuştur: "*Sizden biriniz, kendisi için sevdiğini kardeşi için de istemedikçe iman etmiş olmaz.*"[48]

Ülfet: Topluluk üyelerinin birbiriyle yardımlaşmada görüş ve inançlarının uyum ve birlik içinde olmasıdır.

Vefa: Yardımlaşma yolunu çiğnemeyi caiz görmemedir. Bazıları vefayı sözünde durmak ve hukuku uygulamak olarak yorumlamışlardır.

Şefkat: Bir kişinin başına gelen uygunsuzluk durumundan teessür ve infiale kapılma ve onu izale etmek için gayret sarfetmedir. Çünkü beyan erbabı ve ayân ashabı katında delille ispatlanmış ve tahkik edilmiştir ki kainatın bütün zerreleri hakiki birlik yolundan varlık feyzi kazanırlar. Mümkün varlıkların bütün seçkinleri, o Hazretin başarısının ardından gelenlerin en üstlerinden terbiye sütünü emmede eşit veya birbirine yakın adım, menzil ve makamdadırlar. Özellikle muhkem Furkânî nassın gereği olarak ruhânî birlik bağları kesin, sağlam, muhkem olan ve ruhî alışma ve uyum bağları güçlü olan insan bireyleri böyledirler. Mesnevî:

Benî 'âdem 'azâ-yi yekdîgerend
Ki der âferîneş z'yek cevherend

Çû 'uzvî be derd âverd rûzgâr
Diger 'uzvhâ râ nemâned karâr

Tû kez mihnet-i digerân bîgamî
Neşâyed ki nâmet nehend âdemî.[49]

---

47 "Aleyhi celâilu salâvâtillâh ", Hz. Muhammed'e (sav) salavâtın farklı bir şekli olup "Allah'ın salavatının büyükleri onun üzerine olsun." Anlamına gelir.

48 Buhârî, "İmân", 7; Müslim, "İmân", 71, 72, Hadis no: 45; Tirmizî, "Kıyâme", 59, Hadis no: 2515; Nesâî, "İmân", 19, 33. Bu hadis, *Ahlâk-ı Nâsırî*'de yer almaz.

49 Benî âdem birbirinin uzuvlarıdır
Ki yaratılışta aynı cevherdendirler

Zaman bir uzva dert ve acı verdiğinde
Diğer uzuvlar rahat edemezler asla

Bu makamın farklı mertebe ve dereceleri vardır. Şeyh Şiblî'den, kuddise sırruh,[50] nakledilir ki, bir sopayla hayvana vurulduğunda, darp izi o hayvanın azalarında görülür hale gelir. Her ne kadar bakış ve düşünceleri eşyanın künhüne erişmeyen ve hâlin hakikat cemalini görmeyen resmî darlıkların dar geçidine mahpus olanlar, hakikatleri tedavüldeki kitapların yazılı satırlarının harflerinin kaplarından alıp vehim ve hayal zarflarına kaydetseler ve musanniflerin kelimelerinin zahirlerinin dışına çıkmayı hiçbir şekilde caiz görmeseler de, bu mânanın sırrı gizli kalmaz. Fakat taklit yollarıyla basiret gözüne perde çekilmemiş ve dalalet ehlinin cidal ve hile çabalarının tozlarıyla fetanet gözü kapanmamış gözüaçık talibe, vehmin tabiî işlerde faal olduğu ve bundan dolayı dişteki ekşilik tahayyülünden perde hasıl olacağı ve yüksek duvar üzerinde tereddüt etmenin düşmeye yol açacağı gerçeği kapalı kalmaz. Eğer yerde aynı mesafe kadar hareket etse, vehimle düşüş olmaz ve bu durumları hatırladıktan hemen sonra aklı bu çerçevede ortaya çıkan şeylerin benzerlerini kabul etmekten geri durmaz. Bu, resmî hikmetle uğraşanların anlayışlarının idrak noktasına iniş cihetinden tedvin ve tesebbüt levhası üzerinde giden bir boyuttur. Yoksa, şu beyitteki mânaya bakmak lazım:

Bâlâter ez în zebân, zebânî-i digerest
Sırr-ı gam-ı aşk râ beyânî-i digerest.[51]

Başka bir beyıt daha:

Der în meşhed ki envâr tecelli-st
Sohen dârem, velî nâgoften evlâ st.[52]

Sıla-i rahim: Akrabalarını servet ve refahta kendisiyle ortak yapmaktır. Şeklî akrabalığın bir sıla-i rahim hakkının ko-

Başkalarının derdiyle dertlenmez isen
İnsan adına layık olamazsın ki sen (Sa'dî, Gülistân).

50 "Sırrı pâk ve yüce olsun!" anlamında bir dua.

51 Bu dilden daha üstün başka bir dil vardır
Aşk gamının sırrına başka beyan vardır.

52 Nurların tecelli ettiği bu şehadette
Sözüm var, lakin konuşmamak daha evladır.

runmasında olduğu gibi ruhî uyum ve yakınlığı ifade eden ve İlâhî yakınlık ve akrabalık olarak adlandırılan manevî akrabalığın da sıla-i rahim hakkı korunmalıdır. Hatta manevî yakınlık ve akrabalığın hakkına riâyet, daha da önemlidir; zira bu akrabalık daha güçlü ve daha fazla hak sahibidir. Nitekim tam anlamıyla muhaddis olan Emîru'l-Mü'minîn Ömer b. Hattab, radıyallahu anh,[53] şöyle buyurmuştur: "Karâbet, et ve kan akrabalığını, kurbet ise ruh ve nefis akrabalığını ifade eder." Dolayısıyla o ikisi arasında önemli farklar var. Bilmek gerekir ki bu farklar, su ve çamur ile cân ve gönül arasındaki farktan çoktur.

Mükâfat: Nefsin başkasından gördüğü her faydaya misliyle vaya daha çok karşılık vermesi ve yine başkasından gördüğü her zarara ondan daha azıyla karşılık vermesidir.

İyi ilişki: Kişinin, imkanları paylaşma bakımından ve adalet kanununu muhafaza etmeyi sürdürmek şartıyla ortakların, yakın ilişki içinde olanların hatırından sapmaya yol açmayacak şekilde davranmasıdır.

Güzel yargı: Kişinin insanların haklarına riâyet etmesi ve kendini minnet ve yergiden uzak tutmasıdır.

Sevimlilik: Kişinin muhabbeti çekmeye yol açabilecek güzel söz, izzet, ikram ve diğer araçlarla erdemlilerin, denk ve uygun kimselerin dostluğunu, sevgisini kazanma çabasıdır.

Teslimiyet: İlahî ahkam, şerî kanunlar, nebevî düzenlemeler ve benzerleriyle şeriat imamları ve tarikat meşayihi tarafından ortaya konan usul ve merasimleri kendi tabiatına uygun olmasa dahi hoşnutlukla karşılama ve hüsn-ü kabul ile almadır. Hz. Rabbu'l-erbâb, Kitab-ı icâz-i intisâb'da, teslimiyeti güçlü imanı vurgulayacak şekilde en beliğ sûrette ortaya koymaktadır:

> *"Hayır, Rabbine andolsun ki, aralarında çıkan anlaşmazlık hususunda seni hakem kılıp sonra da verdiğin hükümden içlerinde hiçbir sıkıntı duymadan onu kabullenmedikçe ve boyun eğip teslim olmadıkça iman etmiş olmazlar."*[54]

---

53 "Radıyallahu anh", "Allah ondan razı olsun." anlamında bir duadır.

54 Nisa, 4/65.

Tevekkül: Beşerî kudret ve kifâyet dairesini aşan ve değiştirilmesi imkânsız olan işleri, fazlalığı, eksikliği, acele etmeyi, ertelemeyi bir kenara bırakıp en güzel Vekil Allah'a, Allah'ın vekaletine havale etmek ve boş hayalleri bertaraf etmektir. Beyit:

Rizâ be dâde bideh ve zi-cebîn girih biguşây
Ki ber men u tû der-i ihtiyâr negoşâdest[55]

Hz. Seyyid-i erbâbi'l-kemâl aleyhi's-salâtu ve's-selâm mine'l-Meliki'l-Müte'âl'den[56] mervidir ki, "Evden çıkarken şu duayı kim okursa, Hazret-i Cevâd-i Mutlak,[57] büyük sınırsız hazinesinden çok geniş bir rızık ihsan eder:

"*Bismillahi alâ nefsî ve dinî ve mâlî, Allahümme raddınî bikadâike ve bârik fîmâ kuddiret lî, hattâ lâ uhibbe ta'cîle mâ ahharte ve lâ te'hîra mâ accelte. İnneke alâ külli şey'in kadîr.*"[58]

Basiretli bakış ve görüş sahibine kapalı değildir ki, bu duanın mazmunu, içeriği, işaret ettiği nokta, tevekkül inâyetini talep etme ve yargı ve kaza yollarına rıza göstermedir; zira kişinin, kendi iradesini tam olarak Hakk'ın iradesine yöneltmesi ve gönül hücresini nefsin, heva ve hevesin vesveselerinden tamamen arındırması gerekiyor. Ancak bu şekilde kalbe İlâhî sekinet ve huzur ile namütenahî itminan dolar. O zaman hadiseler, onun iradesine göre gerçekleşir ve olanlar onun isteği doğrultusunda vücuda gelir.

İbadet: İnsanı yokluğun gizliliğinden çıkarıp tam bir cömertlik, ihsan ve kerem ile görünür, şahit olunur hale ge-

---

55 Razı ol verilene çatma kaşlarını
Açık değil bana sana seçim kapısı (Hâfız, *Dîvân*).

56 "Seyyid-i erbâbi'l-kemâl", "kemâl erbabının, kemâl sahiplerinin, kâmil insanların Efendisi" anlamına gelirken, "aleyhi's-salâtu ve's-selâm mine'l-Meliki'l-Müte'âl", Aşkın, Yüce Melik'in salât ve selâmı, onun üzerine olsun!" anlamına gelir.

57 "Cevâd-i Mutlak", "Mutlak Cömert, Mutlak İhsan ve İkramda Bulunan" anlamında Allah'ı niteleyen Esmâ-i Hüsnâ'dan, en güzel isimlerdendir.

58 Duanın meali: "*Nefsim, malım ve dinim için Allâh'ın adıyla yardım isterim. Allâhım! Senin kazana, hükmüne beni râzı kıl ve bana takdir edilende bana bereket ver ki, geciktirdiğini öne almayı ve öne aldığını da geciktirmeyi istemeyeyim. Şüphesiz ki Senin her şeye gücün yeter.*"

tiren, kerem ve cömertlik hazinelerinden varlığı bahşettikten sonra açık ve gizli nimet türleri, iç ve dış ihsan çeşitleri ile varlık mülkünü mamur eden Hakikî Mebde'yi tazim etme ve yüceltmedir. Gerçekten de Allah insana İlahî lütuflar hazinesinden sınırsız nimetler akıtmıştır. İşte ibadet erdemi, insanın Melekler, Nebîler, Sahâbe, Tâbiîn, evliyâ ve muvahhid müteeellih hakîm ve filozofların yaptığı gibi şeriatın hükümlerine tâbi olmasını ve dinin usul ve hükümlerinin verdiği görevlere bağlanmasını, bu mâna ve erdemin tamamlayıcısı olan takva ile masiyetlerden kaçınmayı şiarı ve kimliği haline getirmesini ifade eder. Söz konusu özelliklere sahip kişi, şeriatın ibadet boyutunu ayrıntısıyla idrak eden kişidir. Eşya planında hikmet ve felsefede bahis konusu olan şey, aklın hikmete istiklal ile erişebileceği şekilde olur. Şerî hükümlerin ayrıntıları aklın istiklali hududunun dışındadır. Aklın idrak cehdi ve gayesi, bir icmal tarzıdır. Çünkü şeriat sırlarının sırhanesine ancak ve ancak nübüvvet nuruyla yol bulunabilir. Fıkhî hükümler icmal itibariyle pratik hikmet ve felsefeye dahil iken, tafsil itibariyle dahil değildirler. İşte bunlar, birbirleriyle terkipten, birleşimden hudutsuz ahlâkın doğduğu erdem türleridir. Hakîm, bilge ve filozoflara göre şahıslarda mizaçlar farklıdır ve iki şahıs aynı mizaç üzre olamaz. Ahlâk da farklıdır. Dolayısıyla iki kişi aynı huy ve ahlâka sahip olmaz. Aristoteles'e göre insan fertlerinin şekillerinin farklı olmasının sebebi -ki diğer hayvan fertlerinde farklılık bu derece değildir-, şudur: İnsan fertlerinde, idraklerin etraflı bilgi edinmesi vasıtasıyla mizaca tâbi olan farklı nefsânî ve ruhanî nitelikler vardır. Her ruhânî nitelik özel bir yapı ve heyetin gereğidir. Çünkü iftihar eden heyet öfkeli heyetten, mahzun heyet mesrur heyetten ayrıdır. Diğer hayvan fertlerinden burum bunun tersinedir; zira onlarda idrakin kendisinden fazla bir şey yoktur; o halde niteliklerin farklılıkları da çok olmaz, şekilleri ise yakın olur.

Aydınlatma

Ortaya konulan bir girişin gereği olarak bu araştırma konularını ele alırken, belirtmek gerekir ki, bazı hususlar gözden kaçmış veya görmezden gelinmiş ya da farklı şekillerde beyan edilmiş olabilir. Mesela bu cümleden olmak üzere zekâ, çabuk anlama ve benzerlerini, hikmet cinsinin altına derc edilen türlerden saymışlardır; halbuki bunlar hikmetin sebepleridirler. Fakat onlar, yoruma dayanarak zikredildiği şekilde hikmettirler. Evet, hikmeti teorik kuvvetin kendisiyle inşa olduğu meleke olarak yorumlarlarsa, varlıkların bilgisinden hareketle mezkur türler, hikmetin altında toplanabilir. Dedikleri şey hemen hemen şudur: Düşünme kuvvetinin hareketi itidal ve denge üzere olunca, o hareketten ilim hasıl olur ve buna bağlı olarak hikmet buna dayalı olabilir. Böylece bu disiplindeki bütün bu görmezden gelmeler veya gözden kaçmalar için bir mazeret ve özür beyanı ortaya konulmuş oldu.

4. Lem'a: Erdemler Gibi Olmakla Birlikte Erdemlerin Cinsinden Olmayan Sıfatlar

Erdemler malum olunca, erdemlere benzeyen, ama erdemler cinsinden olmayan sıfatları da bilmek gerekir: Bunlar, ahlâk ilminde belli bir ihtisas, tecrübe ve ehliyete sahip olmayan toplulukların aldanmasına sebep olurlar. O halde şimdi erdemlerle onlara benzeyen erdemsizlik ve rezillikler arasındaki farkların beyanına girişmek, gerçek mücevherle sahtesini ayırt etmek lazımdır. Bu iş, insanî yetkinliklerin[59] cevherlerini isteyenler ile nefsânî melekelerin nefis olanlarına rağbet edenlerin aldanmaması, düzenbaz ve aldatıcılarla hilebazların karıştırmalarına, hilelerine kanmamaları, saf altını koyu bakırla, mavi boncuğu değerli inciyle karıştırmamaları, inciyi bedavaya satmamaları için yapılmalıdır.[60]

Hikmet Erdemine Benzeyen Erdemsizlik[61]

Hikmet erdemi bağlamında erdemlere benzeyen erdemsizliklere bakılırsa; bu noktada öyle bir topluluk vardır ki, o topluluğu oluşturanlar, ilimlerin meselelerini ezberlerler, karışık ve anlaşılması çoğu kimseye zor olan nükte, nokta ve delilleri açıklarlar. Öyle ki feraset sıdkından ve akıllılık nurundan nasibi olmayan kimseler onların süslü sunumların-

---

59 Metnin orijinalinde kemâlât olarak geçmektedir.

60 Başka birçok konuda olduğu gibi bu başlık altında ele alınan konunun buraya kadar olan giriş kısmı da, *Ahlâk-ı Nasırî*'den farklıdır.

61 Başlık çeviren tarafından atılmıştır.

dan etkilenir, hayrete düşerler ve sözüm ona onların bilgilerinin çokluğuna tanık olurlar. Halbuki bu tür kişilerin hiçbir meselede yakin ve itminanları yoktur. Onlarda bilgiden, hikmetten, felsefeden derin bir iz de yoktur. Onların âlimlere ve zekilere benzemedeki durumu; tıpkı bazı hayvanların, mesela maymun ve papağanın insanî söz ve fiillere öykünmedeki durumu veya çocukların baliğ olanlara benzemedeki durumu gibidir. Nitekim şair bu gerçeği ne güzel ifade etmiş:

Gîrem ki mâr-çûbe koned ten be-şekl-i mâr
Kû zehr behr-i düşmen u kû mohre behr-i dûst[62]

Onlardan bazıları, hiçbir konuda açık hak izan ve tasdikinde bulunmazlar ve her konuda her ne kadar açık olsa da sahip olmadıkları tasarruf, maharet ve anlayış gösterisinde bulunurlar, yaldızlı, süslü yalan sözlerle yeni başlayanları şüpheye düşürürler. Tabii ki vehmin giremediği ve etkili olamadığı yakinî meselelere müdahil olamazlar.

Yüksek düzeyli konularda büyük iddialarda bulunur, batılı hak elbisesiyle karıştırıp zan ve tahmini ilim ve yakin olarak tasviri ederler; ona da tahkik ve tedkik derler.

Hikmet ile felsefe, yetkinlikler ile kemâlât derecelerinin en yükseği olduğu ve hikmet bilgisi, hakîm ve filozoftan başka hiç kimseden hasıl olmayacağı için, bu taife ile hikmet ehli ve filozoflar arasındaki farkı görmek, insanlardan çoğuna çok zordur.

İffet Erdemine Benzeyen Erdemsizlik

İffet erdemine benzeyen, ama ifffet erdeminin karşıtı olan erdemsizliğe gelince; bu, bir topluluğun, daha büyük bir şeyi elde etmek adına dünyevî lezzetlerden yüz çevirmesi gibidir. Bu tip kişiler, zamanın çoğu zahidleri gibi ihlaslı rolü oynayan, avamı kandırmak için zahid görünmeye çalışan veya kendilerini zahit ve âbidlerin mertebelerine ulaşmak isteyen kimseler gibi gösteren ve böylece düşük fâsit ve dünyevî maksatlara tevessül eden, ama aslında ya şehirlerden uzak

---

62 Börülce otunu say yılan teni
O düşmana zehir dosta ilaçtır.

yaşayan dağ ve köy ehli oldukları için zahid insanların aldıkları lezzetlerden haberleri olmayan, ya da o lezzet ve zevklerden çok nasiplenmekten dolayı kendilerine büyük yorgunluk ve sıkıntı erişmiş olan kimselerdir. Belki de onlar, mesela şehevi kusur ve eksiklik hastalığıyla veya elem ve hastalıklardan korkmaları itibariyle ya da insanların kendilerindeki olumsuzlukları bilip kınamasından çekindikleri için iffetli gibi davranırlar. Fakat bu grup iffetli değildir.

Cömertlik Erdemine Benzeyen Erdemsizlik

Cömertlik erdeminin benzeri olan erdemsizliğe gelince; cömert olmayan kimseden cömertlerin davranışı sadır olabilir. Bazı kişiler, cömert olmadıkları halde cömertmiş gibi davranabilirler. Şöyle ki; bu tip kişiler, şehvetlerden yararlanmak amacıyla malı bolca israf etme, harcama yoluna giderler. Bunu, riyâ ile, gösteriş yaparak bazı çıkarlar elde etmek için veya görkem, makam ve mevkiyi yükseltmek ya da zararı engellemek için yaparlar. Bunların bazıları, asıl mal veya para verilmeyi hak eden ihtiyaç sahibi kimselerin dışındaki yerlere veya asıl istihkak sahibi yerlere harcama yapmazken, bazıları uygun yere infak ederler, ama infakta da aşırılığa kaçar, israf ve tebzirde bulunurlar. Bunlardan bazıları, kıtlık sıkıntısına düşmemiş, kendi ve ailesinin rızkı için acı çekmemiş, hatta mirasyedilikten bol servete veya zalim makamlara ve vergi tahsildarlığından kalan büyük bir hazineye konmuş oldukları için akıl ve naklin hoş karşılamadığı gereksiz yerlere müsrifçe harcarlar. Cömert gibi davrananlar, malın kadrini bilmezler, mala veya nakite ihtiyaç yerlerinden gafildirler. Bu tip bir durum, daha çok meşakkat çekmeden, zorluk ve sıkıntıya düşmeden miras veya başka bir yolla mal sahibi olan kişilerin durumunu ifade eder. Bu kişiler, kazanmanın zorluğundan habersizdirler. Mal ve para kazanmak gerçekten de çok zordur, ama malı ve parayı harcayıp elden çıkarmak tersine oldukça kolaydır. Hikmet sahipleri ve filozoflar bu noktada şöyle demişlerdir: "Mal toplamak, yüksek dağın tepesine büyük bir taşı çıkarmak gibi, harcamak ise ağır taşı yüksek dağdan aşağı bırakmak gibidir."

Geçim ve hayatı idare için mala ihtiyaç olduğu açıktır; ayrıca erdemi kazanmak ve ortaya koymak da çok zordur.

Onun için çok çaba harcamak gerek. Nitekim Hz. Süleyman'ın, Peygamberimize ve ona selam olsun, sahifesinde belirtildiğine göre hikmet, güçlülük ve zenginlikle uyanık, dervişlikle uykudadır; para olmadığı zaman halk bilen insandan yararlanamaz. Hatta belki bilen ve bilgin kişinin kendisi de zaruri maslahatları elde etmekle uğraşmadan dolayı birçok yetkinlikten mahrum kalır. Şiir:

Me-râ be tecribe ma'lûm şod der âhir-i hâl
Ki kadr-i merd be 'ilmest ve kadr-i 'ilm be mâl[63]

Güzel ve temiz yolla mal kazanmak zor, güzel ve helal kazanç elde etmek azdır. Aynı şekilde güzel ve helal kazanç yolunda sülûk etmek de zordur. O halde cömert olmadığı gibi cömertmiş gibi davranan veya çeşitli sebeplerle cömertlere benzemeye çalışmada rol yapan kimseler, cömert değillerdir. Bilakis hakikatte cömert, malı bir maksat veya menfaat için harcamayan, aksine hiçbir karşılık düşünmeden ve beklemeden cömertlik adına hareket eden kişidir. Çünkü cömertlik, bizzat kendi özü için istenen ve kabul edilen şerefli bir melekedir. Nitekim Allahu Teâlâ'nın fiillerinde bu mânâya bir işaret ve delalet vardır.

Cesaret Erdemine Benzeyen Erdemsizlik

Cesaret erdemine sahipmiş gibi görünen kimselerin cesarete benzeyen, ama gerçekte cesaret olmayan fiilleri, cesur olmayan kişilerden sadır olur. Bu gruba giren insanlar, örneğin tehlikeli savaşlara ve korkunç işlere kalkışırken mal veya makam elde etmeyi veya başka konulara erişmeyi amaçlarlar. Ona sebep hırstır, cesaret melekesi değil. Bu hileciler, kötülük erdemsizlikleri noktasında kendileriyle ortak olan insanlar arasında isimleri yürüsün diye şiddetli darba, uzun süreli hapse, hatta kesilme ve öldürülmeye katlanırlar. Bu kişiler, akrabaları ve kardeşlerinin kınamasını veya yönetim, otorite ve sultan korkusunu ya da benzeri durumları defetmek için o tür fiillere başvurur, cesurlarmış gibi davranırlar. Yahut birkaç kez tesadüfen elde ettikleri zaferle gurulanırlar. Bu tür

---

63 Sonunda tecrübeyle bana malum oldu ki
İnsanın kadri ilimle, ilmin kadri malla.

birey ve topluluklar, cesur değildirler. Aksine cesur, amaç okunun hedefi, bu erdemli melekeye isabet etmekten başka bir şey olmayan kişidir. Buna kıyasla diğer melekelerde de durum açıklığa kavuşur.

Her atılgan ve üstünlük kuran, güçle ileri atılan ve zayıf kimseleri mağlup eden de cesur olmaz. Öyle olsaydı, yırtıcı hayvanlar da cesur olurdu. Yırtıcı hayvanların fiillerine bakıldığında, cesarete benzeyen yönler bulunabilir, ama gerçek öyle değildir. Mesela aslan ve benzerlerinin fiilleri, her ne kadar cesarete benzese de onun karşıtı türlerdendir. Bunlardan biri, onların kendi üstünlük, atılganlık ve baskınlıklarına güvenmeleri ve doğaları gereği üstünlüğe istekli olmalarıdır. Dolayısıyla onların bunu yapmaları, cesaret tabiatından değil, üstünlük, atılganlık ve güç tabiatlarındandır. Diğeri bazı yırtıcıların, genellikle kendisinden güçsüz olup silahta kendisine denk olmadığı için mukavemet edemeyen hayvanla dövüşmeleri ve onlar üzerinde üstünlük kurmaları veya tam silahlı ve güçlü bir savaşçının mücadelede aciz, silahsız ve savunmasız biriyle dövüşüp onun üzerinde üstünlük kurmasıdır. Bu da cesurun fiillerine dahil olmaz.

Asıl cesaret erdemi bağlamında belirtmek gerekir ki erdemin ölçütü ve delili olan şey, bütün kuvvetlerin kendisine tâbi olduğu, itaat ettiği ve boyun eğdiği akıldır. Gerçek cesur, aklın hükmü gereği cesaret fiilleri ortaya koyan ve o fiilleri ortaya koymada aslî amacı erdemin bizzat kendisi olan kişidir. Bu kişi, çirkin işleri yapmaktan, hayatın sona ermesinden korktuğundan daha çok korkar ve kaçınır. Onun katında güzel ölüm, yerilen hayattan daha üstün ve daha evlâdır. Bundan dolayı "en-nâr ve lâ 'âr!"[64] demişlerdir. Beyit:

Yuhevvinu aleynâ fi'l-me'âlî nufûsunâ
Ve men hatabe'l-hasnâe lem yuğlihâ'l-mehru.[65]

Cesaretin tat ve lezzeti ile faydaları, başlangıç noktaları ölüm korkusuyla ilgili olduğu için başlangıçta görülmese veya farkedilmese de bilahere görülür, ister dünyada, isterse

[64] "En-nâr ve lâ 'âr!", "Ateş olsun, utanç olmasın!" demektir.

[65] Canımız değersizdir şeref uğruna
Güzelin taliplisi mehirden korkmaz.

ahirette mutlaka görülür; özellikle cesur kişinin nefsi ve ruhu dini korumaya ve şer'-i mübîni güçlendirmeye adandığı için. Nitekim hakikatler kelâmının nassı, düşünen insana bunu ilan etmektedir: "*Allah yolunda öldürülenleri sakın ölüler sanma! Bilâkis onlar diridirler; Rableri yanında rızıklara mazhar olmaktadırlar.*"[66]

Akıllı kimse, savaştan kaçmanın veya geri kalmanın her zaman hayatta kalmayı sağlamadığını bilir. Korkak ve yüreksiz kişi, firar eder, kaçar ve bekayı kabul etmeyen bir şeyin bekasını ister; hakikatte bu muhaldir. Diyelim ki faraza birkaç gün mühlet elde etse, ar, utanç, korku, hamiyetsizlik, akran kınaması ve arkadaş azarı vs. onun hayatını mahveder. Bundan dolayı akıllı insan, erdemli ölümü, cesaret erdemi, güzel hatırlanma ve bol ecir ile mücehhez ölümü, o kadar ar, utanç ve ayıpla yaşamaya üstün bilir. Beyit:

Bârî çû fesâne mî şevî ey bihred
Efsâne-i nîk şev, ne efsâne-i bed.[67]

Bu çerçevede Hz. Ya'sûbu'l-Müslimîn,[68] kerramellâhu vecheh,[69] arkadaşlarına şöyle buyurmuştur: "Ey insanlar! Öldürülmeseniz de öleceksiniz. İbn Ebî Talib'in nefsi elinde bulunana and olsun ki başa bin kılıç darbesi vurularak öldürülmek, yatakta ölmekten daha hafif kalır." Hz. Ali bu sözüyle buyuruyor ki unutmak, tevarüs ettiğiniz bir özelliktir; gaflet uykusundan uyanın ve ölmeyecekseniz, ölüm meleği canınızı almayacaksa, yerinizde dursanız da savaşsanız da ölmezsiniz; fakat ölecekseniz de yatağınızda rahat yatarken de olsa ölürsünüz. Öyleyse savaştan niçin korkuyorsunuz? Korkaklık utancını nasıl kendinize reva görüyorsunuz? Ebû Talib'in oğlunun ruhu, kudret elinde olan Allah'a yemin olsun ki başa bin kılıç darbesi yemek, yatakta ölmekten daha

---

[66] Âl-i İmrân, 3/169.

[67] Madem ki efsane oluyorsun ey âkil!
İyi efsane ol, kötü efsane değil.

[68] "Ya'sûbu'l-Müslimîn", Emîru'l-Müslimîn, yani Müslümanların Emiri demektir.

[69] "Kerramellâhu vechehû", "Allah yüzünü mükerrem kılsın" anlamına gelir.

kolaydır. Çünkü erkekçe ölmek kadınlar gibi can vermekten daha yeğdir. Kızıl kan, aşıkların gül gibi çehresidir. Beyit:

Çun şehîd-i ışk der-dunyâ vu ukbâ sorh-rûst
Ey hûş ân sâat ki mâ-râ koşte zîn meydân berend.[70]

Cesaret ve cesurlar erdemi bağlamında hadisler çoktur. Nitekim Hz. Muhammed'in şu buyurduğu, bu cümledendir: "*Şüphesiz ki Allah cesareti sever, yılan ve akrebi öldürme cesareti olsa bile.*"

Cesurlara tazimde bulunmak, saygı göstermek, ikramda bulunmak bütün herkese vâciptir, görevdir; özellikle de yönetim veya hükümdarlık dizginini elinde bulunduran sultana, yöneticilik mesleğinin saliklerine ve bahtiyarlık dizginine sahip olanlara vâciptir. Çünkü bu kerim topluluk, nefis olan şeylerin en kerimi olan nefis ve ruhla savaş pazarında muamelede bulunur. Canı bela ve musibet okuna siper edip devlet düşmanlarıyla savaşır. O halde padişah, mal ve başka sebep veya araçlarla onları sıkboğaz etmemeli, baskı yapmamalıdır. Küçük hatalar yüzünden onlara ceza vermemelidir. Ancak fakirlik, malı kaybetmek, makamdan olmak ve eziyete düçar olmak korkusuyla kendisini öldüren topluluğun fiili, korkaklığı, yüreksizliği cesaret ile meşrulaştırma çabasıdır. Çünkü cesur kişi, her hal ve şartta sabırlı olur, şiddetli hadiselere, zorluklara tahammüle güç yetirir, her halükarda ızdıraptan kendini korur. Aksine cesur olmadığı halde cesur gibi davranmak, korkaklığın ve nefsin maske zaafının gereğidir. Bu ise şeriata göre laneti gerektirir. Nitekim sahih hadislerde bu varittir. Bu konu ve müzakerelerden anlaşıldığı üzere iffet, cömertlik ve cesaret, tam olarak yalnızca hikmet ehlinden ve filozoftan hasıl olur.

Adalet Erdemine Benzeyen Erdemsizlik[71]

Adalette adillerin fiillerine benzeyen fiiller, gerçekte bu adalet süsüyle süslenmeyen bir topluluktan sadır olur. Bu tip erdemsizlik, makam, mevki ve malı yükseltip arttırmak ama-

---

70 Aşk şehidi dünya ve ukbada kızıl yüzlüdür
Bu meydandan biz de ölmüş kaldırılsak iyidir.

71 Başlık çeviren tarafından konulmuştur.

cıyla ya riyâ ve süm'a[72] yoluna başvurmak sûretiyle, ya da o vesileyle avamın kalbini celbetmek maksadıyla söz konusu topluluktan sadır olur. Âdil kişi hakikatte güçlerini adalet, denge veya itidal üzere ortaya koyan ve böylelikle bütün fiillerini aklın hükmüyle itidal yolunu izleyerek sâdır eden kişidir. Nitekim kuvvetlerden hiçbiri, aklın kendileri için tayin ettiği o mizan ve adaletin ötesini talep etmemeli ve birbirlerine galip gelmemelidirler. Sonra kendisi gibi insan olan varlıklarla muamele ve muaşerette, başka bir ifadeyle toplumsal ilişkilerde bu adalet tutumuna riâyet etmelidir. Kuvvetlerin bakışı bütün vakitlerde erdemleri sermaye olarak almaya odaklanmalıdır. Bunun dışında hiçbir iş, onun hedefi ve maksadı olmamalıdır. Bu gerçekleştiğinde, nefis ve ruhta, küllî edebin gereği olan ruhsal heyet hasıl olur ve böylece onun bütün tesir, eser ve fiilleri, itidal süsüyle süslenir ve bozulma çirkinliğinden uzaklaşır. Diğer erdemler bu hususlar esas alınarak değerlendirilmeli ve böylelikle doğru ile yanlış, hile ve desise ile dürüstlük ve samimiyet, sahte para ile gerçek para, doğru insan ile yalan insan, hile yapan kişi ile dürüst insan, hakkı batıla karıştırıp batılı hak olarak gösteren kimse ile hakkı hak, batılı batıl bilen kişi arasındaki fark ortaya çıkmalıdır. Mezkur ifade ve hususlar, açıkça adalet sistemine işaret eder, kemâ lâ yahfâ.[73]

5. Lem'a: Erdemsizliklerin Cinsleri

Bilmek gerekir ki, erdemlerin her birinin karşısında, onun zıddı bir erdemsizlik vardır. Daha önce geçtiği üzere erdemlerin cinslerinin dört olması gibi parlak düşünce sahibinin hemen fark edeceği üzere bunların zıddı veya karşıtı olan erdemsizlikler de dörttür. Evvela hikmetin karşıtı bilgisizliktir, ikincisi cesaretin karşıtı korkaklık, üçüncüsü iffetin karşıtı fücur ve dördüncüsü adaletin karşıtı zulümdür. Dakik araştırma ve bakışla ortaya çıkan şey şudur: Her erdemin aşılmayacak, gerek ifratla, gerekse tefritle asla rezilliğe, erdemsizliğe meyledilmeyecek bir sınırı vardır. O halde erdemler, merkezler mesabesinde iken erdemsizlikler etraf,

---

72 Riyâ, görmeyi, süm'a ise işitmeyi esas alarak yapılan gösterişi ifade etmek için kullanılır.

73 "Kemâ lâ yahfâ", "gizli kalmadığı gibi" veya "gizli kalmadığı gibi" anlamındadır.

kenarlar mesabesindedirler. Örneğin merkez ve daire gibi: Merkez, ortadadır. Halbuki çevreden en uzak noktalar vardır. Tabii ki çevreden gelen çeşitli noktalar vardır; bunların kimi uzak, kimi nispeten yakındırlar. Merkezin kenarlarından her biri bir taraftan çevreye daha yakın olan sonsuz noktalar vardır. Dolayısıyla her erdemin karşıtı olarak sonsuz erdemsizlikler vardır. Böylece erdem yolunu sülûkta istikamet, düz çizgi üzerinde hareket etmeye benzer. Erdemsizlik tarafına sapma ise çizgiden sapma gibidir. Açıkça görülmektedir ki, iki nokta arasında ona ulaşan çizgilerin en kısası, düz çizgidir. Fakat iki nokta arasında birden fazla düz çizgi olamaz. Düz olmayan çizgiler sonsuzdur. Bu durumda kemal veya yetkinlik yolunda istikamet, ancak tek bir şekilde veya tek bir yolla olabilir. Fakat istikametten sapmanın sonsuz yolları vardır.

Hakiki merkezi, hakiki ortayı bulmak ve tutmak, nihai derecede zor olduğuna göre, bulduktan sonra onda sebat etmek daha da zordur. Çünkü itidal ve denge üzere istikamet tutturmak gâyet zordur. Bunun için Hz. Hâdî es-Sekaleyn ilâ es-sırâti'l-mustekîm aleyhi ve âlihî efdalu't-tahıyye ve't-teslîm,[74] *"Hûd sûresi beni ihtiyarlattı."*[75] buyurmuştur. Burada mevzu edilen husus, istikametle ilgili olarak varit olmuştur. Hûd suresine ihtiyarlatma nispet edilmesi, Hûd sûresinin *"Emrolunduğun gibi istikamet üzere dosdoğru ol!"*[76] buyruğuyla ilgilidir. Bu yüzden sırat-ı müstakîmi nübüvvet dilinde "kıldan ince, kılıçtan keskin" olarak nitelendirmiş ve tasvir etmişlerdir. Nitekim kerim Fatiha sûresinin *"Bizi dosdoğru yola ilet!"*[77] âyetinde kendisine hidâyet talebini içeren sırat-ı müstakîm, bu anlama gelebilir. Çünkü ileri gelen bilgeler ve filozoflarla büyük veliler katında doğru habercinin, kendisiyle vaat ve vaîd buyurduğu, müjdeleyip tehdit ettiği ahiret işlerinin, huy ve fiillerin sûretleri olduğuna inanırlar. O işler, mead vatanında mertebe itibariyle o sûretlerle insanda zahir olacaktır. Nitekim *"İnsanlar, uykudalar; öldükle-*

---

74 Sekaleyni sırat-ı müstakîme hidayete götüren Hz. Muhammed, en üstün salat ve selam üzerine olsun.

75 Tirmizî, "Tefsir", Hadis no: 3279.

76 Hûd, 11/112.

77 Fatiha, 1/5.

ri zaman uyanırlar." buyruğu, uyanıklara bu manâyı haber veriyor. Bu manâ, Kitap ve Sünnette çeşitli yerlerde açıkça ve ima yoluyla ortaya konulmuştur. O sûretlerin maddesi, ister güzelliklerden, isterse çirkinliklerden olsun, bu neş'ede toplanan amel ve huylardır. Nitekim "*Şüphesiz ki cehennem kafirleri çepeçevre kuşatır.*"[78] âyet-i kerimesinin hükmü ve "*Altın ve gümüş kaplardan su içen karnına cehennem ateşini doldurur.*"[79] hadis-i Nebevîsinin hükmü, bunu açıkça ortaya koymaktadır. Eğer hayal ve vehimler tozunun sadık tâlibi önceden basiret gözünü açar ve akıllılığın boynunu rusûm ehlinin taklit boynundan kurtarırsa, belki meşhur "*Dünya ahiretin tarlasıdır.*"[80] hadisi bu manâya delalet eder, tabii eğer can kulağıyla dinlenirse. Beyt:

Dihkân-ı sâl-horde çé hoş goft bâ-peser
K'ey nûr-i çeşm-i men be-cuz ez kişte nedrevî[81]

Bu öncüllere dayanarak belirtilmelidir ki peygamberlerin nassıyla haşr vatanında cehennem yolu üzerine uzatılmış uhrevî sırat-ı müstakîm, huy, ahlâk ve davranışlarda orta yol gibidir. Cehennem ise kenarlar, uçlar veya etraf misali erdemsizliklerdir. Bugün bu dünyada sırat-ı müstakim üzre sabit kadem olan, itidale yol ve yönteminin seyr-i sülûkundan sapmayan kimse, ahirette de sırat-ı müstakimden geçebilir ve pakların vatanı olan bâkî cennete erişebilir. Her kim de bu neşede, bu dünya hayatında, sırat-ı müstakimden sapmaya yol ararsa, ahiret yurdunda sırat-ı müstakimden geçemez ve asilerin yeri olan cehennemde kalır.

Pisagoras'tan şöyle nakledilmiştir: "İnsanın kazandığı her meleke, melekî ya da şeytanî meydana gelişe sebep olur. Her biri, hangisine sebep olursa, ahirette onun arkadaşı ve ayrılmaz parçası olur." Şüphesiz hayr hayırdır, şer de şerdir. Öyleyse insan, huy ve davranışları ile kendisine nasıl bir dost ve arkadaş edindiğini görmesi ve bu noktada tedbirli olması

---

78 Ankebut, 29/54.

79 Buhârî, "Eşribe" 28; Müslim, "Libâs", 2065.

80 El-Aclûnî, *Keşfü'l-Hafa*, 1, 412.

81 İhtiyar köylü oğluna ne güzel demiş
Göz nurum ne eker isen onu biçersin.

lazımdır. Orta iki anlama gelir: Birisi, iki nesnenin arasında birbirine eşit nispetli olarak bulunan "hakiki orta"dır. İki ile altının arasında ortada olan dört sayısı gibi. Bu orta, doktorların reddi üzerine delilller ikame ettiği hakiki mutedil gibidir. Diğer orta, doktorların ispat ettikleri türsel ve şahsî itidaller mesabesindedir. Bu ilimde muteber olan orta, ikinci kabilden olabilir. Bundan dolayı erdem, kişilere göre değişir, hatta zamana ve duruma göre de değişiklik arz eder. Bir kimseye göre erdem olan huy başkasına göre erdem olmayabilir. Şahsî erdemlerden her bir erdemin zıddı olarak sonsuz erdemsizlikler var olur. Bu makamda düşünce aynasında bir şüphe tozu ortaya çıkar. Çünkü bu fende orta, şahsî ve nev'î itidal kabilinden olduğu zaman, onun her aynası için mizacın arazı gibi bir araz olur. O zaman onun vasfında mübalağa dikkatle, incelikle ve keskinlikle yükselir. Bu tozun kalkmasının yolu şudur: Mizaç arazının mertebelerinde, mertebelerin en üstünü ve hakiki itidal ve dengeye en yakını olan bir mertebenin olması gibi, melekelerin mertebelerinde de o mertebelerin en üstünü olan bir mertebe vardır; bizzat beğenilen ve talep edilen mertebe bu mertebedir. Diğer mertebeler, o mertebeden sonra olmaya bağlı olarak ifrat ve tefrit karmaşası ve hilesinden hali değildirler. Dolayısıyla o mertebelerdeki kişi ve nev', daha üstün bir halde değildir. Fakat o mertebeyle sahip oldukları sınırlı bir yakınlık vasıtasıyla nev' ve kişi korunabilir. Erdemlerde de hakiki erdem, o mertebedir. Mertebelerin geri kalanı, o mertebeye yakınlık durumuna göre erdem sırası içinde sayılır. Nitekim bedenî itidal ve denge noktasında diğer mertebeler, her ne kadar bedenî itidalin içinde değillerse ve sapma şaibelerinden hali değillerse de, fiillerde onlardan açık bir bozulma sadır olmamasından dolayı itidal mertebeleri yolunda sülûk ederler. Dolayısıyla yetkinlik ve kemal derecelerindeki farklılığın takdiri, itidalin vasatına yakınlıktaki farklılığa göre olur. Ruhânî tıp kuralları cismanî tıp kurallarına kıyasla olmalıdır. Şüphe yok ki bu manada itidal de her ne kadar belli bir kolaylık ve genişliğe sahip ise de zorluktan hali değildir. Gerçi mübalağa makamında onu vasf etmek, şiirin dikkati ve kılıcın hiddetiyle olur, fakat durum, söz konusu problemden uzak değildir.

"*Allah dilediğini sırat-ı müstakime iletir.*"[82] Vasattan sapma, ya ifrat tarafına ya da tefrit yönüne olur; o halde her erdemin karşısında iki erdemsizlik vardır ve her erdem, zıddı olan bu iki erdemsizlik arasında vasat konumdadır. Açıklandığı ve açık olduğu üzere erdemin cinsleri dört, erdemsizliğin cinsleri ise sekizdir.

O taraftan ikisi hikmete nisbet olur ve o da sefihlikle eblehlik olur. Sefihlik ifrat tarafı olup fikir kuvvetini vâcip olmayan bir konu veya durumda kullanmak veya vâcip durumlarda vâcip olandan daha fazla kullanmaktır. Buna kurnazlık denir. Eblehlik ise tefrit tarafı olup fikir kuvvetini bırakma ve vâcip durumlarda kullanmama veya vâcip olandan daha az kullanma demektir.

İkisi ise cesaret tarafından olup biri ansızın harekete geçme veya öfkelenme, diğeri ise cübün, yani anormal veya gereksiz korkudur. Bunlardan birincisi ifrat tarafı olup tehlikeli işlere girişimdir, akıl bu tutumu güzel görmez. İkincisi ise tefrit tarafı olup çekinme ve kaçmanın tasvip edilmediği ve güzel olmadığı bir şeyden çekinip kaçmadır.

O taraftan ikisi iffetle ilgilidir: Biri tamah ve açgözlülük, diğeri ise sönmüşlüktür. Tamah ve açgözlülük, ifrat olup nefsin şehvetlere, aşırı istek ve arzulara olması gereken miktardan fazla meyletmesidir. Sönmüşlük ise iffetin tefrit tarafı olup nefsin, şeriat ve aklın mubah görüp ruhsat verdiği lezzet ve şehvetleri isteme yönünde hareketten uzak olması, durağanlığı tercih etmesidir. Nefis bunu irade ve seçimle yapar, yaratılıştan bir zorunlulukla değil.

Adaletin ifrat ve tefritine gelince; onlardan biri zulüm, diğeri ise inzilam, yani zulme boyun eğmedir. Zulüm, adalet erdeminin ifratı olup insanların haklarına ve mallarına tasarrufta bulunma, el koymadır. Zulme boyun eğme ise adalette tefrit olup zalimin zulmüne sessiz kalmak, zalim zulüm ve haksızlık yaptığında, ona zilletle boyun eğmektir. Bazıları adaletin iki aşırı ucunu da zulüm olarak adlandırdılar. Çünkü zulüm ya kendi nefsine ya da başkasına yapılır. Adaletin bütün yetkinlikleri kendisinde toplaması gibi onun karşıtı olan zulüm de bütün eksiklikleri kendisinde toplar. Bundan dolayı Şeyhülislam Abdullah Ensarî (1006-1089) ve onun gibi

---

82 Bakara, 2/231.

başka muhakkikler, demişlerdir ki incitme yoksa, günah da yoktur. Çünkü her günah zulümdür, ya kendi nefsine ya da başkasına zulümdür. Şiir:

Mebâş der pey-i âzâr u herçe hâhî kon
Ki der şeriat-i mâ gayr ez în gunâhî nîst[83]

Bazı büyük zatların dediğine göre tarikat ehli çoğu şeylerde ihtilafa düşerler; fakat hepsi rahata eriştirme emri ve istihsanı ile incitmekten nehyetme konuları üzerinde müttefiktirler. Sahih hadiste buyurulduğu üzre zalimin iyilikleri, mazlumun ameller divanına nakledilir. Nitekim "*Bize değil, sadece kendilerine zulmediyorlardı.*"[84] âyet-i kerimesinin mazmunu buna işaret eder.

Erdemlerin cinsleri altındaki türlere ait durumlara kıyas yoluyla bu erdemsizlik cinsleri değerlendirilmelidir.

6. Lem'a: Adaletin Şerefi ve Üstünlüğü

Öncelikle beyan edildiği üzere malum olmaktadır ki, akıl ve naklin ittifakıyla Hazreti Hak Celle ve 'Alâ'nın mukaddes hakikati, idrak, fikir ve vehimlerin ihatasından yüce, aşkın ve münezzehdir. O'nun Celâlinin öz otağında çok büyük düşünen idrak kuşuna yol yoktur. Bilakis beşerî akılların gayretinin nihâî noktası ve nazarî kuvvetin nihâî yükseliş zirvesi, mümkünata ait olma itibariyle de Zât-ı Akdes'e yapılabilecek nispetler ve itibarî şeylerin zeyillerine teşebbüs edilmesidir. Beyit:

Goftâ ğeletî zi-mâ nişân netevân dâd
Ez mâ tû her ânçe dîde-i pâye-i tûst[85]

Zâtî ğaybın kadim veçhinin kendisinde keşif ve ayân ehlinin şuhûd gözüne yansıdığı birinci ayna, vahdettir. Bu, kesretin karşıtı olan vahdet değildir. O, onun gölgesinden bir

---

[83] Ne yaparsan yap ama sakın kimseyi incitme
Tarikatımızda ondan başka bir günah yoktur.

[84] Bakara, 2/57.

[85] Dedin bizden bir yanlış gösterilemez
Bizden her ne görmüşsen senin pâyendir.

gölgedir. Bu vahdet, sayısal anlamda bir birliği de ifade etmez. Onun zevalsiz, yok olmaz cemal güneşinin nurlarından bir ışıktır. Bu vahdet ki, eğer cemal mumu yanıp parlarsa, onun zuhur şualarının parlaklığı çoklukları kelebek gibi yakar. "*Eğer O, onları açsaydı, O'nun yüzünün tecellileri bütün mahlukatı yakardı.*" Çünkü celalinin âlem yakan nurlarının doğuşuyla zerreler görünmez, çokluklar meydanda zuhur etmezler ve yetkinliğiyle zatının ihatasının genişliğinden dolayı hiçbir şey sayıda O'nunla kıyaslanamaz. Nitekim "Bugün hükümranlık kimindir? Elbette tek ve mutlak hükümran olan Allah'ındır!"[86] fehvâsı, onu en beliği şekilde beyan ediyor. Beyit:

Mülk-i hestî râ melik coz Vâhid-i Kahhâr nîst
Kahreş ân kez gayr der vâdi-yi Û deyyâr nîst.[87]

İmdi hikmet önderleri ve imamlarının büyük direkleri ile dinin büyük meşayihi, şöyle beyan buyurmuşlardır: Hakk'ın zâtî birliği, sayısal birliğin dışında başka bir birlik türüdür. Nitekim Latif Melik'e vâsıl olanların önderi Şeyh-i Kebîr İmâm-ı Habîr Ebû Abdullah Muhammed b. el-Hafîf[88] radiyallâhu anh'ın[89] inançlı göğsünde şu yazılıdır: Allah, tektir. Bu teklik sayı türünden de değil, âhâd türünden de değildir. Bu vahdeti, tekliği, birliği ve mahiyetini tasavvur etmek, akılların idrak sınırlarını aşar. Ona ancak keşf ve ayân nuruyla erişilebilir. Bu birliği tasavvur etmenin zorluğuna şu âyet işaret ediyor: "*Ne zaman yalnızca Bir Allah'ın ismi zikredilse âhirete inanmayanların kalplerindeki nefret yüzlerine vurur*"[90] Nitekim İmam Râgıb ve akıl nazarının yöneldiği merci olarak onu takip eden diğer muhakkikler şöyle tahkik buyurmuşlardır: Vahdet-i adedî, yani sayısal birlik odur ki onun ışığı olmadan zerrelerden hiçbir zerre zuhur meydanı-

---

86 Mü'min, 40/16.

87 Varlık mülkünde Tek Kahhâr'dan başka melik yok
O'nun hakimiyetinde başka bir malik yok.

88 Ebû Abdillâh Muhammed b. Hafîf b. İsfikşâd ed-Dabbî (ö. 371/982), Şeyh-i kebîr, şeyh-i meşâyih, şeyh-i Şîrâzî gibi unvanlarla da bilinen sûfî âlimdir.

89 "Radiyallâhu anh", "Allah ondan razı olsun" anlamında bir duadır.

90 Zümer, 39/45.

na ve şuur vatanına gelemez; o bağın yokluğuyla da mevcudatın fertlerinden hiçbir ferdin bekası, gerçekleşemez. Keşf ve şuhûd imamları olan müteellih hakîm ve filozoflar katında kesin olarak bilinmektedir ki, her sıfatın yetkinliği, kendi zıddıyla yaklaşma ve birleşme meydanına gelmesine bağlıdır. Nitekim İlâhî Esmâ-i Hüsnâ mücevherleri ve onların faydaları babında bu gözlemlenmektedir: "*O, evvel ve âhir, zâhir ve bâtındır. O her şeyi bilir.*"[91] Öyleyse vahdet kahramanının ahkamının kesretine şamil olmakla birlikte kendisinde vahdetin daha açık ve daha zahir olduğu her varlık daha şerefli ve üstün olabilir. Güzel ve mütenasip nağmeler, vezinli ve ölçülü şiirler ve de güzel sûretlerin tesirlerinin, vahdetin şeref ve büyüklüğüyle uyumu söz konusudur. Sayıların uygunluğu üzerine tertip edilen garip eser, iz ve tesirler de bu kabildendir.

Hikmet ve felsefede açıklandığına göre her ne kadar mizaç, daha uygun ve hakiki vahdete daha yakın ise de ona terettüp eden sûret veya resim, daha yetkin, daha tam ve daha üstün olur. Bundan dolayı doğumlular silsilesinde, madenlerin mizacı itidal birliğinden uzak olunca, onun türsel sûreti terkibi koruma kaynağıdır sadece. Bu mertebeden ilerleyip bitkisel itidal mertebesine erişince, terkibi korumakla mislin beslenme, gelişim ve üretim kaynağı olur. Bu tabakadan yükselip hayvanî itidal mertebesine erişince, önceki eserlerle iradî his ve hareketin kaynağı olur. Bu dereceden yukarı çıkıp insanî itidal derecesine yükselince, bütün eserlerle nutkun, düşüncenin, yani tümellerin ve ona bağlı unsurların kaynağı ve mebdei olur. Her ne kadar insan bireylerinin mi zaçları, hakiki itidale daha yakın olsa da onun yetkinlikleri nübüvvet merbesine ulaşacak kadar çoktur. Yine onlar arasında bütün yetkinliklerin mazharı ve bütün gayelerin gayesi son mertebeye erişinceye kadar farklı mertebeler vardır. Musiki ilminde ifade edilmiştir ki hiçbir nisbet, eşitlik nisbetinden daha şerefli, asil ve üstün değildir. Abadan'dan ötesinde başka bir köy yoktur.[92] Bozulma veya yok olma

---

[91] Hadîd, 57/3.

[92] "Abadan'dan öte başka bir köy yoktur." Arapça bir darbımesel olan "Ve leyse verâ' Abbadân karye." cümlesinin Türkçe'sidir. Darbımesel, belli bir bağlamda en güzel ve son sözün söylendiğini ve onun üstünde bir söz söylenmeyeceğini ifade eder.

tarzlarından bir tarz ile, eşitlik nisbetiyle ilgili olmayan her nisbet, uygunluk ve uyumluluk sınırından çıkar ve uyumsuzluk meydanına girer.

Önemli Açıklama[93]

Sözün sınırları bu noktaya müncer olunca, bu güzel anlamlardan bir kısmını ayrıntılandırmaya bir işaret ortaya çıkar. Onun beyanı, bu mana kuvvetine uygun bir şekilde olur; öyle ki bir durak noktası olan ses ve nağme, belirli bir hiddet, keskinlik ve ağırlık derecesinde mükerrer olduğu zaman, telif özelliği olan tesirden hasıl olmaz ve musiki sanatı için onda bir nazar, bir bakış, bir görüş olmaz. Çünkü bu sanatın görüş ve nazarı, o haysiyetten nağmelerle sınırlıdır; o nağmeler arasında keskinlik ve ağırlık bakımından veya onlardaki karışık zamanlar arasında miktar bakımından uyumlu, mülayim veya uyumsuz, nefret eden bir bağıntının hasıl olduğu bir haysiyet. Birinci şıkka telif ilmi adını verirler. İkincisine ise îkâ',[94] yani sesleri bir ahenge sokma ilmi derler. Keskinlik ve ağırlıkta iki farklı nağme hasıl olunca, mecburen onlar arasında ya uyumlu bir bağıntı ya da uyumsuz bir bağıntı üzerine farklılık olur. Çünkü onlar arasındaki farklılık misl bilfiil ile olabildiği gibi misl bilkuvveyle uyumlu da olabilir, değilse uyumsuz olur. Misl bilfiilden murat, eşit fark değeri veya miktarının en az olmasıdır. Bu, biri, dört, iki, altı ve üç gibi başka bir katlama olacak sûrette mümkün olabilir. Ona bu'ud-i zi'l-küll[95] derler.

Misl bilkuvveden maksat ise şudur: Misl bilfiil olmayan şey, misl bilfiili arttırma ve katlama ile mümkün olabilir. Bu iki kısımdır: Birincisi, bu kuvvetin farklılık ölçüsü ve miktarı

---

[93] Bu kısım, bir bütün olarak *Ahlâk-ı Nâsırî*'de olmadığı gibi *Ahlâk-ı Âlâî*'de de yoktur.

[94] Îkâ', müzikte terim olarak aralarında sınırlı zaman aralıkları olan ve birkaç devri kapsayan bir vuruşlar bütünü olarak anlaşılabilir.

[95] "Bu'ud-i zi'l-küll" ifadesindeki bu'ud, müzikte yeterli tizlik ve pestlikteki tizlik ve pestlik özellikleri farklı iki nağme arasındaki aralık, başka bir ifadeyle iki farklı nağmenin toplamı için kullanılır. Bu'udlar, bâkiye, mücenneb, taninî, bu'ud zi'l-erba'a (dörtlü bu'ud), bu'ud zi'l-hams (beşli bu'ud), bu'ud zi'l-küll (oktav bu'ud), bu'ud zi'l-küll ve'l-erba'a (oktav ve dörtlü bu'ud), bu'ud zi'l-küll ve'l-hams (oktav ve beşli bu'ud) ve bu'ud zi'l-küll merrateyn (iki oktav bu'ud) isimleriyle tasnif edilmektedir.

cihetinden olmasıdır, aralarındaki farklılığın iki ile olduğu altı ve dört gibi. Bu kısımda iki katlamayla dört olur. Buna nisbet-i zâid bi'l-cüz' derler. İkincisi, kuvvetin ehadu'l-mütefâviteyn[96] cihetinden olmasıdır; aralarındaki farkın dört ile olduğu altı ve iki gibi. Bu dördün artırılmasıyla olur. Buna nisbet-i kesîri'l-ed'âf derler. Bu vecihler üzere olan her nisbet, ya bu vecihlere raci olur, uyumlu olur ya da bunun tersine olur, uyumsuz ve karşıt olur. Buradan malum olduğu üzere her iki nağme arasında sayısal olmayan bir nisbet vardır. Yani değer, ölçü ve miktarlara özgü olan ve sayıda bulunmayan ve de uyumsuz olan artış oranlarından bir nisbet vardır; veterin[97] bütününden meydana gelen nağme gibi ve bir parçadan hasıl olan ses gibi. Bunun bütüne nisbeti, karenin kenarının çapa nisbeti gibidir. Eğer ikisi arasındaki nisbet, sayısal bir nisbet olursa, az olan çok olana menfi olmazsa, iki sayı arasındaki farklılık, bilkuvve aded-i zâyid[98] olmayan bir parçayla ilgili olmazsa ve onun bundan sonra açıklanacak olan vecihlere uygunluk nisbetlerinden biriyle ilgili olmazsa, elbette uyumsuz olur. Biri diğerinden yedinin dördüyle fazla olan iki nağme gibi. Mesela biri yedi, diğeri on bir olsun. Bu iki sayı arasındaki fark, yedinin dördü olur, yedi değil; az olan eklenerek on bir olur, farkın miktarı olan yedinin dördü değil. Eğer az olan çok olana menfi olursa, fark miktarının daha az veya daha çok gibi olmasından hali olmaz. Birincisi yarı ve iki katın nisbetidir. Buna bu'ud-i zi'l-küll denir. İkincisi çok katlı nisbettir. Eğer o ikisi arasında bilkuvve aded-i zâyid olan bir parça ile fark varsa, eğer o parça sayı ile, yarım ve üçte bir gibi yarı ve ondan daha aşağı etmezse, ona eb'âd-i vustâ denir. Bu o ikisine münhasırdır. Çünkü dörtte bir ve altıda bir ile fark olursa, farkın parçası, yarım sayı eder. Eğer yedide bir ve beşte birle fark olursa, yarıdan az sayı eder. Eb'âd-i vustâ'dan birinci kısma bu'ud zi'l-hamse denir, iki ve üç gibi. İkinci kısma bu'ud zi'l-erba'a denir, üç ve dört gibi. Eğer fark yarı ve ondan daha alt bir

---

96 "Ehadu'l-mütefâviteyn", iki farklı şeyden biri anlamına gelir.

97 Veter, kiriş, yay kirişi ve saz teli gibi anlamlara gelir.

98 Aded-i zâyid: Bir sayının kesirlerinin toplamı, o sayıdan fazla çıkarsa, ona aded-i zayid denir. Mesela 12 sayısını esas alalım. 12'nin yarısı 6, üçte biri 4, dörtte biri 3, altıda biri 2 olur. Bu kesirler toplandığında 15 eder. İşte bu sayıya aded-i zâyid denir.

sayı eden bir parça ile olursa, ona eb'âd-i sığâr denir. Bu, zâyid bi'r-rub'dur. Bu kısımlarda iki sayı arasında ya iç içe geçme vardır ya da bilkuvve aded-i zâyid olan parça ile fark vardır, ta ki fark hissedilebilsin.

İnsanî hançerelerde onu çıkarma gücü vardır, mülayim, uygun ve muteberdir. Eğer fark hissedilmeyecek derecede olursa, ya gâyet az olursa ya da insanî hançerelere onu meydana getirmek zor olursa, bu fennin itibar meydanına dahil olmaz. Çünkü hissin yokluğu veya histe farkın azlığı takdir edilirse, teliften matlup olan sayılmayan bir lezzet hasıl olmaz. Sonuncunun esas alınması durumunda her ne kadar diğer aletlerden çıkarılabilirse de, insanî tabiî durumun, minvali üzere olmadığında, yani hançere sesleri söz konusu olmadığında, tabiat ona pek rağbet etmez ve ondan lezzet fazlı hasıl olmaz. Musiki sanatı, daha fazla inceleme konusudur; dolayısıyla bu fennin, yani ahlâk ilminin aşırı odaklanacağı bir mevzu değildir. Buradan anlaşılmaktadır ki insanî hançere nisbetlerinin seslerinin tarzında olmayan nisbet, muteber değildir. Eb'âd-i kibârda istikrâ cihetiyle hançere seslerinin oranlarının nihâyeti, şudur: Bir iki katın iki katı, bir başka sayı olur, bir ve dört gibi. Eb'âd-i sigarda ise otuz ve altı cüzden bir cüz ile zâid olur. Yani 36 olur ve artık 37 ve bu derecelerin üstü muteber değildir.

Asıl konunun niteliğinin beyanına gelince;

Mislî nisbet denilen katsal nisbet, nisbetlerin aslı, kökü ve şerefidir. Onun vahdete nihaî yakınlığı ve şerefindendir ki onun yönsel biri, diğerinin makamının kâimidir. Böylece yumuşaklık ve uyum devam eder. Yani eğer bir nağme iki kat olursa, iki katın yarısının yerine diğer yarı devreye girer veya tersine nizam dizisi kopmaz ve kaynaşma veya birleşme bağı zedelenmez. Mesela bir nağme sekiz olsun. Bu durumda sekiz, dört olan nağmenin iki mislidir. Eğer dördün yerine sekiz konulursa ve üç olan nağmeyle telif edilir, bir araya getirilirse, sekiz ve üçten uygun bir bu'ud meydana gelir. Halbu ki onlar arasında öncesine dayanan bir ittifak veya buluşma yok ve onların uygunluğu şu şekilde olur: Sekizin yarısı olan dört, üç ile uyum oluşturur. Eğer üç tarafından bakar ve dersen ki üç altının yarısıdır ve üç ile sekiz arasında uyum vardır, o takdirde maksat hasıl olur ve her halükarda bu'ud zi'l-erba'a'ya râci olur. Eğer beş üç ile birlikte kullanılırsa, uygun olur ve eb'âd-i sigâra râci olur. Dolayısıyla beş ile üç arasında eb'âd-i sigârdan uygun bir nisbet vardır. Üç ise altı makamının kâimidir. Yahut diyelim ki iki, yarım ve üç arasında eb'âd-i sigâr nisbeti vardır ve beş, iki ve yarım makamının kâimidir. Bu biçimlere, ikinci ittifakla tam müttefik denir. Bu noktada basiret sahibi akıllı ve zeki kimse için açık hale gelir ki bu'ud zi'l-hams, bu'ud-i kesîru'l-ad'âf ve bu'ud zi'l-erba'a'ya râci kılınabilir. Bu'ud zi'l-erba'a da bu'ud zi'l-hams'a râci kılınabilir. Çünkü eğer ilk biçimde iki, dört makamının kaimi olarak bilinirse, bu'ud zi'l-erba'a'ya râci olur. Eğer üç altı makamının kâimi olarak alınırsa, bu'ud-i kesîru'l-ad'âf'a râci olur. İkinci durum veya şekilde ise; eğer üç altı makamının kâimi olarak alınırsa, bu'ud zi'l-hams'a râci olur. Bu'ud zi'l-küll'ün şeref va asaletiyle misl bilfiil ile fazlalık, hem sayısal vasıtayla, hem de telifi vasıtayla iki orta buuda ayrılır. Sayısal vasıtadan murat, iki sayı arasında ortada olan ve dolayısıyla iki tarafa yakınlık ve uzaklıkta eşit olan sayıdır, altı ile iki arasında ortada olan dört gibi. Telifî vasıtadan maksat ise, kendisinden daha az bir sayıya kendisinin sayısal üstünlüğünün, kendisinden daha çok olan bir sayının kendisine sayısal üstünlüğüne nisbeti, daha az olan sayının daha çok olan sayıya nisbeti gibi olan sayıdır, üç ile altı arasında telifi vasıta olan dört gibi; zira dördün üçe fazlalığı birdir. Altının dörde ve ikiye fazlalığı ise, üç ile altı arasındaki nisbet gibi ikisi arasındaki nisbettir. Bunların anlamlarının ayrıntısı aşağıdadır:

Birinci beyan şudur: Dördün ikiye nisbeti, bu'ud zi'l-küll'dür. Onlar arasında sayısal vasıta olan üç, çıkarılınca, iki oran meydana gelir: Biri iki ile üç arasındaki nisbettir, bu bu'ud zi'l-hams'tir. Diğeri ise üç ile dört arasındaki nisbettir, bu da bu'ud zi'l-erba'a'dır.

İkinci beyan ise şöyledir: Altının üçe nisbeti, bu'ud zi'l-küll'dür. Te'lif vasıtası olan dört, onlar arasında ortada olduğu için iki nisbet hasıl olur: Biri dördün üçe nisbetidir, bu bu'ud zi'l-erba'a'dır. Diğeri ise dördün altıya nispetidir, bu da bu'ud zi'l-hams'tir.

Bu açıklamalardan, katlı nisbetin bu'ud zi'l-küll olarak isimlendirilmesinin ve her ikisinin te'lifî nisbetinin isimlendirilmesinin mânası malum oldu. Bu izahlar bir rapor haline geldiğine göre açıklığa kavuşmaktadır ki, bütün uygun ve uyumlu bu'utlar, eşitlik nisbetine râci olurlar; zira bu'ud zi'l-küll, misl bilfiil artışın veya fazlalığın değeridir. Misl bilfiil'in dışında diğer bu'ud şekillerinde bilkuvve benzerlik vardır; ya artış veya fazlalık değeri tarafından ya da ehadü'l-mütefâviteyn tarafından, ya bizzat ya da bilvasıta. Nitekim bunlar ayrıntılı olarak açıklandı. O halde uyum mercii benzerliktir, ki bu birliğin gölgesidir. Benzerlikte uyum önemlidir. Kadim hikmetli kişiler ve filozoflar, nisbete, nisbetin tarzlarının istinbatına ve onun vasıtasıyla şerefli ilimlerin istihracına büyük önem vermişlerdir.

Sayısal nisbet, geometrik nisbet ve telifî nisbet, bilinen meşhur nisbetler cümlesindendir. Sayısal nisbet, daha önce zikredildi. Geometrik nisbet ise şudur: Birincinin ikinciye nisbeti, ikincinin üçüncüye nisbeti gibi olursa, buna bitişik nisbet denir; üçüncünün dördüncüye nisbeti gibi olursa, buna ayrık nisbet denir. Telifî nisbet de şudur: Evsat ile asğar arasındaki farkın miktarının, evsat ile ekber arasındaki farkın miktarına nisbeti, asgarın ekbere nisbeti gibi olur. Nitekim bu daha önce geçmişti. Her ikisinin istihraç yolu, aritmetik kitaplarında zikredilir ve geometri ilminde delilleriyle ispatlanarak ortaya konulur. İlimlerin incelikleriyle hikmetin sırlarının pek çoğu, nisbet hükümlerine dayanır.

Pisagores'ten[99] (MÖ 570 - MÖ 495) nakledildiğine göre musiki usulünde feleklerin sesleri istinbat edilmiştir ve hiçbir nağmenin feleklerin sesinden kulağa daha hoş gelmediği söylenmiştir. Bazı büyik filozoflarla hikmet ehli bu sözü zahirine hamletmiş ve havanın dalgalanmasına münhasır sesin sebebinin sert vuruş olmadığını söylemiş olsalar da, şerefli ve üstün bir bağa işaret eden bir simge yoluyla olması mümkündür, ki bu da felekî hareketler arasında hızlılık ile yavaşlığa ve ona tâbi zaman miktarlarına göre vakidir. Çünkü şerefli ve üstün gayeyle bir bağ düzeni olacak ki kevn ve fesat âleminin intizam yörüngesi olsun. O halde o nisbeti veya bağı ya da benzer şeyi ses ve nağmelere naklettiklerinde, gâyet uygun olacağına şaşmamak gerek.

---

[99] Pythagoras

Şüphesiz basiret sahibi akıllı insan, nefsin bedene taallukunun, unsurların parçaları arasında meydana gelen şerefli ve üstün bir itidal bağından dolayı olduğunu bilir ve bundan dolayı o bağın yokluğunun, taallukun kesilmesine sebep olacağını da bilir. Bu durumda nefis, hakikaten bu bağa veya nisbete aşıktır. Bu sebepledir ki şerefli ve üstün bağ, bulunduğu her yerde nefsin cezbolma ve yakınlaşmasını gerektirir. Ayrıntısıyla ele alındığı gibi güzellik ve iyilik, azalar arasındaki özel bir münasebetten ibaret olduğuna ve belağat ile fesahat, sözün parçaları arasında ve de söz ile makamın gereği arasında cereyan eden özel bir münasebetten ibaret olduğuna göre nağmelerin tesiri de münasebet iledir.

Hakikat odur ki, bir mâna, eğer unsurî ve elementsel karışım parçalarında ortaya çıkarsa, mizacın denge ve itidali olur. Eğer nimetlerde ortaya çıkarsa, leziz güzel boyutlar olur. Eğer hareketlerde ortaya çıkarsa, güzellik, naz ve sevinç olur. Kelamda vaki olursa, fesahat ve belağat olur. Organlarda olursa, iyilik ve güzellik olur. Eğer nefsânî ve ruhanî melekelerde olursa adalet olur. Nefis ve ruh ise, her vatanda, her ülkede, her ne sûretle ortaya çıkar ve her ne elbise giyinirse, o mânaya âşık ve tâlip olur. Şiir:

Ve innî uhibbu'l-husne haysu vecedtuhû
Ve li'l-husni fî vechi'l-mellâhı mevâkı'u[100]

Be cobbe yâ be kabâ herçe hest bîrûn ây
Kı men harîf tevânem be her libâs şinâht.[101]

Önemli Açıklama: Bu Kısmı Tamamlama[102]

Öncekı konular boyunca anlaşıldı ve malum oldu ki, adaletin medarı, vahdetle ilgili olan münasebeti koruma üzeredir. O halde adaletin itibarı, dünyanın intizamının delili olan işlerde kendini gösterir. Üç tür itibar zahir olur. Çünkü mezkur işler üç türdür: Birincisi mal ve kerametler kısmıyla

[100] Ben güzeli nerede bulsam severim
Güzel için her yerde makamlar vardır.

[101] Üzerinde ceket veya cübbe ne varsa çık gel
Ben rakibimi her elbiseyle tanıyabilirim.

[102] Bu başlık altında ele alınan hususlar (başlık hariç), bazı farklılıklarla *Ahlâk-ı Nâsırî*'de ele alınmıştır.

ilgili olan şeyler iken ikincisi alışverişler ve değiş tokuşlarla ilgili olan şeylerdir. Üçüncüsü ise tedibât, eğitimler, siyasetler, yönetmeler ve idarelerle ilgili olan şeylerdir. Her üç sûrette uygunluk söz konusudur. Fakat birinci kısım noktasında derler ki bu şahsın bu mal veya bu kerametle nispeti ve bağıntısı, onun rütbesi gibi bir mertebede olan kişinin o keramet ya da mal gibi olan keramet veya mal ile bağıntısı gibidir. Dolayısıyla bu kerâmet, onun hakkıdır. Eğer bir fazlalık veya bir noksanlık olursa, telafi ve tedarik yoluna gidilmelidir. Bu ayrıka benzer bir nisbettir. Fakat ikinci kısımda bazen ayrık nispet kullanılır, bazen de bitişik. Birincisi; söylenildiği şekilde manifaturacının elbiseye nisbeti, marangozun kürsüye nisbeti gibidir. Dolayısıyla değiş tokuşta veya takasta bir haksızlık yoktur. İkincisi; söylenildiğine göre bu elbisenin altına nisbeti, altının sandalyeye nispeti gibidir. Dolayısıyla elbisenin kürsüyle değiş tokuşunda bir haksızlık veya zulüm yoktur. Bu misal, bu şekilde *Ahlâk-ı Nâsırî*'de zikredilmektedir.[103] Açıkçası bu misal karışıktır. Evet, eğer elbisenin altına nisbeti, kürsünün altına nisbeti gibi olursa, değiş tokuş veya muavazada haksızlık olmaz. Fakat bitişiğin tarifinden bilindiği gibi bu nisbet bitişik değildir.

Üçüncü kısma gelince; bu nisbet, geometrik nisbete benzer olarak vaki olur. Nitekim ifade edildiğine göre bu şahsın kendi rütbesi veya mertebesine nisbeti, başka bir şahsın kendi rütbe veya mertebesine nisbeti gibidir. O halde o şahıstan birinci şahsa bir haksızlık veya zarar gelirse, o zaman adaletin gerçekleşmesi için aynı nisbetle o zarar veya haksızlığa maruz kalan şahsın mükafatlandırılması gerekir. Bilcümle itidali koruma ve itidale çevirme, vasat marifeti ve bilgisi olmadan hasıl olmaz. Vasatı idrak, daha önce ima ile işaret edildiği üzere oldukça zor ve problemli olduğu için İlâhî şeriatın mizanına başvurmak gerekir. Çünkü vahdetin menbaı, Hz. Hak Teâlâ ve Tekaddes'tir.

İnsan tabiatı gereği medenî olduğu, yaratılıştan toplumsal bir varlık olduğu için, yardımlaşma, bir arada olma ve toplumsal münasebet olmadan yaşama imkanına sahip değildir. Toplumsal münasebet kurmada da insan için muava-

---

103 Nasîruddin Tûsî, *Ahlâk-ı Nâsırî*, Tah. ve Tas. Müctebâ Mînevâ ve Alirızâ Haydarî (Tahran: Çâphâne-i Gülşen 1369), 132-133.

za, yani alışveriş, değiş tokuş, takas, trampa vs. zorunludur. Örneğin fırıncı veya ekmek pişirip satan kişi, çiftçi için ekmek pişirir, çiftçi ise ekmek pişiren için ekin eker. Terzi, dokumacı için ekbise diker, dokumacı da terzi için dokuma yapar. Diğer ilişkileri de bu kıyas üzere sürdürebilirsiniz.[104]

Muhtelif mahiyetteki işlerin birbirine nisbeti, her iki tarafın ayar itibarının mihenk taşı olabilen vicdanî bir işin tavassutu olmaksızın muntazam olmaz. Dolayısıyla paranın tavassutuna, aracılığına ihtiyaç hasıl olur. Buna tavassut eden, yani aracı âdil denir. Fakat para sessizdir, düşünmez, akletmez. O nedenle düşünen bir âdile ihtiyaç vardır. O da âdil padişahtır, adalet sahibi yöneticidir. Öyleyse Hz. Hak, padişahı seçer ve onu kılıçla destekler, ta ki eğer bir kişi paranın adaletine boyun eğmez de kendi hakkından fazlasını ister ve ayağını istikamet caddesinden dışarı atarsa, padişah keskin kılıcıyla onu yola getirir. O halde adaleti koruma, üç şeyle gerçekleşir: Birincisi, İlâhî mukaddes şeriat, ikincisi âdil padişah, üçüncüsü ise para. Nitekim hakîm ve filozoflara[105] göre namus-i ekber[106] şeriattır. İkinci namus sultandır, otoritedir ki o da şeriata tâbidir; zira din ve mülk iç içedir. Üçüncü namus paradır. Namus onların lügatinde tedbir, idare ve siyasettir. O halde nâmus-i ekber olan şeriat, herkesin ve her şeyin tâbi olduğu yasadır. İkinci namus olan padişah da namus-i ekbere boyun eğer. Üçüncü nâmus para ise ikinci nâmus padişahın fermanı altında olmalıdır.

Hakikatler Kelâmı'nın nassında bu mânaya bir işaret bıldırılmektedir. Orada şoyle buyuruluyor: "*İnsanların adaleti ayakta tutması için onlarla birlikte kitap ve mizanı indirdik. Ayrıca kendisinde büyük bir güç ve insanlar için birçok yarar bulunan demiri indirdik.*"[107] Çünkü burada Kitap şeriata işaretken;

---

[104] Bu paragraf, ifade biçiminde, kelime ve cümlelerin seçiminde var olan farklılarla birlikte *Ahlâk-ı Nâsırî* 'de anlam itibariyle aynıdır. Fakat tekrar belirtmek gerekir ki, *Ahlâk-ı Celâlî*, yazarının üslubuyla ve tercih ettiği kelime ve cümle kurgusuyla *Ahlâk-ı Nâsırî*'den farkını ortaya koymaktadır.

[105] Bu kısım, *Ahlâk-ı Nâsırî*'de buradaki gibi genel olarak filozoflara atıf yapılarak değil, Aristoteles ve eseri Nikomakhos'a atıf yapılarak verilir. Bkz. Nasîruddin Tûsî, *Ahlâk-ı Nâsırî*, 134.

[106] Nâmus-i ekber, en büyük namus, yani en büyük kanun demektir.

[107] Hadid, 57/25. Ayet, *Ahlâk-ı Nâsırî*'de de aynı bağlamda geçmektedir.

mizan, eşyanın değerlerinin ölçütü olan ve farklı iş ve durumların birbirleriyle oranlarının bilgisinin aleti görevi gören şeye işarettir. Para da mizana dahildir. Demir ise siyasetini yaparak halka hizmet etmek ve adaleti temin etmek üzere padişahın iktidar elinde tuttuğu kılıca işarettir.

Bu sözler esas alınırsa, denilebilir ki zalim üçtür: Birincisi, İlâhî nâmusa boyun eğmeyen en büyük zalimdir. Buna kâfir ve fâsık denir. İkincisi zamanın padişahına itaat etmeyen orta düzeyde zalimdir. Bu zalime bağî ve tâğî denir. Üçüncüsü paranın gereği olan adalet yolundan gitmeyen ve kendi hakkından fazlasını isteyen en küçük zalimdir. Buna da hain ve hırsız denir. İlk iki zalimin fesadı üçüncü zalimden daha büyüktür; zira İlâhî şeriatın emir ve nehiylerine uyma dairesinden çıkan kişiden artık o iki namusa itaat etmesi beklenemez; ondan her türlü fesat doğabilir. Zamanın padişahının ferman ve iktidar sahasından çıkan kişi, "*Allah'a itaat edin, Rasûle ve sizden olan emir sahiplerine itaat ediniz.*"[108] nassı gereğince hakikî padişaha itaat halkasından çıkmış olur. Böyle bir kimseden her türlü mefsedet, her türlü kötülük beklenebilir. Herkese imkan ölçüsünde bu tür bir kişiyi def etmek vâciptir.

Hikaye

Tarih kitaplarında, haber ve rivâyetlerde ünlü meliklerin eserlerini nakledenler, şunu ortaya koymuşlardır: Zamanında ünlü meliklerin en büyüğü olan Sultan Melikşah, Ramazan ayının 29. gününde Nişabur kasabasını kendi şiarının zafer bayraklarının merkezi yaptı ve zihin ile gönlü tereddütlerden uzak tuttu. Melikşah ki, onun iktidarı altındaki toprakların irade ve seçim dizgini döneminde, felek gemine serkeşlik eden, onun hükümlerine itaate baş koymuş; dünya ve zaman, onun emir ve nehiy kırbacına razı olmuştu. Sultan Hurşid'in batı ülkesine yöneldiği akşam vakti beyaz çadırı, siyah balçıklı gözenin[109] kaynağına vurdu ve günün aşırı gürültü patırtısından dinlenme moduna, yerin altındaki evinin

---

[108] Nisâ, 4/59.

[109] Yazar, "aynin hâmiye" ile muhtemelen Kehf 18/86 ayete gönderme yapmaktadır. Ayet mealen şöyledir: "*Nihayet güneşin battığı yere varınca, onu siyah bir balçık gözede batar buldu. Orada bir kavme rastladı.*"

yalnızlığına yöneldi. Yakup gibi, oruçluların gözü bayramı beklemede. Gün ağarınca mecburen bayram hilalini Kenanlı Yûsuf gibi karanlık kuyunun derinliklerinden talep ediyorlardı. Bayram havasının dönüşü için, sine buhurdanında iştiyak ateşiyle yanıyorlardı. Hilalin hayal nalını açlık ateşine atıyorlardı. Delicesine hilali görme arzusuyla herkes dam tarafından hilali aramaya çıkmıştı ve buluttan her parçanın hayal galebesinden her birinin gözünde hilal şekline dönüşmüştü. Beyit:

Bes ki der cân-figâr u çeşm-i bîdârem tûyî
Her ki peydâ mî şeved ez dûr pendârem tûyî.[110]

Kıssa

Padişahın yakınındakiler, bayramı çok arzuladıklarından dolayı şer'î öncüllere ve dinî şartlara riâyet etmeksizin Hz. Padişah'a bayram hilalinin göründüğünü arz ettiler ve Sultan'ı ikna ettiler. Sultan da ertesi gün bayram olduğunun ilan edilmesini emir buyurdu. Bunun üzerine tellallar ilan ettiler. O çağda, fetva ve ictihad makamı, Hz. Peygamber'in amcasının oğlu İmam Şâfi'î Mutallibî'nin (767-820) mezhebinin büyük müctehidlerinden ve Üstad İmam Hüccetüislam Ebû Hâmid Gazzâlî'nin (1058-1111) üstadı Şerif İmamu'l-Harameyn Ebu'l-Me'âlî Abdülmelik Cüveynî'nin (1028-185), rahimehumullâh,[111] varlığı ve vücuduyla müşerref idi. Padişahın bayram ilanı olayından haberdar olunca, kendisinin ertesi gün henüz Bayram'ın gelmediğini, Ramazan'ın devam ettiğini söylediğini ve dolayısıyla herkesin bu fetvaya göre amel etmesini, buna göre de ertesi gün oruç tutması gerektiğini ilan etmelerini emretti. Adamları Padişahı bu durumdan haberdar ettiler. Tabii ki durumu Padişaha en çirkin bir şekilde arz edip Ebu'l-Me'âlî'nin Padişaha muhalefet makamında olduğunu göstermeye çalıştılar. Bu memleketin geneli ona inandığı ve her işi Padişahın hükmüyle değil, onun fetvasıyla yapacağı için tebdir almak lazım geldiğini ifade ettiler; onlara göre bu durum, Sultanın devletine ve şanının

[110] Hep yaralı ruhumda, uyanık gözümdesin
Uzaktan her kim görünse sanıyorum sensin.

[111] "Rahimehumullâh", "Allah onlara merhamet eylesin" anlamına gelir.

azametine uygun değildi. Padişah bu büyük olaydan dolayı çok bozuldu, üzüldü ve nispeten öfkelendi. Fakat kendisi iyi tabiatlı, güzel ahlâklı, sahih itikad sahibi olduğu, ilim ehline hürmet ve riâyeti kendi himmet zimmetine farz bildiği, İmamu'l-Harameyn'in şanı âlî ve mekanı yüksek olduğuna vakıf olduğu ve ona büyük saygı duyduğu için bir seçkin topluluğuyla istişare ettikten sonra onlara gidip İmam'ı edep ve lütufla huzuruna getirmelerini söyledi. Her ne kadar "o sizin fermanınıza saygısızlık etti. Niçin onu hürmetle çağırmalısınız?" dedilerse de Padişah, "Onun sözünü işitmedikçe sırf bir haberle böyle büyük bir şahsiyetin saygınlığına, hürmetine zarar gelsin istemem." buyurdu. Bunun üzerine görevliler, gidip İmamu'l-Harameyn'i çağırdıklarında, kalktı ve hemen evde giydiği elbiseleriyle çıkıp ayakkabılarını giyindikten sonra evden ayrıldı ve bir süre sonra Sultan'ın huzuruna geldi. Görevliler, yani hâcipler, bu durumu görünce, Sultan'a "Efendim, İmam siz Hazretin huzuruna ev kıyafetiyle gelmiş, sizin meclisinize hürmete riâyet etmiyor, protokol kurallarına uygun hareket etmiyor." diye arzda bulundular. Sultan bu duruma da çok üzüldü, çok bozuldu, ama yine de hürmette kusur edilmemesini emretti ve emîru'l-hüccâbı İmama "Niçin böyle geldin? Çünkü malumdur ki bu şekilde sultanların huzuruna girmek, edebi terk etmektir." desin diye gönderdi. İmam bu durum karşısında sesini yükselterek "Ey Padişah!" diye seslendi; çünkü sultanın kendi sesini duyması gerekiyordu. Çaresiz kapıyı açtılar. Hazret-i Sultan'ın huzuruna varınca şöyle dedi: "Ey Padişah! Ben aynı elbiseyle namaz kılarım. Allahu Teâlâ'nın hizmetinde giyilen elbise, padişahın hizmetinde de giyilebilir. Fakat bu tür bir elbiseyle padişahın huzuruna girmemenin adet ve kural olduğunu biliyorum. Bu yüzden edebe riâyet ederek ve uygun bir elbiseyle gelmek istedim. Fakat bu şekilde gelmemin sebebi şudur: Fermanınız bana ulaştığında, aynı elbiseyle oturuyordum. Elbiseyi değiştirirsem geç kalırım, geç kalınca da melekler beni İslam Padişahına asi ve muhalif olanlar listesine yazarlar diye korktum. Eğer sizden haber geldiğinde bir peştemalle oturuyor olsaydım, Sultanın emrine itaatte acele etme erdeminden mahrum kalmayayım diye onunla kalkar gelirdim." Bu sözleri işiten Sultan, "Madem ki padişaha itaat etmenin bu derece vâcip olduğunu biliyorsun, peki ne diye benim emrimin hilafına ilanda bulunuyorsun?" diye sordu. Bunun üzerine İmam şöyle dedi: "Doğru, fermana taalluk eden her şeyde Sultana itaat etmek bize vâciptir; fakat fetvaya taalluk eden her şey hususunda bize sormak da Sultana vâciptir. Çünkü şeriat-ı garrânın[112] ve millet-i zehrânın[113] hükmüyle ferman, tam olarak doğru padişahın, fetva da tam olarak doğru ulemânındır. Oruç tutmak ve bayram yapmak, fermana değil, fetvaya taalluk eder." Sultan bu sözü işitince, hışım ve öfke ateşi, tam bir rıza ile söndü ve İmam'ı türlü izzet, ikram ve hürmetle evine gönderdi.

Elhamdülillahi Teâlâ vadedilen mazharın ışığının zuhur sabahı olan bu kutlu eserler zamanında, Hazret-i Sâhibkırânî'nin[114] devletinin ve Hazret-i Sultanî'nin paha biçilmez adalet eserlerinin, halledellâhu Teâlâ mülkehumâ ve sultanehumâ,[115] uğur ve bereketleriyle âlem, onların geniş ve şeriatperver adalet nurlarının ışığında aydınlanmış ve ceyb-i eflâk,[116] onların şefkat ve merhamet nefhalarından güzel kokulara gark olmuştur. Ülkelerin, parlak din kurallarına göre merasimlerini yapmalarının şahidi, Hak Sübhânehû ve Teâlâ'dır. Tâ ki hilal, Sultan Hurşid'in terbiyesi sayesinde kemal ve yetkinliğin derecelerine yükseliyor; Hazret-i Sultan Süleyman-mekân Âsaf-nişân'ın devlet hilalini, Hazret-i Sâhibkırân, dönemin kayserlerinin hizmet ettiği İskender-i zaman'ın eserlerinin nurlarının gölgesinde nihaî yetkinliğe eriş-

[112] Şeriat-ı garrâ, parlak, güzel şeriat demek olup İslam şeriatı için kullanılan bir ifadedir.

[113] Millet-i zehrâ, parlak, berrak din demek olup İslam dini için kullanılan bir ifadedir.

[114] Daha önce farklı yerlerde izah edildiği gibi Arapça sâhib ve kırân kelimelerinden oluşan sâhib-i kırân veya Farsça sâhıb-kırân (sâhib-kırânî) terkibi, müneccimler tarafından çok mümtaz sayılan yaklaşma veya bir araya gelme zamanında, Müşterî (Jüpiter) ile Zühre'nin (Venüs) veya Zühal'in (Satürn) aynı burçta bir araya gelme vaktinde doğmuş olan kişiyi ifade etmek için kullanılan bir sıfattır. Bu sıfat, güçlü, üstün, uğurlu, kutlu, bahtiyar, tâlihli, muzaffer, galip, fâtih ve cihangir olarak bilinen hükümdarları niteler. Nitekim burada da yazar, Akkoyunlu hükümdarı Uzun Hasan'ı nitelemek ve övmek için bu sıfatı kullanmaktadır.

[115] "Halledellâhu Teâlâ mülkehumâ ve sultanehumâ", Allahu Teâlâ ikisinin de mülkünü ve sultanlarını ebedi kılsın!" şeklinde anlaşılabilir.

[116] Feleklerin yakası.

tiriyor, zevalin tehlikesinden koruyor ve mutluluk yıldızı ile onun ikbali, iki nur saçan yücelik ve celal feleğini düşüş ve vebal utancından emin kılıyor. Bihakkı'l-Hakkı ve kelimâtihî ve'l-ârifîne beyyinâti 'âyâti zâtihî ve sıfâtih.[117]

Aydınlatma

Aristoteles'e göre adalet, erdemin bir parçası değil, aksine bütünüdür. Adaletin karşıtı olan tür de erdemsizliğin bir parçası değil, aksine bütünüdür. Adalet, evvelen işaret edildiği gibi şahsın zatı ve kuvvetleriyle ilgilidir; saniyen kişinin ev, aile, şehir ve toplum üyelerinden yakın ilişki halinde olduğu kimselerle ilgilidir. Bundan dolayı Hz. Seyyidü'l-Mürselîn ve Hatemu'n-Nebiyyîn,[118] aleyhi efdalu's-salavât ve ekmelu't-tehıyyât, şöyle buyurmuştur: "*Hepiniz yöneticisiniz ve hepiniz yönetiminiz altındakilerden sorumlusunuz.*"[119] Yani insan bireylerinden her biri, kendi nefsânî, ruhanî ve cismanî aza ve kuvvetlerinin işlerinin mâlikidir ve o aza ve kuvvetlerin yöneticisidir; dolayısıyla hesap gününde kendi yönetim durumlarından sorguya çekilecektir. Hz. Peygamber, "*Bîçûn*[120] *Hz. Rahmân'a yemin olsun ki mukassitler, yani âdillller, nur minberleri üzerindedirler.*" buyurunca, Sahabe "*Onlar kimlerdir?*" ya Rasûlellâh diye sordular. Buyurdu ki "*adalet edenler, adil olanlar, kendisinin ve de velâyeti ve tasarrufu altında bulunanların hakkı hususunda adaletle hükmeden ve adaleti uygulayanlardır.*"[121]

Hikmet ehli ve filozoflar temsil yoluyla şöyle demişlerdir: Yakınını aydınlatamayan bir lamba, doğal olarak uzağı aydınlatamaz. Yani kendi durumunu ıslah edemeyen bir nefis, bedenin güçleri ve cismanî alet ve organlar arasında ada-

---

[117] "Bihakkı'l-Hakkı ve kelimâtihî ve'l-ârifîne bizâtih" ifadesinin anlamı: Cenâb-ı Hakk'ın ve kelime, hüküm ve yasalarının ve de O'nun zatı ve sıfatlarının ayetleri için açık deliller olan ariflerin hakkıyla.

[118] Hz. Muhammed'i (sav) niteleyen Seyyidü'l-Mürselîn, Peygamberlerin Efendisi anlamına gelir ve yine onu niteleyen Hatemu'n-Nebiyyîn, peygamberlerin sonuncusu anlamına gelir.

[119] Buhârî, "Cumu'a", hadis no: 893; "Itk", Hadis no: 2554, 2558; "Nikah", Hadis no: 5200; Müslim, "İmâre", 1829.

[120] Bîçûn, Farsça'da kendisine soru sorulamayan, hikmetinden sual edilmeyen anlamındadır ve sâdece Allah için kullanılır.

[121] Ahmed b. Hanbel, *Müsned*, 11: 32 (6492), 11: 499 (6897).

letle amel etmekten aciz olur. Böyle bir kişiden ev, şehir, toplum ve devlet yönetiminde adalet tasavvur edilemez. Öncelikle kendi bedeni ve güçlerinde adaleti uyguladığında, bu noktada ifrat ve tefritten kaçındığında, ondan sonra ev ahalisine, şehir halkına, bütün topluma aynı şekilde davranırsa, o zaman Allah Teâlâ'nın halifesi olur. Yine filozoflar, canlıların, özelde insanların maslahatlarının dizgini, böyle asil bir büyüğün iktidarı elinde olduğu için zaman nûrânî oldu. Kutlu eserlerinin kutlu zamanının uğurlarıyla ekin ve nesilde bereket hasıl oldu. Nitekim mervidir ki, kisranın hazinesinde bir torba bulundu. Torbanın içinde gâyet büyük buğday daneleri vardı. Danelerden her biri, bir hurma danesine yakın büyüklükteydi. O torbanın üzerinde padişahların adalette zirve yaptıkları, mükemmel oldukları bir zamanda bereketin bu derece yüksek olduğu yazılıydı. Elhak bu vâzıh-ı burhan zamanında da Hazret-i Hakânî Sahib-i Zemânî'nin şefkat ve merhamet uğuru ve bereketiyle az bir zaman zarfında bolluk, huzur ve refah, bütün beldelere ve bütün halklara ulaştı; zalimlerin hırsızlık ve gayrimeşru tutumlarıyla birikimleri mahvedilen, insanları yıkıcı politikalarla ayaklar altına alınıp ezilen ülkelerin toprakları mamur hale geldi.

Yâ Rabb penâh-i halk-ı cihâneş tû kerdeî
Ender penâh-i hîş bi-dâr în penâh râ.[122]

7. Lem'a: Adaletin Kısımları

Aristoteles, adaleti üç kısma ayırmıştır: Birincisi, Cenab-ı Hakk Teâlâ'nın ubûdiyet hakkını eda etme girişimidir. Önceden hak etmeksizin her varlığın bedeninin varlık kaftanıyla süsleyip yücelten ve sınırsız nimetler ihsan ederek mümkün varlıkların zerrelerini İlâhî lütfunun hazinesinden namütenahi nimetlerle donatan Allah, ibadet hakkının daima eda edilmesi ve kulun hizmet dergâhı ve şükür makamında olması hakkına sahiptir. Adalet, kulun kendisiyle Hakk arasında olan şeyde, takip edilen en erdemli yola sahip olması-

[122] Ya Rabbi! cihan halkının sığınağı yaptın onu
Sen kendi sığınağına al, koru bu sığınağı.

nın ve ubudiyetin kurallarına riâyette hiçbir zaman ihmalde bulunmamasının gereğidir.

İkincisi, insanlarla etkileşime dairdir. Sultanlara tazim, din âlimleri ve imamlarına saygı, izzet ve ikram, emanetleri eda etme, muamelatta insaf gibi insanlarla ilişkiler kapsamındaki adalet, bu adalet türüdür.

Üçüncüsü, seleflerin, borçlarını eda etmek, vasiyetlerini yerine getirmek vd. gibi haklarını eda etmek için gayret etmekle ilgilidir.

Şeriat ahkamına muttali olan insan bilir ki, Mekârim-i ahlâkın, güzel ahlâkın Mütemmimi Hz. Muhammed, Melik ve Hallâk olan Allah'ın salât ve selâmı üzerine olsun, "*Bana cevâmiu'l-kelim verildi*"[123] hükmünce çeşitli yerlerde daha güzel, daha üstün bir ibareyle ve daha ince bir işaretle adaletin bütün kısımlarını beyan buyurmuştur. Mesela "*Allah'ın emrine saygı ve Allah Teâlâ'nın mahlukatına şefkat*" mesajı, adaletin bütün kısımlarını içine alır. Çünkü adalete riâyet, ya kul ile Hakk arasındaki işlerde gerekir -ki bu mesajdaki birinci fıkra buna işaret eder-, ya da kul ile kul arasındaki işlerde geçerlidir. Mesajın ikinci fıkrası da bunu ifade eder. Başka bir hadiste Hz. Muhammed (sav) "*Din samimiyettir.*" diye buyurmuştur. "*Kimler için?*" diye sorulduğunda, "*Allah Teâlâ, Rasûlü ve bütün Mü'minler için.*" demiştir.[124] İnanan akıllı kişi, öyle veciz bir ifadede böylesine üstün hikmet ve hükmü, o kadar güzel bir tatlılıkla, çok hoş bir lezzetle, çok yumuşak bir zarafet ve letafetle, bu kadar uygun bir hassasiyetle ortaya koymak, yalnızca "*Beni Rabbim tedip etti, hem de en güzel tedip ile.*"[125] mektebinde ahlâk eğitimi almış bir kişiden başkası için mümkün olmaz. Nitekim müteahhirîn filozoflar, Muhammedî hak şeriatının inceliklerini öğrendikleri ve pratik hikmet ile felsefenin bütün ayrıntılarına vakıf oldukları zaman, filozofların bu baptaki söz ve kitaplarının faydalarından yararlanmayı tamamen bıraktılar. Beyit:

---

[123] Buhârî, "Ta'bîr", 11, 22, Hadis no: 7013; Müslim, "Mesâcid", 523; "Eşribe", 1733; Tirmizî, "Siyer", Hadis no: 1553.

[124] Buhârî, "İmân"; Müslim, "İman", 55; Ebû Dâvud, "Evvelu Kitâbi'l-Edeb", Hadis no: 4944; Tirmizi, "Birr", 17, Hadis no: 1926.

[125] Bkz. el-Aclûnî, I, 70, 164.

Çû ân rohsâr ve bâlâ bağbân dîd
Zi-gol ber kend ve bebrîd ez senevber.[126]

Konumuzla ilgili olarak İlâhî ibadetin tahkiki üzerine de konuşmak gerekir. Hak Sübhânehû ve Teâlâ, güç ve organlardan her birini bir gaye ile yaratmıştır, ta ki hepsi gayelerin gayesi olan hakîkî kemali kazanma sebeplerini teşkil etsin. Yani İlâhî hilafetin sırrını ve buna bağlı olarak ibadetlerin sırrını, hikmetini araştırmakla, girişte de işaret edildiği gibi o hikmet ve sırrı idrak ışığı, pratik hikmet ve felsefenin nurlarını alan gönüllerin pencerelerine düştü. Öyle ise, güç ve organları o gayelere hasretmek bize ibadet, adalet ve şükrü verir. Tersine onları o gayelerin dışına hasretmek ise masiyet, zulüm ve nankörlüğü getirir. Bu mananın, bu önemli hususun gereğini yapmak gâyet zor olduğundan, Hakikatler Kelamı'nda mesela şükrün gereğini yerine getirenlerin az olduğu ilan buyuruluyor: "*Kullarımdan şükredenler azdır.*"[127] Nefsin kuvvetlerinden her bir kuvvetin amelleri ve görevleri üzerine ayrıntılı bilgiler, Muhammedî şeriatta en beliğ şekilde açıklanmıştır. Nitekim insanların hukuku da muamelât, münâkehât ve cinâyât başlıkları altında ayrıntılı olarak açıklanmıştır. Bunların ne kadar önemli olduğu buradan anlaşılmalıdır.

Şüphesiz bu konu ve boyutların en şumüllüsü adalettir, adaletin en önemlisi ise sultanın adaletidir. Sultanın adaleti bütün adalet vecih ve boyutlarını ihata eder. Çünkü adaletsiz bir padişahın, hiç kimse için adalete riâyet gücü olamaz, olursa çok zor olur. Zira ahlâkı iyileştirip güzelleştirme ve aile idaresi de durumların intizamına bağlıdır. Fitne dalgalarının birbirleriyle çarpışması ve eziyet dalgalarının ilerlemesi söz konusu olduğunda, bütün bir kemal ve yetkinliğin delili olan gönlü rahatlatmak mümkün olmaz. Bunun için haberlerde varit olduğuna göre eğer sultan adaleti güçlendirirse, tam olarak uygularsa, yönetilenlerden sadır olan her taatin sevabına ortak olur, tabii ki her masiyetin vebaline de ortak olur. Hazret-i Risâlet-penâh aleyhi salevâtullâhi ve selâ-

---

[126] Bahçıvan görünce o yüz ve endamı,
Kopardı gülü, kesti çam ağacını.

[127] Sebe', 34/13.

meh,[128] şöyle buyurmuştur: "*Kıyamet gününde derece itibariyle insanların Allah Teâlâ'ya en yakını âdil padişahtır. Yine Kıyamet gününde derece itibariyle insanların Allah Teâlâ'dan en uzağı zalim padişahtır.*" Bir başka hadis-i Mustafâ'da şöyle buyrulmuştur: "*Bir saatlik adalet, yetmiş sene ibadet etmekten daha iyidir.*" Çünkü bir saatlik adaletin etkisi, bütün beldelere ulaşır ve uzun sürer. Abdullah b. el-Mübarek, rahimehullâh,[129] şöyle buyurmuştur: "Eğer benim için kabul edilecek bir dua bilsem, padişahın durumunun düzelmesi ve böylece onun faydasının bütün mahlukata ulaşması için dua ederim.

Bu adalet türüyle ilgili ayrıntıların siyaset ilmi kısmında verilmesi daha uygun olacağı için burada bu kadarıyla yetinilmektedir. Bu kısımda bazı güçlüklerin olduğunu belirtmek gerek: Tefaddul[130] iyidir ve övgüye layıktır, adalet kapsamında da değildir. Çünkü adalet eşitliktir, tefaddul ise artık veya fazlalıktır. Anlaşıldığı üzere ister ifrat, isterse tefrit ile itidal sınırını aşmak, kötüdür ve yergiye layıktır. Bu durumda tefaddul kötü ve yergiye layık olsa gerektir. Buna şöyle cevap verilmiştir: Tefaddul adalette ihtiyattır ve dolayısıyla eksiklik olmasından daha iyidir. Tavassutta ihtiyat ise bütün melekelerde aynı minval üzere değildir. Çünkü israf ile cimrilik arasında orta düzeyi ifade eden cömertlikte ihtiyata riâyet, fazlalık tarafına meylederek olabilir. Aşırı aceleyle harekete geçme ile sönüklük veya durgunluk arasında orta düzeyi ifade eden iffetteki ihtiyat ise eksikliğe ve fazlalığa meylederek gerçekleşmez, ancak adaletin şartlarına riâyetle olabilir. Şöyle ki önce istihkak haddi belirlenir ve ondan sonra ihtiyat, istizhar ve yardım talebi cihetinden ona fazlalık eklenir. O halde tefaddul, bozulmaktan ve karışıklıktan daha iyi ve emin bir adalettir. Tefaddul eden, yani fazla iyilikte bulunan kimse ise, adalette ihtiyat sahibi bir adildir. Onun şerefi ve üstünlüğü, adaletten çıktığı için değil, adalette mübalağa ve ihtiyata yöneldiği içindir. Bu bir topluluğun söylediği cevaptır. İşte basiret sahibi zeki ve akıllı kimseler için, bu ma-

---

[128] Hazret-i Risâlet-penâh, sığınılacak yer Hz. Muhammed (sav) demektir. Aleyhi salevâtullâhi ve selâmeh ise, Allah'ın salavatı ve selamı onun üzerine olsun anlamına gelir.

[129] Rahimehullâh, Allah, ona merhamet etsin anlamına gelir.

[130] Tefaddul, fazla iyilik yapmak, fazla lütuf ve iyilikte bulunmak gibi anlamlara gelir.

kamda muteber tavassut manasında söylenen şeyi hatırlayıp düşündükten sonra bundan daha açık bir cevap ortaya çıkar. Bilmek gerekir ki tefaddul, bazen adalette ihtiyattır, ki bu da kendi hakkının noksan olmasına veya eksilmesine yol açar. Çünkü eğer iki kişi arasında hükmedilirse, o takdirde hiçbir tarafta tefaddul gerçekleşmez. Bu durumda tam bir itidale ve mutlak eşitliğe riâyet etmek gerekir.

Aydınlatma

Filozoflardan bir topluluğa göre insanlar arasında muhabbet bağı ile meveddet bağı sağlam olsaydı, adalet zincirine ihtiyaç kalmazdı; zira toplumsal varlıklar olarak insanlar, birbirleriyle ilişkilerde birbirlerine muhabbet vasıtasıyla îsâr makamında olur, digergamlıkla yaklaşır; başkasının hakkına tamahkârlık yapmayı bırakın, tam tersinden daha ileri boyuta geçerek başkasını kendisinin önüne geçirir, başkasını kendisine tercih ederdi. Bu görüşün tahkiki şudur: Sevgi bağı adalet bağından daha tam ve daha mükemmeldir. Çünkü sevgi, tabiî fıtrî bir birlik iken adalet, kahra ve zorlamaya ait bir birliktir. Şu da var ki sevgisiz adalet muntazam olmaz. Dolayısıyla padişah, mutlak sûrette sevgiye dayanmalı ve öyle adaleti uygulamalıdır. Başka bir ifadeyle padişah mutlak sevgi, adalet ise onun nâibi olur. Bu makamın sırrı, eşyanın icat mebdei, "*Gizli bir hazine idim. Bilinip tanınmak bana sevdirildi; ben de mahlukatı yarattım.*" hükmü gereğince sevgidir. Bu durumda devam ve intizam da ona dayanarak mümkün olabilir. Beyit:

Hele ey aşk-ı kohensâl ki her rûz nev'î
Zîr-i fermân-i tû her câ ki zaîf est ve kavî.[131]

Sevgi bahsinin tamamı, hikmet ve felsefede bir menzile gelecektir, insaAllahu Teâlâ.

8. Lem'a: Erdemleri Kazanma Düzeni

Hikmet ve felsefede, yetkinliklere götüren hareketlerin kaynak, ilke ve sebeplerinin tabiat veya sanat olduğu bilin-

---

[131] Gel ey çok eski aşk, gerçi her gün yenisin
Zayıf ve güçlü her yer fermanın altında.

mektedir. Birincisi, nutfenin hayvanî yetkinliğe erişmek için değişik sûretlerin aşamalarında hareket etmesi gibidir. İkincisi, değnek veya ağaç parçalarının taht düzeyinde bir yetkinliğe erişmek için sanatkârın aletleri vasıtasıyla hareketi gibidir. Tabiat sanattan önce gelir ve insanî iradenin bir müdahalesi olmaksızın yüksek ilke ve kaynaklara dayanır. Sanatın ortaya çıkışı ise, insanî iradenin müdahalesiyledir. Bu durumda tabiat, sanatın üstadı ve öğretmeni mesabesindedir. İkincilerin yetkinliği birincilere benzemeye bağlı olduğu için sanatın yetkinliği de tabiata benzemeye bağlıdır. Sanatın tabiata benzemesi ise, sebeplerin takdim ve tehiriyle ve uygun tarzda tedbir edilmesi ve tasarlanmasıyla olabilir; böylece de tabiatın fiili üzerinde İlâhî takdirle tertip edilen yetkinlik, insanî tedbir ve tasarım şekli vasıtasıyla sanattan hasıl olur, tabii ki sanatta var olan meziyetle. Aslında o, irade ve istemeyle o yetkinliklerin hasıl olmasıdır. Örneğin insan, tavuk yumurtasını, tavuğun göğüs sıcaklığına uygun bir sıcaklıkta tuttuğu zaman, bir defada birçok civciv meydana gelir. Tavuğun beslenmesi yoluyla bir defada o kadar civcivin meydana gelmesi zordur. Bu öncül ve girişi ortaya koyduktan sonra denilebilir ki bu disiplinin bakış noktası ve araştırma konusu olan tehzîb-i ahlâk, yani ahlâkı ıslah edip güzelleştirme, sanatsal bir iş olduğuna göre, bu bapta her düzen ve sistem, tabiata uymalıdır. Bu bağlamda varlığın tertip ve düzeninde öncül olan şeylerin ahlâkı ıslah ve güzelleştirmede öncülleri vardır. Kuvvetlerin mertebeleri üzerine düşünüldüğünde, çocukta meydana gelen birinci kuvvetin, gıdayı isteme, beslenmeyi talep etme kuvveti olduğu belli olur. Zira bebek doğduğu saatte süt emmeye yönelir. Bu *"O her şeye yaratılışını verdi ve sonra yol gösterdi."*[132] âyetinin hükmü gereğince var olanların zerrelerine şamil olan tam bir Rabbanî ilhamla olabilir. Çocuğun kuvveti artınca, bu talepte sesi yükseltmeye, ağlamaya ve benzeri şeylere tevessül eder. Başlangıç durumları ve ilkelerinde icmal hükmünün baskınlığından dolayı anne ve başkasının şekli gibi şekilde birbirine benzeyen durumlar arasında farklılaşma ve ayırma olabilir.

Çocuğun zahir ve batın hisleri kuvvetlendiği ve mesela hissedilirleri korumadaki hayali güçlendiği zaman, duygular

---

[132] Tâhâ, 20/50.

yoluyla ona ulaşan konuların sûretleri öne çıkar, anne ve başkasının özelliği gibi. Bu kuvvetin gelişiminden sonra çocukta zararı defedecek veya istediklerini elde etmesine engelleyen şeylere mukavemet etmesini sağlayacak bir tür öfke kuvveti ortaya çıkar. Defetmede veya mukavemette bağımsız olamazsa, o takdirde yardım arayışına girer. Bu kuvvetin gelişmesinden sonra, düşünen nefse özgü bir tür eserle onda temyiz kuvveti ortaya çıkar. Bu kuvvetin ortaya çıkış iz ve eserlerinin birincisi hayâdır. Bu, iyi ile kötü, güzel ile çirkin arasını ayırmanın sonucudur. Bu kuvvet de tedricen yetkinlik aşamalarında ilerler. Şehvet ve öfke kuvveti şahsı, kendisine uygun olan bir yetkinliğe eriştirince, sırf türü korumaya inâyet eder. Mesela ilk kuvvet, şahsı beslenme ve gelişmeyle şahsı layık olduğu kemal ve yetkinliğe yaklaştırınca, başka bir şahsî tahsilin başlangıcı ortaya çıkar ve böylece onun vesilesiyle tür bâki kalır. Sonra onda meni maddesi ortaya çıkar ve sırasıyla nikah arzusu ve üremeye meyil meydana gelir.

İkinci kuvvet şahsın korunması için devreye girince, türlerle ilgili büyük faydaları olan kanunlar, siyasetler, yönetimler, idareler ve asabiyetin saygınlık hariminden uzak tutmaya çalışır.

Üçüncü kuvvete gelince; tikelleri, parçaları idrak etmek için çalışınca, tümelleri akletmenin, türleri ve cinsleri tasavvur etmenin başlangıcı kendini gösterir. O halde bu kuvvetlerden her biri, tikelin gelişmesinden, belli bir yetkinliğe erişmesinden sonra sırf tümeller tarafına yönelir, onlarla meşgul olur. Tümelleri tasavvur ettiği zaman, onun üzerine akıl adı düşer ve bu, insana özgü yetkinliklerin ortaya çıkışında başlangıç olur. Hatta insanlığın bilfiil başlangıcı o zaman olur. Gerçekten de insanın önceki hallerde ona ıtlakı, hurma adının belaha, üzümün koruğa ıtlakına benzetilebilir. Bu aşamada tabiatın tedbirine, düzen ve idaresine bağlı olan yetkinlik, nihâyete erer. İnsanî mertebelerin gayesi olan ve girişte İlâhî hilafet olarak tabir edilen hakikî kemal ve yetkinliğe erişmek için sanatsal düzen ve tedbir aşaması başlar. O halde kemâl ve yetkinlik yolundaki insanın bu tertip ve düzen kuralını izlemesi gerek: Öncelikle şehevî gücü iyileştirmeli ve iffet melekesini hasıl etmelidir. Ondan sonra öfke gücünü eğitmeli ve ıslah etmeli ve böylece cesareti hasıl etmelidir. Daha sonra temyiz gücünü yetkinleştirmeli ve böylece hikmetle mücehhez olmalıdır. Dolayısıyla eğer gelişimin başında terbiye ve eğitim hikmet kuralıyla buluşmuş olsa, büyük bir nimet ve dert kendini gösterir. Onun himmet zimmeti için o melekeleri korumanın şükrü şarttır. Eğer bunun tersine eğitilirse, ümitsiz olmamalıdır ve himmet ile gayret istidrake ve telafiye hasredilmelidir.

Bilmek gerekir ki Allah katından desteklenenlerin dışında hiç kimse, fıtrî erdem üzere olmaz. Nitekim Hak teâlâ, "*Seni şaşırmış bulup, doğru yola eriştirmedi mi?*"[133] âyeti hükmünce, Peygamberimizi fıtrî yetkinlik ve vehbî erdemlerle kesbî ve beşerî öğrenmelerden müstağni yapmıştır. Gerçi istidadın farklılığı sebebiyle kesbin kolaylık ve zorluğunda farklılık olur; fakat katiplik veya yazarlık ve marangozluk sanatı talebesinin, katip veya marangoz olabilmek için bol bol alıştırma yapması gerektiği gibi, erdem talebesinin de erdemin meydana gelmesini sağlayacak ve o melekeyi insanda hâsıl edecek fiileri ortaya koyması gerek. Bu sanatın tıbba tam bir benzerliği söz konusudur. O halde tabibin bakış ve tahkikinin odaklanacağı yer, hasıl olmaya devam edecek şekilde mizaç itidalini korumak ve zevalden sonra onun tekrar iadesini sağlamak, itidale kavuşturmaktır. Bu sanat ve mesleğin sahibinin bakışı, huy itidalini koruma ve edinme üzerinedir. Bu ilim, daha önce geçtiği gibi ruhanî tıptır.

Bu noktadandır ki Galen İsa aleyhi's-selâm'a "Ben bedenler tabibinden[134] ruhlar tabibine"[135] diye yazmıştır. O halde tıppın biri hıfzussıhha, yani sağlığı koruma, diğeri hastalığı defetme olmak üzere iki parçası olduğu gibi bu disiplin de iki kısımdır: Biri, erdemi korumayla ilgili olan kısım, diğeri ise erdemsizliği izale etme ve erdemi kazanmada işlevsel olan kısımdır. Dolayısıyla tâlibin öncelikle daha önce zikredildiği şekilde üçlü güçlerin durumuna bakması, kafa yorması gerekir. Eğer onların durumları itidal ve denge yasası üzere olursa, o zaman o durumları korumaya çalışmak gerek. Yok eğer o durumlar itidalden sapmışsa, o zaman da on-

---

[133] Duhâ, 93/7.

[134] Bedenler tabibi, orijinal metinde tabîbu'l-ebdân olarak geçmektedir.

[135] Ruhlar tabibi, orijinal metinde tabîbu'n-nüfûs olarak geçmektedir.

ları itidale getirmek için çalışmak gerek. Koruma, tabiî tertip takip edilerek yapılmalıdır. Bu güçlerin iyileştirilmesinden sonra olabildiğince adalet yasalarını korumaya çalışmalı ve adaleti kendi amel ve durumlarının kıstas ve vesikası yapmalıdır. Hakikî yetkinliğin nihai noktasına ulaşacak şekilde adalet için bu çaba gösterilmelidir.

9. Lem'a: Nefsin Sağlığını Koruma

Nefsin bir erdemi olunca, onu korumak ve o erdemli melekeyi uygulamaya geçirmek; iyilerle etkileşim içinde olmasını, onlarla oturup kalkmasını, arkadaşlık geliştirmesini ve kötülerle oturup kalkmaktan kaçınmasını sağlamak vâcip olur. Çünkü arkadaşın ahlâkının nefis ve ruh üzerindeki etkisi çoktur. Belirtilmelidir ki, nefsin ve ruhun sağlığını korumanın, nefis erdemini sürdürmenin en önemli gerekçesi, kişinin kusur ve erdemsizlikleri terk etmiş iyi ve erdemli kimseler ile ilişki kurması ve erdemleri kazanmamış ve erdemsizlik ayıplarına bulaşmış kimselerin arkadaşlığından yakıcı ateşten kaçar gibi kaçmasıdır. Bu bağlamda hikmet ehli ve filozoflar tabiatın hırsız olduğunu söylemişlerdir. Bu demektir ki, arkadaş ahlâkını gizliden gizliye kuşatır. Çirkin davranışlı kötülerle arkadaşlık etmekten, içli dışlı olmaktan kaçınmak farz olduğu gibi onların hikayelerini, boş konuşmalarını dinlemekten kaçınmak da farzdır. Özellikle edepsizliklerle, müstehcenliklerle, maskaralıklarla, olmadık batıl davranışlarla durumlarını süsleyen kişilerden uzak durmak gerek. Çünkü bu tür insanları meclisinde bulunmaktan, o kişilerin sözlerini, örneğin okudukları bir beyiti işitmekten nefiste o kadar çok erdemsizlik peyda olur ki onlardan kurtulmak, çok uzun süreyi, zor işleri, çok güç tedavi süreçlerini, büyük bir sabrı gerektirir. Basiretli alimlerin, o tür erdemsizliklerden korunmak adına fetret devri yaşadıkları, bir kenara çekilip kayboldukları çoktur. Fıkıh ilminde kesin olan şudur ki fısk u fücur içeren ve fısk u fücuru teşvik eden şiirler yazmanın veya söylemenin haram olması, bu hikmete dayanır. Çalgı aletlerinin içki içenlerin alameti olsalar da haram kılınmaları da aynı hikmete mebnidir. Çünkü bu iş veya durumları her tahayyül hali ve istihsan üzere her tasavvur hali, şehvet heyecanına ve tabiatın ona meyline yol açar. Bu mânanın sırrı odur ki, insanî tabiatta, nefsin bedene ve sevgiye -ki nefiste sevgi vasıtasıyla cismanî kuvvetlerle birlikte hasıl olur- taallukundan dolayı şehvet ve öfke duyguları sabit kılınmıştır. Nefsin hevasına meylin misali, inmeye meyil gibidir. Bunda külfete ve çalışmaya ihtiyaç yoktur. Eziyet ve sıkıntılara tahammül etmeden ve şehevî arzularımızı ve zevklerimizi kontrol etmeden erdemlerin merdivenleri üzerinde ilerlemek, aynıyla yükseklere gitmek kolay değildir. Mısra:

Urûc ber felek-i serverî be doşvârî est.[136]

Hadis-i Mustafa aleyhi's-salâtu ve's-selâm'da[137] şöyle varit olmuştur: "*Cennet zorluk ve sıkıntılarla, cehennem de şehvetlerle çevrilidir.*"[138] Bilmek gerekir ki dostlarla müanesette bulunmak ve bir araya gelip karışmak, mizaçta itidal ölçüsüyle güzel hareket olup ünsiyet ile ülfetin artışına ve sevgi bağının devamına sebep olur. Bunda da diğer huylar gibi iki taraf vardır: İfrat tarafı, kabalık, maskaralık, yüzsüzlük, hayasızlık; tefrit tarafı ise somurtkanlık, tutulma, kederlilik, anlayışsızlıktır. Her ikisi de diğer taraflar gibi yerilmiştir, kötüdür. Övgüye layık güzel orta mertebe ise, neşelilik, güleryüzlülük, açık ve düzgün sözlülük ve güzel muaşeret olarak adlandırılır. Bu mertebenin sahibi zerafet sıfatıyla nitelenir ve hoşsohbet ve mizah yönüyle mevsuf olur. Hz. Risâlet-penâh'ın[139] mizah hakkındaki yaklaşımına dair şöyle buyurulmuştur: "*Rasûlullah sallallâhu aleyhi ve sellem mizah yapardı, fakat haktan başka bir şey söylemezdi.*"[140] Müminlerin emîri Hz. Ali, kerramellahu vecheh[141] de, vahdet nurlarını ızhar etmenin ve kesret eserlerini olumsuzlamanın gereği olan mükemmel letafete ve üstün velâyet ahkamına dayalı olarak mizahçı ve şakacı idi. Selmân-i Fârisî, radıyellâhu anh, Hz. Ali'ye bu şakacı yönüne atfen "Bu özelliğin, seni dördüncü sıraya tehir etti." buyurmuştur. Bu sözün

---

[136] Başkanlık feleğine yükselmek zorlukladır.

[137] "Aleyhi's-salâtu ve's-selâm", Salât ve selâm onun üzerine olsun anlamına gelir.

[138] Müslim, "Cennet", 2822; Tirmizî, "Cennet", Hadis no: 2559.

[139] Hz. Muhammed (sav).

[140] Münâvî, *Feyzü'l-Kadîr*, Kahire, 1938, 5/49.

[141] "Kerramellahu vecheh", Allah yüzünü mükerrem kılsın, demektir.

hakikati vardır; zira O Hazretin neşesinden dolayı velâyetin ayrılması üstün geldi. Bu da soy tarafının ve birliğin galip gelmesinin yanısıra zuhur tarafını düzenlemenin, kesret mertebelerini ve ikisi arasındaki açık mesafeyi korumanın gereği olan hilafetin üstün gelmesini sağladı.

Mûsiyâ âdâb-i dânân dîgerend
Sûhte-cân u revânân dîgerend.[142]

Hem teorik güç hem de pratik güç itibariyle kuvvetlere güzel işleri yüklemek, iyi fiilleri kazandırıp geliştirmek, ruh ve nefis sağlığını koruma araç ve sebeplerindendir; zira her meleke, amelde alıştırma ve tekrar yapmak sûretiyle daha iyi ve daha çok yerleşik hale gelir. Ara verme, gevşeklik ve tembellik ise melekeyi zayıflatır ve sonunda yok oluşa götürür. Bu, bedensel riyazet derecesindedir. Bedensel riyazet ise cismanî tıpta sağlığı koruma araçlarındandır. Hatta bedensel riyazetin nefis ve ruhun sağlığını korumadaki katkısı, bedenin sağlığını korumadaki katkısından daha fazladır. Zira bedensel riyazetler için tasavvur edildiği ölçüde birkaç bedel vardır. Nefsânî ve ruhanî riyazetlerde durum bunun tersinedir. Çünkü nefis ve ruh dikkatli bakışı terkettiğinde ve hakikatler konusunda doğru düşünmekten yüz çevirdiği zaman, elbette aptallık ve ahmaklığa meyleder, ruhânî gıda ve semavî rızk olan akıllar âleminin feyizlerinden çıkar; mâna bakımından mükemmel insanlık rütbesinden çıkıp düşünmeyen ve konuşmayan hayvanların[143] manevi kılığına girer. Bu yabancılaşma ve başaşağı dönmeden haberdar olduktan sonra ise ister dünyevî neşede, isterse uhrevî neşede onun için kayıp, üzüntü ve vebalden başka bir şey hasıl olmaz. "*Suçlular, Rablerinin huzurunda bo-*

---

[142] Ey Musa bilenlerin adabı başkadır
Canı yanıp da revan olanlar başkadır. (Mevlânâ)

[143] Türkçe'ye düşünmeyen ve konuşmayan hayvanlar olarak tercüme edilen ifade Farsça orijinal metinde "hayvânât-i acem" olarak geçmektedir. Eserde beş yerde (s. 134, 143, 143, 156, 226,) geçen bu tamlama, *Ahlâk-ı Nâsırî*'de aynı konuların ele alındığı yerlerde sırasıyla "behâyim" (s. 157), "hayvânât-i diğer" (s.173), "esnâf-i hayvânât" (s. 173), "behâim-i zebân-beste" (s. 183) ve "hayvânât-i gayr-i nâtıka bâ yekdiger" (s. 260) olarak geçerken; *Ahlâk-ı Âlâî*'de ise "hayvânât" (s. 158), "hayvân-ı acem ve cânver-i lâ ya'lem" (s. 177), "hayvânât-i 'ucme" (s. 177), "hayvânât-i 'ucme" (s. 201) ve "hayvânât-i gayr-i nâtıka" (s. 421) olarak geçer.

yunlarını büküp, "Rabbimiz! (gerçeği) gördük ve işittik. Artık şimdi bizi (dünyaya) döndür ki, salih amel işleyelim. Biz artık kesin olarak inanmaktayız" dedikleri vakit, onları bir görsen!"[144] âyetinde buna işaret vardır. Bilinmelidir ki her ne kadar ilim, güzellik ve olgunlukta emsallerin yegane zamanı ve önde geleni olsa da, zan ve şaşkınlık perdesi, onda fevzden urûca ilerlerlemede tam olarak kapalı değildir. Gayret ve ictihad merasiminden hiçbir dakika vazgeçmez. Çünkü her ilim sahibinin üstünde bir bilen vardır. Yaşlılığı kemal ve yetkinliği kazanmaya mazeret olarak göstermez, tembellik ve atalete bahane yapmaz. Eflatun'a ilim elde etmenin ne zamana kadar güzel olduğunu sordukları zaman "bilmemek ayıp olduğu sürece" diye cevap vermiştir. Onun ortaya koyduğu şeyi düşünmede, önemsemede ve alışkanlık haline getirmede gevşekliğe yer olmamalıdır. Onu tekrar etmek, unutmamak, hatırdan çıkarmamak gerek. Çünkü ilmin afeti unutmaktır. Nefis ve ruh sağlığını koruyanı düşünmek gerek: Yok oluş, dönüşüm ve intikal meydanında olan haricî nimetler ve mecazi mutlulukları isteyenler, onların peşinden gidenler, bir haslet kazanma noktasında ihtara tahammül etmeyi, seferlere katlanmayı, çirkinlik ve korkunç şeylere saldırmayı tercih ettiklerinde, zatlarının süsü olan ve hiçbir şekilde ayrı olamayacakları hakiki nimetlerle zatî erdemleri korumak veya tekrar elde etmek için aşırı çalışmak ve büyük bir yük yüklenmek zorunda kalacaklarını bilmeleri gerek. Mutluluğu ve gerçek yetkinliği kazanmak isteyen, kalıcı mutluluk ve erdeme meyleden kimselerin, fani mal ve istekler peşinde koşan kimselerin, talep ettikleri şeyi ellerine imkân ve kudret geçince korumak için nice sıkıntılara katlandıklarını, hatta uyku ve yemeği terk ettiklerini, meşakkatlere katlanmayı ve tehlikelere atılmayı meslek edindiklerini düşünerek, eğer talep ettikleri şeyi ve ilgi gösterdikleri cevheri koruma konusunda sabretmez, peş peşe gelen sıkıntılara katlanmaz, gece gündüz çalışma yolunu tercih etmez ve değerli cevheri telef olmakla yüz yüze bırakırlarsa, dünyevi ve uhrevi zarara düşmeleri, hüzne dost olmaları ve her iki manada hüsrana uğramaları kaçınılmazdır. Ayrıca bütün bu güzellik ve nimetlerin çoğunluğu düşmanlar olan mirasyedilerin eline geçmesi de mukadderdir. Bundan dolayı Seyyid-i En'âm aley-

---

[144] Secde, 32/12.

hi's-salâtu ve's-selâm'ın hidâyete götüren kelamında dünyanın boş işlerinden kaçınmayı, gurur ve aldanmaya yol açan şeyler söz konusu olduğunda zühdü tekrar tekrar emrettiği görülür.

Yetkinleşmek isteyen kimse, mal toplamak ve makama koşmaktan vazgeçip zühdü gayret endamına kaftan ve ruhani makam yüksekliğine şiar edinmelidir. Züht, insanın zaruri miktarda dünyevi araç ve hazlarla yetinmesi ve lüks olan fazla geçimliğe iltifat etmemesidir. Mutlulukların sermayesi ve makamların süsü züht ve kanaattir. Başlangıçta züht olmayınca ahiret yolunun yolcusu hiçbir mutluluğu elde edemez ve erdem tâlibi züht elbisesini giymeden hiçbir makama ulaşamaz. Rasûlullâh bu cümleden olmak üzere şöyle buyurmuştur: "*Dünya konusunda zühde yönelirsen, Allah seni sever ve insanların ellerinde olanlar konusunda zühde yönelirsen, insanlar seni sever*"[145]

Aristoteles şöyle demiştir: "Maişetini sağlamaya güç yetiren kimse, her halde onu arttırmayı talep etmez; zira onun bir sonu yok. Fazla maişet isteme, isteyeni sonsuz sıkıntı ve çirkinliklere eriştirir." Yine Aristo şöyle demiştir: "Dünyevi araç ve vesilelerden yüz çevirmek, dertleri defetmek; açlık, susuzluk ve bedensel afetlere düşmekten korunma gibi lezzet veya zevk olmayan problemleri savmaktır. Asıl lezzet, sıhhattir. Bu da ekonominin gereklerindendir. O halde malum olmuştur ki, boş şeylerden kaçınma hem lezzettir hem de sıhhat. Fakat tersine dünyanın boş şeylerini talep etmek, onların peşinden gitmek hem lezzeti hem de sağlığı kaybetmek anlamına gelir. Süleyman b. Davud alâ nebiyyinâ ve aleyhimâ's-salâtu ve's-selâmın[146] sahifesinde şu yazılıdır: "Dünyayı fazla talep etmeyin; zira evde ister mihmandar olan ev sahibi, isterse misafir, bir karın doyuracak kadarından fazla yiyemez." Öyleyse fazlasına sahip olan kimseyle ihtiyaç kadarına sahip olan kimse ondan yararlanmada eşittir. Fazla talep sahibi olanın fazla zahmet ve meşakkati olur. Ne kadar fazlalık, o kadar zahmet ve meşakkat. Fazla mal sahibinin, "bu benimdir" demenin dışında hiçbir özelliği yoktur. Eğer bir kişide ihtiyaç olan şey,

---

[145] İbn Mâce, "Zühd", Hadis no: 4102.

[146] "Alâ nebiyyinâ ve aleyhimâ's-salâtu ve's-selâm", "Allah'ın salât ve selamı, Peygamberimizin ve o ikisinin (Süleyman ve Davud Pygamberlerin) üzerine olsun" demektir.

yetecek kadar değilse, ihtiyaç miktarını aşmak caiz değildir ve dolayısıyla düşük kazançlar elde etmekten kaçınılmalıdır. Hiçbir şekilde öfke ve şehvet kuvvetini tahrik etmemek gerek. Bilakis onların tahriki mutlaka tabiata bırakılmalıdır. Şehvetle meşgul olduğunda veya öfkeyi icra ettiğinde kendilerine erişen lezzeti anmakla, şehvet veya öfkenin meydana gelmesinde kaynak teşkil edecek bir duruma iştiyak hali kazanan bir topluluğa değil. Bu durum, yırtıcı bir hayvanı tahrik eden, ama tahrikten sonra ondan kurtulmanın yollarını arayan kimsenin durumuna benzer. Malum olduğu veçhile, hiçbir akıl sahibi, hiçbir âkil, böyle bir işe kalkışmaz, zamanı geldiğinde harekete geçmesi için tabiata havale eder. Akıl mizanıyla itidal haddinde miktarını belirler, ona göre hareket eder. İfrat ve tefrit taraflarından kaçar, iffet ve cesaret erdemlerine yönelir. Aklî iradeye aykırı bir şeyin alışkanlık halinin insandan sadır olmaması için nazar amellerinin, düşünme ve bakış için yapılan çalışmaların, sözlere, fillere, hareketlere ve sakinliklere önceliği vardır. Böyle bir alışkanlık öne çıkar ve akla muhalif bir fiil zuhur ederse, azarlanma ve kınanmayı veya men edilmeyi gerektiren bir ceza terettüp eder. Mesela insan, aklın maslahatının perhiz edilip uzak durulmayı gerekli kıldığı bir yiyeceği alırsa, ona yiyecekten men edilme, oruç tutma, kınanma, maslahata uygun ve duruma göre sıkıntı çekme cezaları uygulanır. Eğer ondan yersiz bir öfke sadır olursa, hor ve hakir görülmesine sebep olacak veya onda sıkıntıya yol açacak malî ya da bedensel bir ağır görevi içeren sefih bir taarruzla onu tedip etmelidir.

Felsefe tarihinde anlatıldığına göre antik Yunan'da zamanın adeti gereği filozoflara evlenmede ayrıcalık tanınır ve böylece filozofların nesliyle teberrük aranırdı. Zamanın padişahı bu adeti devreye sokarak Sokrat'a evlenmesini emir buyurunca, Yunan ileri gelenleri Sokrat'a evlenmesi için iffetli ve güzel huylu kızları teklif ettiler. Fakat filozof Sokrat, hepsinden yüz çevirip ülke çapında arsızlık, şirretlik ve edepsizlikte meşhur saygısız bir kadınla evlenmeyi tercih etti. Sokrat, bu tercihin sebebinin bu yolla öfke kuvvetine hâkim olmak olduğunu açıklamıştı. Öklides (M.Ö.325-M.Ö.265),[147] şehrinin sefihlerine toplum içinde kendisini kınamaları ve eleş-

---

[147] Eukleides.

tirmeleri için gizlice ücret öderdi. Bunu yapmaktaki amacı, nefsinde bir tembellik olduğunu anlarsa, onu salih amellerin bilinenin üstünde meşakkati altına girmeyi zorunlu tutarak tedip etmekti. Çünkü nefsin aldırış etmeme ve gevşekliğine sebep olur. Bu noktada bazı şeriat imamları tasrih buyurmuşlardır ki, küçük sayılan her günah, o şahsa bakarak büyük olur. Bu mânayı Hz. Mustafa'nın hadisinin nassından nakletmişlerdir. Tâlibin küçük günahları işlemesinde ruhsat olmaz. Çünkü küçük günahlar, aşama aşama büyük günahlara sebep olur ve küçük günahlarda ısrar edilmesi kişinin büyük günah işleyen kişi haline gelmesine yol açar. [148]

Konuyla ilgili olarak Galen şöyle demiştir: Herkes kendini sever. *"Bir şeyi sevmen seni kör ve sağır eder."* gereğince de, sevgi, ayıp ve kusurları örtme, gizleme sebebidir. İnsanın görevi, bilgili ve erdemli bir dost seçmek ve uzun bir yakınlık, arkadaşlık, samimiyet ve oturup kalkmadan sonra seçtiği dostun kendi kusurlarını ortaya koymasını ve böylece o kusurlardan kurtulmasına katkı sunmasını istemektir. Gerçek dostluğun göstergesi arkadaşların önemli kusurlarını birbirlerine söylemeleri, birbirlerini uyarmaları ve kusurlardan kurtulmalarına yardımcı olmalarıdır. Arkadaşlık ilişkilerinde arkadaşlar mübalağa ve aşırı ısrarla birbirlerine yanlış ve kusurlarını söylemelerini istemelidirler. Tersi doğru değildir. Örneğin kişi, arkadaşı kendisine "sende hiçbir kusur göremiyorum." dediği zaman, bundan hoşnut olmamalı ve arkadaşına bu üslubundan, böyle söylemesinden hoşnut olmadığını, rahatsız olduğunu da belirtmelidir. Hatalarını kendisine söylemesi konusunda ısrar etmeli, onu cesaretlendirmeli, ısrarla kendisinde bir hata veya kusur olup olmadığını sormalı, ondan kendisine kusurlarını haber verip söylemesini istemeli; kusurlarını söyleme noktasında daralmamasını, sıkıntı çekmemesini, rahat olmasını söylemelidir. Arkadaşı da kendisine ayıbını, hatasını veya kusurunu söyleyince, ona yüzünü ekşiltmemeli, tersine bundan mutlu olduğunu izhar etmelidir. Ömer b. el-Hattab radıyallâhu anh[149] bu kapsamda şöyle buyurmuştur: "Bana kusurlarımı bildiren kişiye Allah merhamet etsin!" Bu söz gereğince insan dostunun kendisine ayıbını söylemesini bir iyi-

[148] Bkz. el-Aclûnî, *Keşfü'l-Hafâ*, 2, 494.
[149] "Radıyallâhu anh", "Allah ondan razı olsun!" demektir.

lik olarak görmeli, bundan dolayı ona teşekkürü bir borç bilmeli ve kusurlarını gidermek için çalışmalıdır. Arkadaşının yanlış ve kusurlarını yüzüne söylemeyen kişiden uzak durmak lazımdır. Bu kişi düşmandan bile zararlı olabilir; zira düşman, düşmanının kusurlarını açığa vurmaktan çekinmez, hatta açığa vurmak için gayret eder. Bu sebeple kişi, düşmanının bu tutumundan dolayı kusurlarından haberdar olur, kusurları konusunda duyarlı olur, uyanık olur ve olması muhtemel hatalar konusunda da ihtiyat ve tedbire başvurur. Yine Galen'in başka bir yerde söylediği "iyiler düşmanlarından yararlanırlar." sözü de bu mânadadır.[150]

İsa aleyhi's-selam'dan şöyle nakledilir: "*Ben edebi edepsizlerden öğrendim.*" Bazı hikmet ehli ve filozoflar da şöyle demişlerdir: Erdem taliplisinin tanıdıklarının sûretlerini kendine ayna yapması, kendi huyunu, yaşantısını ve sıfatlarını onda görmesi ve böylelikle kendi erdemsizlik ve rezilliklerinin çirkinliğinden haberdar olması gerekir. Çünkü nefis, kendi fiillerinin çirkinliğine vâkıf olmaz, fakat başkalarının çirkin fiilerine kolayca muttali olur.

10. Lem'a: Ruhânî Hastalıklarının Tedavi Yolları[151]

Cismanî tıp ilminde nasıl ki kesin olarak açıklandığı üzere sağlık, benzerin devamı sağlanarak, başka bir ifadeyle ilk sağlığın benzeri devam ettirilerek korunur ve hastalık sonradan ortaya çıkan zıddı ile tedavi edilerek defedilirse, aynı şe-

---

[150] *Ahlâk-ı Nâsırî*'de buradan itibaren Kindî'den alıntılar yapılarak konu işlenir ve tamamlanır. Burada ise Hz. İsa'dan alıntı yapılarak kısa bir şekilde konu ele alınıp tamamlanır. Tabii ki diğer bütün bölümlerde olduğu gibi burada da Celâleddîn Devvânî, konuları Nasiruddîn Tûsî'yle aynı içerikle ele alsa da ondan farklı kelime, ifade, cümle ve şiirlerle ele almaktadır.

[151] Devvânî, diğer birçok konuda olduğu gibi bu kısımda da Nasîruddin Tûsî'nin *Ahlâk-ı Nâsırî* kitabından dil, üslup, delillendirme ve kısalık-uzunluk bakımından farklılaşmaktadır. Bazı kelime ve kavramların kullanılmasında dahi söz konusu farklılaşmayı gözlemlemek mümkündür. Mesela Tûsî, bu kısmın başlığında nefis ve ruh hastalıklarını ifade etmek üzere "emrâz-ı nefs" derken, Devvânî, "emrâz-ı nefsânî" demektedir. Yine Tûsî, örneğin bu bölümün hemen başında ilk cümlede maddî tıbı veya beden tıbbını ifade etmek üzere "ilm-i tıbb-i ebdân" derken, Devvânî, "ilm-i tıbb-i cismânî" demeyi tercih etmektedir. Benzer şekilde Tûsî, "tıbb-i nüfus" derken, Devvânî, "tıbb-i nefsânî" demeyi tercih etmektedir. Belirtilmelidir ki Kınalızâde Âlî Efendi veya Çelebi de, birçok yerde özellikle ilavelerle bunlardan farklılaşmaktadır.

kilde nefsânî, yani ruhânî tıpta da, bu kaide geçerlidir. Daha önce geçtiği gibi, erdemler dört ve erdemsizlikler[152] sekiz olduğuna göre erdemsizliklerin erdemlerin zıddı olduğu söylenemez. Çünkü terminolojik olarak zıt diye, gayede veya amaçta birbirinden uzak olan iki varlığa denir. Fakat yaygın kullanımda zıttın bu şekilde genişletilmesi mümkündür.

Tıpta işin kıvamı ve yolu, öncelikle hastalıkların cinslerini, sonra onun sebep ve semptomlarını ondan sonra da tedavi şeklini bilmektir. Çünkü insanî kuvvetler üç türdür: Birincisi temyiz, yani aklı kullanarak ayırt etme kuvveti, ikincisi öfke kuvveti, üçüncüsü ise şehvet kuvvetidir. Bunların her birinde sapma ve bozulma,[153] ya nitelik bakımından ya da nicelik bakımından olur. Nicelik bakımından bozulma, ya itidal derecesinden fazla veya eksik olmak şeklinde meydana gelir. Her bir gücün hastalıkları üç şekilde olabilir: İfrat, tefrit ve nitelik bozulması.

Temyiz kuvvetindeki ifrat, teorik ve pratik olmak üzere iki şıkta kendini gösterebilir. Teorik şıktaki ifrat, aklın düşünce sınırını aşıp münakaşa ve araştırmada mübalağa etmesidir. Günümüzde birçok eğitimli, bunu tetkik sanıp şüphecilik girdabına düşmek, düşürmek ve zayıf konularda dönüp dolaşmak sûretiyle araştırma ve kesinlik yolundan uzaklaşır. Pratik şıkta ortaya çıkan ifrata gelince; bu tür ifrat, tikel konularda olursa, buna cerbeze ve hilekârlık denir; tümel durum veya konularda olursa buna deha denir.

Temyiz gücünün tefriti de iki kısımdır. Biri, teorik, diğeri pratik boyutta kendini gösterir. Teorik boyut ve kuvvette varlık bulan tefrit, durgunluk, donukluk ve ahmaklık iken pratik boyutta ortaya çıkan tefrit aptallıktır.[154] Temyiz kuvvetinin nitelik bozulmasına gelince; bu, yararlı değil, zararlı ve yetkinlik kazanmaya mani olan, hakikî kemâle, gerçek yetkinliğe götürmeyen ilimleri öğrenmeye aşırı istekli olma gibi; cedel, hilaf ve safsata ilmi gibi yakîn tahsilin dışında

---

[152] Metnin orijinalinde rezâyil olarak geçmektedir.

[153] Metnin orijinalinde redâ'et olarak geçmektedir.

[154] Durgunluk, donukluk ve ahmaklık olarak çevirilen kelimeler, eserin Farsça orijinalinde homûd ve belâdet olarak geçerken, aptallık olarak karşılanan kelime, belâhet olarak geçmektedir. Tûsî ve Kınalızâde de, iki tefrit türünü karşılamak üzere belâdet ve belâhet kelimelerini kullanmaktadırlar.

fazladan, gereksiz şeylere yönelmektir. Pratik alandaki bozulma, aslına bakılırsa, bir tür kehanet, falcılık ve hokkabazlıktır. Bu tür işlerde amaç, işin ve ilmin hakikatlarını öğrenmek değildir.

Öfke gücü bağlamında defetme veya itme gücündeki ifrata gelince; dengeyi aşarak kızgınlık, aşırı intikam hırsı ve yersiz sinirle parlama gibi dengesizlikleri ifade eder.[155] Ondaki tefrit ise hamiyetsizlik, gayretsizlik, kötümserlik ve kötü kalpliliktir. Öfke gücünde bozulma, aklın gereğine aykırı bir aptallık olan anormal intikamlara, yersiz bir şekilde hışma kapılmak gibidir. Yersiz ve anlamsız bir hışım ve hınçla cansız varlıklara, hayvanlara, çocuklara veya onların hükmünde olan kimselere, öfkeyi gerektiren bir şey olmadığı halde hınçla yönelmek, örneğin vurmak bu bozulma türüne girer.

Cezb, yani arzu ve çekme gücündeki ifrat boyutu yeme ve içmeye hırs etme ve şehvete meyilde aşırılığa kaçma gibi aklın gerektirdiği edep mertebesini, aklî istihsan ölçüsünü aşıp itidal sınırından çıkmaya tutkulu olmak ve bazı makbul sûretlere şehvet duyarak sevgi beslemektir. Çekme gücünün tefriti ise, zaruri yiyeceği elde etme, gerekli geçimliği kendine çekme ve helal lokmayı arama konusunda sebepsiz yere tembellik göstermek, atalet içinde olmak ve neslin bekasını korumaktan gerekçesiz olarak geri durmaktır. Buna şehvet donukluğu ve aptallığı derler. Çekme kuvvetinin nitelik bozukluğuna bakmak gerekirse, bu, toprak ve kömür yemek, özellikle bazı cahillerin müptela olduğu gibi kadınlarla değil de, erkeklerle cima etmek gibi yeme, içme ve cinsel ilişkiye, şehvete, aklî istihsan kaidesinin dışına çıkacak şekilde yönelmektir.

Bunlar basit ve temel hastalık cinsleridir. Bu hastalık türlerinin altında çok tür vardır. Bu türlerin terkibinden, bir-

---

[155] Nasiruddin Tûsî, *Ahlâk-ı Nâsırî*'de bu tür ifrata düşen kişiyi yırtıcı hayvanlara benzetirken (Nasîruddin Tûsî, *Ahlâk-ı Nâsırî*, Çev. Anar Gafarov ve Zaur Şükürov, 3. Baskı, Litera Yayıncılık, İstanbul 2016, 150), Kınalızâde, *Ahlâk-ı 'Alâî*'de bu tür dengesizlik ve ifratlara örnek olarak şöyle demektedir: "Zararlı yırtıcılar ve böcekler gibi aklın gereğinden ve şeriatın emrinden çıkıp haddi aşmak, canlılara zarar vermeye ve hayvanlara eziyet etmeye kalkışmak böyledir." (Kınalızâde Âlî Çelebi, *Ahlâk-ı Alâî*, Sadeleştiren: Murat Demirkol, 147).

biriyle birleşmesinden sayılamayacak kadar çok bileşik nefis ve ruh hastalığı meydana gelir. Ama hepsinin kaynağı bu basit hastalıklardır. Onları bilmek bunları tam olarak kavramaya bağlıdır. Bu hastalıkların bazılarına mühlikât, yani öldürücü nitelikteki hastalıklar adı verilir. Çünkü bu hastalıklar, çok tehlikeli müzmin hastalıkların kaynağıdırlar. Şaşkınlık, cahillik, aşırı öfke, kötümserlik, kötü kalplilik, hüzün, kızgınlık, kin, haset, aşk, emel, tembellik, donukluk ve ihmalkârlık böyledir. Bu hastalıkların etkisi genel ve kapsamlı olduğu için onları tedavisi çok hayatidir. Burada bunlardan her biri, inşaAllah yeri geldiğinde açıklanacaktır.

Nefis ile beden arasında birinde ortaya çıkan her nitelik, diğerine sirâyet etmesi türünden sıkı bir ilişki ve sağlam bir bağ olduğu için, şuna dikkat edilmelidir: Eğer bu meleke, kötü mizaç ve kötü terkip gibi bedensel bir hastalık olursa, onun tedavisi cismanî veya bedensel tıba göre yapılmalıdır. Eğer onun kaynağı, çirkin fiilleri ortaya koymaya alışkanlık ise, ruhânî tıp ile tedavi edilmelidir. Öyle ki, cismânî tedavi, ya gıdada tasarrufla ya da ilaç kullanımıyla olur. Bazen de öyle olur ki bu tedavide zehire ihtiyaç duyulur veya dağlama ve kesme gibi el operasyonlarına ihtiyaç duyulur. Nefsânî veya ruhsal tedavi de bu minval üzere olabilir.

Belirtilmelidir ki, evvelen ahlâk güzelleştirilmeli, ıslah edilmeli, erdemsizlik, ondan uzaklaşmayla izale edilmeli ve güzel fiiler tekrarlanmalıdır. Bu da gıda mesabesinde olur. Sâniyen nefse kötü huy ve çirkin davranış sebebiyle ilişen hastalığı düşünüp onun bunlardan kaçınması için fikren, kavlen ve amelen kınanması ve azarlanmasıdır. Nitekim bedenî tıpta da ilaç kullanılmak sûretiyle kötü karışımlar giderilir ve hastalık iyileştirilir. Bu ise ilaç konumundadır. Üçüncüsü, nefse yerleşen erdemsizliğin giderilmesi zorlaşınca, onun zıddı olan erdemsizliğin sebep ve araçlarını devreye sokarak tedavi etme şeklidir. Dördüncüsü, ceza ile, ağır sorumluluklarla, zor riyazet ve perhizlerle tedavidir. Bu şekilde bir tedaviyle o kuvvet zayıflar ve boyun eğer. Bu, dağlama ve kesme mesabesindedir. Genel olarak tedavi yolları bunlardır.

Üç kuvvetle ilgili birkaç hastalığın tedavisi ayrıntılı bir şekilde beyan edilecektir. Böylece diğer hastalıkların tedavileri, ele alınacak söz konusu hastalık tedavileriyle karşılaştırılabilecektir. Fakat temyiz kuvvetinin hastalıkları, her ne kadar çok ise de, onların en korkuncu üç türdür: Birincisi, hayret, yani şaşkınlık; ikincisi cehl-i basît, yani basit cehalet, bilmediğini bilmek; üçüncüsü ise cehl-i mürekkep, yani bileşik cehalet, katmerli bilgisizlik, bilmediğini bilmemektir. Birinci tür, ifrat kabilinden, ikincisi tefrit kabilinden, üçüncüsü ise nitelik bozulması kabilindendir.

Şaşkınlığın Tedavisi

Belirtilmelidir ki, gizli konularla ince meselelerde deliller karşı karşıya geldiğinde, nefis ve ruh, bir tarafa yönelme hususunda aciz kalır. Şu halde öncelikle iki çelişik önermenin bir araya gelmesinin ve birlikte ortadan kalkmasının imkânsız olduğu şeklindeki apaçık hüküm veya önerme düşünülmelidir. İşin hakikatine bakıldığında, iki taraftan birinin hak, diğerinin batıl, birinin doğru, diğerinin yanlış olacağı görülmelidir. Öyleyse bunlardan sadece birinin doğru olduğuna karar verilmeli, ondan sonra öncüller amaca uygun olarak açıklanmalı, mantık kurallarına arz edilmeli, tam bir ihtiyat ile doğruyu yanlıştan ayırmaya çalışılmalı ve bir tarafa yönelinmelidir.

Basit Cehaletin Tedavisi

Basit cehalet veya bilgisizlik, kişinin bir şeyi bilmediği halde bildiğine inanmadan sahip olduğu bilgisizlik demektir. Bu tür bilgisizlik, başlangıçta yerilmez, kötü görülmez; bilakis ilim ve bilgi öğrenmenin şartıdır. Basit bilgisizlik olmadan öğrenme gerçekleşmez, kişi bilgi nesnesine yönelemez ve bilgi talep edemez. Fakat bilmediği halde bildiğini zannederse, bu durumda öğrenme muhaldir. Bu hastalığın tedavisi, insan ve hayvanların hâlleri hakkında düşünmek, derinlemesine kafa yormak ve böylece insanın hayvanlardan bilgi, ilim ve temyiz ile üstün olduğunu yakinen bilmektir. Bu süs ile süslenmeyen cahil hakikatte düşünmeyen ve konuşmayan hayvanlar zümresindendir, hatta onlardan da aşağı seviyedir. Nitekim bu girişte açıklandı. Bundan dolayı insanî yetkinlikler meydanı olan ulema ve fuzalâ mahfillerinde bulunduğunda ve onlar adeta beyân ödülünü almak için yarışa girdiklerinde, o cahil, o bilgisiz, mutlak sûrette düşünme özelliğinden uzak kalır ve diğer hayvanlara benzeyip konuşmaktan aciz kalır. Bu durumdan anlaşılmaktadır ki, kendi emsallerinin konuşmalarında söylediği sözler, insan sözündense hayvanların seslerine daha uygundur. Çünkü eğer insanî düşünce zümresinden olsaydı, beyân mücevherlerinin pazarındaki görevli gözetleyiciler olan seçkinler meclisinde revaç bulur ve kendini gösterirdi. Belki insan isminin böyle bir şahsa ıtlakı şu kabildendir: Buğday bitkisine buğday denir, koruğa ise üzüm denir. Biraz dikkatli bakmakla anlaşılır ki düşünmeyen ve konuşmayan hayvanlar, fıtrat bakımından, kendilerinin türsel kemâlinin nihâyetine erişmede cismânî alet ve kuvvetlere yönelen doğru yol varlıklarıdırlar, hidâyet üzeredirler ve kendisi üzerinden nihaî gayeye erişilebilecek dosdoğru caddeden, sırat-ı müstakîmden sapmış değillerdir. Bunlar, erdem ve erdemsizliklerin bilgisinden gafil, kuvvetlere fıtratın gereğinin dışında tasarruf eden, tür özelliği olan yetkinliği doğru elde etme yönünden sapmış cahilinin tersine böyledirler. O halde cahil, hayvanlardan daha aşağıdır. Cemadatın, cansız varlıkların durumları buna kıyas edilerek mülahaza edildiğinde, o mertebeden de daha aşağı olduğu anlaşılır. Çünkü kötü seçim, insan fıtratını en yüksek ahsen-i takvîm makamından *"İşte bunlar hayvanlar gibi, hatta daha da aşağıdadırlar."*[156] âyetinde ifade edilen esfel-i sâfilîn seviyesine eriştirir. Aristoteles şöyle demiştir: "Gören ile kör, aynı kuyuya düşse ve zorlukta ikisi de eşit olsa, kör, zorluklardan kaçınma araçlarından yoksun olduğu için mazeret ve merhamete konudur; fakat gören, suçlu olduğu için akıl nezdinde kınanır. Nitekim şu dizelerde buna işaret edilmiştir:

Ve lem era fî 'uyûbi'n nâsi 'aybâ
Ke-naksı'l-kâdirîn ale'temâm.[157]

Akıl ve nakil ehlinin ittifakıyla ilimsiz hiçbir erdem tam değildir. Bunun için Hz. Rabbu'l-erbâb, i'câz-i intisab Kitabında Hz. Risâlet-meâb'a ilmini arttırması için kendisine dua

---

[156] Arâf, 7/179.

[157] Görmedim nâsın kusurlarında bir kusur
Tâma kadir olanların kusuru gibi.

etmesini emrediyor: "*De ki Rabbim! İlmimi arttır.*"[158] Aişe-i Sıddîka Hz. Mustafa sallallahu aleyhi ve sellem'den "*İnsanlar hangi şeyle üstün gelir?*" diye sorduğunda, Hz. Mustafa, "*Akıl*" buyurdu. Hz. Mustafa Hz. Murtaza'ya şöyle buyurdu: "*Ey Ali! İnsanlar Yaratıcılarına iyilik türleriyle yaklaşırlar. Sen aklınla yaklaşırsan, derece ve yakınlık yönünden onları geçersin.*" Hadis-i şerifte şöyle buyurulur: "*İnsanlar ya bilendir ya da öğrenendirler. Geriye kalanı ise sürüdür.*" [159]Sahabeden biri Hz. Risâlet-penah aleyhi salavâtullah'a "*Hangi amel daha üstündür?*" diye soru yönelttiğinde, "*İlim*" buyurdu. Aynı soruyu üç defa sordu, Hz. Muhammed üçüne de aynı cevabı verdi. Sonunda o sahabî "Ben hangi ilim değil, hangi amel diye soruyorum." deyince, Rasulullah, şöyle buyurdu: "*İlimle yapılan az amel, bilgisizlikle yapılan çok amelden daha iyidir.*"

Cehl-i Mürekkebin Tedavisi

Cehl-i mürekkebin, yani katmerli bilmemenin, bilmediğini de bilmemenin hakikati, gerçeğe, gerçek olana uygun olmayan inançtır. Cehl-i mürekkep düzeyinde cahil olan kişi, âlim olduğuna, bildiğine inanır; ama bilmediği gibi bilmediğini de bilmez. Bu nedenle bu tür bilmemeye, birleşik cehalet denmiştir. Beden doktorları bazı müzmin ve büyük hastalıkların tedavisinden aciz kaldıkları gibi, ruh doktorları da cehl-i mürekkeb hastalığını tedavi etmekten acizdirler. Kişi kendi durumunda, kendi içinde, kendisinin bildiğine, bilgi sahibi olduğuna inandığı için ilim talep etme ve kazanma da meydana gelmez. Nitekim Hz. İsa, Peygamberimize ve ona salât u selâm olsun, şöyle buyurmuştur: Kör ve alacayı tedavi etmekten aciz değilim, fakat ahmakı tedavi etmekten acizim. Kısaca faydası umulan en uygun tedavi, matematik ilimlerle meşgul olmaktır. Çünkü o ilimlere göre hak batıldan tam anlamıyla üstünlüğe sahiptir. Vehme çok müdahale imkanı yoktur. Geometri, aritmetik ve benzeri ilimlerle, ahmak ve vehim sahibinin nefsi tam bir lezzete kavuşur; kendi yanlış inançlarından rucû edince ve o tür inançlarından itminan ve zevk bulamayınca, kendi boşluk ve eksikliklerinden haberdar olur ve cehli, bilgisizliği basit bilgisizliğe dönüşür. Böyle bir kimsede

[158] Tâhâ 20/114.

[159] Bkz. Dârimî, "Mukaddime", Hadis no: 332, 252.

erdemleri kazanma istidadı da peyda olur. Fakat defetme kuvvetinin hastalıkları, her ne kadar kendi sınırlarını aşsa da, onların en kötüsü üç cinstir: Biri öfke, ikincisi cübün, üçüncüsü korku. Birincisi, ifrat boyutundan, ikincisi tefrit boyutundan, üçüncüsü ise kötülükle münasebet boyutundan gelen bir niteliği vardır.

Öfkenin Tedavisi ve On sebebi

Öfke, ruhun ve onun biniti ve mürekkebi olan kanın dışarıya, kalabalığa, üstünlük yönüne doğru hareketinin gereği olan ruhî bir niteliktir. Onun kaynağı intikam şehvetidir. Şiddetli olunca, o hareket sert olur ve nefsânî ruhun yolları olan beyin ve sinirler, karanlık dumanla dolar. Dumanın karanlığından da akıl nuru örtülür, perdelenir ve fiiliyat yönü zayıflar. Filozoflar bu durumdaki insanı, içi ateş ve dumanla dolu, iç yolu kapalı, içinden kimseye gürültü patırtıdan başka bir ses gelmeyen bir mağaraya benzetmişlerdir. Bu durumda tedavi zor olur. Çünkü bu mertebede her ne kadar nasihat ve nehyetmeyle iştigal ederlerse de bu aşırı alev ve hararetle veya ateşle iştigale yol açar ve durumu değiştirmek, mesela oturmaktan ayağa kalkmaya veya ayağa kalkmaktan oturmaya geçmek faydalı olur. Mesela bir sakıncası veya zararı olmamak şartıyla soğuk su içmek gibi; aynı şekilde güzel ahlâkın Tamamlayıcısı sallahu aleyhi ve sellem'in hadisinin nassı mucibince abdest almak ve uyumak gibi. Öfkeyi kabulde mizaçlar farklı olurlar. Çünkü bazıları kibrit gibi küçük bir kıvılcımla alev alır; bazıları yağ gibi sebebi yokken güçlü alev almaz. Bazıları da orta halli alev içindeki kuru odun parçası veya sopa gibidirler. Bazıları da vardır ki çok geç etkilenirler. Bu mertebe, acizlikten ve cübünden, acziyet ve gereksiz korkudan olmadığı, bilakis vakara ve fikir amellerine dayandığı için övgüye layıktır, güzeldir. Öfke heyecanının başlangıcında bu mertebeler arasında fark vardır; fakat sebep ve araçların gelişmesinden sonra bütün mertebeler eşit hale gelirler. Belki son mertebenin sahibinin öfkesi daha şiddetli olur. Çünkü elbette onda öfkenin meydana gelmesi güçlü bir sebebe dayanır. Bundan dolayı Hz. Risâlet-penah salavâtullah şöyle buyurmuştur: "*Halim insanın öfkesine dikkat edin!*" Yine hadis-i Nebevîde şöyle buyurulmuştur: "*Âdemo-*

ğulları birkaç tabakadır. Bazıları çabuk öfkelenir, öfke halinden çabuk çıkarlar. Bazıları geç öfkelenirler, öfke halinden çabuk çıkarlar. Bazıları ise geç öfkelenirler; öfke halinden geç çıkarlar. Onların en iyisi ikinci kısımdakilerdir. En kötüsü ise son kısımdakilerdir. Bazıları da erken öfkelenir, öfke halinden geç çıkarlar"

İmam Gazzâlî rahımehullâh şöyle buyuruyor: "Öfke kişiyi kendi olmanın dışına çıkardığı için sultanın öfkeliyken hiçbir Müslümana ceza hükmü vermemesi gerekir; zira öfkeliyken hüküm verirse, Sultan kendi nefsinin hazzını ister ve müstahak olunan cezanın veya başka bir hükmün sınırlarını çiğneyebilir." Mü'minlerin emiri Hz. Ömer radiyallahu anh, bir sarhoşla karşılaştığında, ona şer'î had cezasını uygulamaya teşebbüs eder; fakat adam çirkin sözler söylemeye ve sövüp saymaya başlar. Hz. Ömer o esnada kamçısını kaldırmış iken indirir ve o kişiyi serbest bırakır. Sonra dönüp şöyle buyurur: "*Beni öfkelendirdiği için ona kamçımıla vursaydım, Allah Teâlâ için değil, öfkemi teskin için vurmuş olacaktım.*" Bir gün bir suçlu Ömer b. Abdülaziz'in huzuruna getirildi. Suçlu, sesini yükselti, kötü şeyler söylemeye başladı. Ömer b. Abdülaziz bunun üzerine şöyle dedi "Eğer beni öfkelendirmeseydin seni cezalandırırdım."[160]

Öfkenin sebepleri, ondur: Birincisi ucub, yani kendini beğenme, ikincisi övünme, üçüncüsü çekişme, dördüncüsü inatçılık, beşincisi şaka, altıncısı tekebbür, yedincisi istihza, sekizincisi vefasızlık, dokuzuncusu haksızlık, onuncusu ise güzel ve değerli şeyleri elde etmek için yarışmadır.

Öfke hastalığı için araz olan ekler vardır. Bu ekler yedidir: Birincisi pişmanlık, ikincisi dünya ve ahirette mükafat beklentisi, üçüncüsü dostların düşmanlığı, dördüncüsü rezil ve erdemsizlerin alay etmesi, beşincisi düşmanların şamatası, altıncısı mizacın değişimi, yedincisi bu durumda iken üzülme.

Hakikatte öfke, filozofların dedikleri gibi bir saatlik cinnet halidir. Çünkü öfkeli mizaçlar, sağlıklı itidalden aşırı hararete eğilimlidirler. Eğer mizaç, kalıcı olursa, bu sebuî, yani yırtıcı hayvansal cinnettir. Nitekim tıbbî kanunlara vakıf olanlar, bunu bilirler. Bu noktadadır ki Murtaza Ali kerramellahu vecheh, şöyle buyurmuştur: "Hiddet cinnetin bir türüdür.

---

[160] Gazzâlî, *İhyâ*, c.3, s. 387.

Eğer hiddet sahibinde pişmanlık olmazsa, bu onda cinnetin sağlamca yerleştiğinin göstergesidir." Bazen de ruhun dışarıya sert hareket etmesi sebebiyle hayvanî ruhun kaynağı olan gönül boş kalır ve ruhun daima kendisinden azalara ulaşan yardımı kesilir. Ya öfkenin harareti ateşinin alevlenmesi sebebiyle ruh cevheri yanar ve dumanlılık halinden hâlî kalır. Her iki durumda da ölüm sebebi fecaet olur. Ya da karışım ve salgılar yanar. Bu durumdan helake götüren kötü hastalıklar ortaya çıkar. Bu bakımdan Ebû Hureyre, Hz. Mustafa aleyhi's-salâtu ve's-selâmdan bir nasihat istediğinde, onu üç kez öfkeden nehyeder ve bununla yetinir. *Sahabeden biri, Hz. Mustafa salavâtullâhi ve selâmuh'un huzuruna gelir ve karşısında durarak "Din nedir?" diye sorar. O, "Güzel ahlâk" buyurur. Bu kez Hazret'in sağ tarafından gelerek aynı soruyu sorar, Peygamberimiz aynı cevabı verir. Sonra sol tarafından gelerek aynı soruyu sorduğunda, o da aynı cevabı verir. En son arka tarafından gelip sorduğunda da Peygamberimiz aynı cevabı verir. Nihâyet Peygamber Efendimiz o sahabinin karşısına geçip "Anlamıyor musun?" diye buyurur, din, öfkeye kapılmamandır."*

Kelâm-ı Mecîd'de şöyle buyurulur:

"Onlar bollukta ve darlıkta Allah yolunda harcayanlar, öfkelerini yenenler, insanları affedenlerdir."[161]

Öfkenin sebeplerinden *ucuba*, yani *kendini beğenmişliğe* gelince; öfkenin tedavisi ve ilacı, diğer hastalıklar gibi onun sebep ve araçlarını defetmekle olur. O halde eğer *ucub*, yani kendini beğenmişlik olursa, o gerçekte gerçekte hak etmediği ve layık olmadığı bir dereceyi istihkakına almak istemekle kendi hakkında yalancı bir zandır. Onu itme ve defetmenin yolu eksiklikleri ve kusurlarını mülahaza etmek ve bununla birlikte başkalarının yetkinliğine de itibar etmektir. Çünkü eğer durumuna insaf nazarıyla bakılırsa, kendisine ait özelliği olan yetkinliğin ortaya çıkmayacağı hiç kimse yoktur. Zira Hz. Hak Sübhânehû ve Teâlâ, mevcudatın zerrelerinden her bir zerreyi, başkasının ortaklık veya müdahalesinin olmadığı özel bir ismin mazharı ve bir sıfatın aynası olarak belirlemiş-

[161] Âl-i İmran, 3/134

tir. Dünya düzeninde her bir ferdin bir giriş kapısı veya yeri vardır. Mısra:

K'enderîn mülk çû tâvus be-kârest meges.[162]

Övünme de belirtildiği gibi öfkenin önemli sebeplerindendir. Eğer mal, güzellik, soy ve makam gibi bedensel veya haricî mutlulukla övünme olursa, şöyle denilebilir: Mesela mal ile övünmeyi ele alalım. Akıl için öfkenin afetlerinden emin olmayan haricî bir iş veya durumun övünme sebebi ve aracı olmayacağı malumdur. Güzelliğe bakalım: Mizacın dönüşümüne sebep olan küçük bir eksiklik ile yokluk meydanına çıkan bir şeyin, bilgi ve yetkinlik ehlinin övüncüne layık olmadığı açık ve kesindir. Beyit:

Ber mâl u cemâl-i hîşten garre meşev
K'ân râ be şebî berend u în râ be tebî.[163]

Övünme bağlamında eğer soyu örnek olarak incelersek, baba veya atalardan birinin şerefinden ibarettir. Farzedelim ki kendisiyle övünülen kişi, baba olsun ve şöyle desin: Senin iddia ettiğin bu şeref bana aittir. Senin kendine ait övünebileceğin ne gibi bir şerefin var? Bu soru karşısında neseple övünen kişi aciz kalır. Yine zamanın fâzıllarından biri babasıyla çekişse ve babasından daha şerefli olduğu durumlar olduğunu söylese, bu durumda o şahsa mensubiyet o fâzıllar gibilere nasıl övünç kaynağı olabilir? Babalarında var olduğunu tasavvur ettikleri bir erdem ve üstünlükle erdemlilere üstünlük iddiasında bulunmak, eksiklerin huyudur.Kaldı ki belki de babalar veya atalar daha fazla şereflere sahiptir veya daha düşük şereflidirler. Hatta şahsın kendi zatında olan az erdem, başkasında bulunan çok erdemden daha üstün ve daha şerefli olabilir. Bu tür kimseler, bu batıl hayallerle kendini akıllıların, âkil insanların ve fâzıl insanların kınamasına maruz bırakırlar. Nitekim şu beyitte buna işaret edilmiştir:

---

[162] Bu mülkte sinek tavus kuşu gibi çalışır.

[163] Aldanma hiç malına ve güzelliğine
Mal bir gecede, güzellik sıtmayla kaybolur.

İni'fteharte biâbâin medav selefen
Kulnâ sadakte velâkin bi'semâ veledû[164]

Hz. Mütemmim-i mekârimi'l-ahlâk,[165] aleyhi't-tehıyyeti mine'l-Melik'il-Hallâk,[166] şöyle buyurmuştur: "*Soylarınızla gelmeyin, amellerinizle gelin.*" Mü'minlerin Emiri Ali Kerramellahu vecheh de şöyle buyurmuştur: Kıta:

Ene bin nefsî ve kunyetî edebî
Min acemin kuntu ev mine'l-Arab

İnne'l-fetâ men yekûlu hâ ene zâ
Leyse'l-fetâ men yekûlu kâne ebî[167]

Hikaye edilir ki Yunan başkanlarından biri bir gence karşı övünmüş. Genç demiş ki eğer senin övünç kaynağın, kendini süslediğin şaşaalı elbiseler ise, bu süs, bu şaşaa, sende değil, elbisededir; eğer hızlı ve çevik bineğin ise, o yetkinlik, sana değil, o bineğe aittir. Eğer babalarının fazileti ve üstünlüğü ise, o faziletin sahibi sen değil, babalarındır. Üstünlük yönlerinden hiçbiri sana ait olmadığına göre, her biri kendi hakkını geri alırsa veya tersine onlar sana intikal etmeyince onların haklarını geri almasına ihtiyaç yok ise, o durumda senin için ne gibi bir şeref olur?

Mervidir ki bir hikmet sahibi veya filozof, zengin biriyle sohbet ediyordu. Servet sahibi zengin kişi, dünyevi sebep ve araçlarla övünüyordu. O esnada filozof ağız suyunu veya salyayı atmak istedi, etrafına bakındı, ama uygun bir yer bulamadı. Bunun sonucu salyasını o sohbet ettiği servet sahibinin yüzüne attı. Bunun üzerine orada hazır bulunanlar ona

164 Şayet sen geçmiş atalarınla övünürsen
Deriz ki iyi ama çocukların hayırsız.

165 "Mütemmim-i Mekârim-i Ahlâk", "Güzel Ahlâkı Tamamlayan" anlamına gelir ve Peygamberimiz (sav) için kullanılır.

166 "Aleyhi't-tehıyye mine'l-Meliki'l-Hallâk" duası, "Hallâk ve Melik olan Allah'ın salât ve selamı onun üzerine olsun" anlamına gelir.

167 Ben ibn nefsî ve künyem edebî
Acemden idim veya Arap'tan.

Genç çıkıp işte ben buyum diyendir
Babam şöyleydi diyenden genç olmaz.

kötü sözler söylediler, onu kınadılar. Bu durum karşısında filozof şöyle dedi: Edep, ağız suyu veya salyanın, en pis yerlere atılmasıdır; onu atmak için o kadar yer aradım; fakat cehalet sebebiyle insaniyet hakikatinin süsünden uzaklaşmış olan bu şahsın yüzünden daha pis bir yer bulamadım.

Bu fakir, hoca ve üstadlarımdan, rahimehullah,[168] işittim: Fars'ın bir köşesinde aldanma metaı ve gelip geçici nimetle mağrur ve mesrûr olan ehl-i dünya biri, ehl-i keşften birinin yanına gitti. Kendisi için kendi durumlarında bir istiğrak hasıl olduğu bir vakitte onun nazarı o dünyalı olana, dünyaya düşkün olana ilişince, hizmetçiye şiddetle "Şu eşeği buradan çıkar!" dedi. O kadar mübalağa etti ki dünya düşkünü dışarı çıktı. O kişi bu durumdan çıktıktan sonra hizmetçi onunla olanları konuştu. Dedi ki ben ondan eşek sûretinden başka bir şey görmedim.

Öfkenin sebeplerinden *çekişme* ve *inatçılık* ise ülfet bağının ortadan kalkmasına ve vahdet bağlarının kopmasına yol açar. Çünkü muhalefet, yakınlaşma ve kaynaşmanın zıddıdır. Kesretin galebe ve zuhurunun olması ölçüsünde, intizam dizisinde kopmaya eğilim, irtibat temelinde yıkılmaya meyletme olur; zira kesretin, çokluğun kıvamı vahdetin, birliğin kahramanına bağlıdır. O halde bu iki özellik, yani çekişme ve inatçılık, nizâm-i âlemin kalkmasına yol açar. Nizâm-i âlemin kalkmasına yol açmak ise kötülüklerin en kötüsüdür.

Tekebbüre gelince; o da öfkenin on sebebi içinde yer alan olumsuz özelliklerden biridir. Tekebbür, yani kibir veya büyüklenme, ucba yakındır. İkisi arasındaki fark şudur: Ucub, gerçekte kendisinde olmayan hasletler kendisinde varmış gibi kendi durumunda mükemmelliğin olduğuna inanç iken tekebbür ise söz konusu mükemmelliğe inanmasa bile başkalarına karşı sahip olduğunu iddia etmektir. Onun tedavisi, geçite iki kez bevleden kişinin kendisini nasıl tekebbüre layık gördüğünü düşünmesidir.

Murtaza Ali kerramellâhu vecheh, şöyle buyurmuştur: "*İnsan için tekebbüre nasıl yer olur! Halbuki o öncelikle pis bir nutfe, sonra çürüyen bir ölüdür. Dolayısıyla bu iki durum arasında pis necaset taşıyıcısıdır.*" Hadis-i Kudsî'de şöyle buyrulur: "*Kibriya benim ridam, azamet ise izarımdır. Bu ikisini ben-*

---

[168] Rahimehumullah, Allah onlara merhamet eylesin anlamına gelir.

den almaya kalkan kişiyi cehennem ateşine atarım." Hadis-i Nebevî'de şöyle buyurulur: "*Haşr yerinde tekebbür edip kibre kapılanlar karınca sûretinde haşredilir.*" Hakikat odur ki, hiçbir şeye ve hiçbir kimseye ihtiyacı olmayan, ama bütün varlıkların kendisine ihtiyaç duyduğu Mutlak Zengin'in dışında hiç kimse tekebbür istihkakına sahip değildir. Çünkü tekebbürle ihtiyaç arasında açık bir zıtlık vardır. Beyit:

Kibr zişt u ez gedeyân ziştter
Rûz-i berf serd u ân ge câme ter.[169]

Öfkenin o sebebinden biri de *istihza*, yani alaydır. İstihza, servet sahiplerinin kalplerini celbetme, onlara yakınlaşma, mal ve makama tamah etme ve onları elde etmek için çalışma yönünde hareket eden denî insanların huyudur. Bir kimse bir hüner, beceri veya erdem ya da bir üstünlüğe sahip olunca ve hürriyetle mevsuf olunca, bunun gibisine tevessül etmeyi ayıp addeder, tersine öyle insanların yanında kendini hüner, beceri ve erdemiyle şerefli olarak konumlandırır. Hadis'te varit olduğuna göre Kıyamet günü istihza edenler, cennetin kapısına çağrılır. Cennete vardıklarında, yüzlerine kapı kapatılır. Geriye döndükten sonra başka bir kapıdan çağrılırlar. Vardıklarında, o kapı da yüzlerine kapatılır. Onlara bu şekilde davranılır; çünkü onlar, dünyada iken istihza eden insanlar olduklarından, ahirette de kendileri istihza ile cezalandırılır.

Öfkenin sebeplerinden *gadir*, yani *vefasızlık* ve *hainlik* ise malda, makamda ve benzeri şeylerde olur. Onun bütün kısımları hiyanettir. Bu hiyanet, rezilliklerin rezillerinden, rezillerin rezilliklerinden; erdemsizliklerin erdemsizlerinden, erdemsizlerin erdemsizliklerindendir. Hiçbir âkil insanın nezdinde güzel ve makbul değildir. Hz. Risâlet-penâh sallallahu aleyhi ve sellem onu münafığın ahlâkı olarak görmüş ve şöyle buyurmuştur: "Kıyamet günü, gadredenler, yani vefasızlık ve ihanet edenlerle ilgili bir bilgi olur. Bu bilgi vasıtasıyla onların gadrine, ihanetine uğrayan herkes, onun ihane-

---

[169] Kibir çirkindir, dilencilerden de çirkin
Kış günü hava soğuk ve elbise ıslak.

tinden haberdar olurlar." Bu huy, Türklerde daha çoktur. Onun zıddı olan vefa ise Rum ve Habeş'te daha çoktur.

Haksızlık da öfkenin sebepleri arasındadır. Haksızlık, zulmü intikam şekline dönüştürerek yapılan haksızlıktır. Haksızlığın çirkinliği, zulmetmekten ve zulme boyun eğmekten anlaşılır. Akıllı kimse intikama teşebbüs etmemelidir. İntikam ancak başka bir zarara yol açmayacağı kesin olarak belli ise başvurulacak bir şey olabilir. Bu, fikir imalinden, görüş geliştirdikten, kafa yorduktan ve hilim melekesi meydana getirdikten sonra olabilir. Hatta mutlak anlamda söylemek gerekirse, affetmek daha iyidir; çünkü af ile düşman dost olur, yaptıklarından utanarak ders alır. Gayret ehli, intikam gücü varken düşmanın kendilerini affetmesini kendilerine daha zor bilir. Nitekim "düşmanların merhameti, dostların cefasından daha şiddetlidir." denilmiştir.

Yarış veya *rekabete* gelince; bunun anlamı, değerli bir şeyin elde edilmesi konusunda çekişmek ve birbiriyle sert bir şekilde yarışmaktır. Rekabetin sebebi, değerli şeyleri arzu edip onları elde etmek için çalışmak ve güzel araçlara rağbet göstermek olduğu için dünyevi mal ve araçları talep etmenin ve onları elde etme hususunda hırslı ve kavgacı olmanın, dolayısıyla başkalarıyla yarışa girip rekabet etmenin devlet adamlarına, sultanlara, güç ve iktidar sahiplerine yakışmaz; dolayısıyla onları rekabetten sakındırmak güzeldir. Kaldı ki orta hâlli insanlar onu derlemeye daha istekli ve heveslidirler. Öyle ise onları da sakındırmak gerekir. Bilmek gerekir ki, hazinesinde enfez bir mücevheri olan padişah, onu kaybetmekten asla emin olamaz; zira malumdur ki Allah'ın kanunları gereği zamanın geçmesiyle durumlarda değişim, dönüşüm ve intikal olur. Buna göre de mal, mülk, o zamanki değerli şeyler, elden ele dolaşır. Sürekli dönen feleğin devirlerinin evirip çevirmeleri, ayrıca Muhtar Yaratıcı Sanatkâr'ın kudretlerinin aşamalarının dönüp dolaşmaları, durumların değişimini, dönüşümünü ve geçişi gerektirir. Evrenin Terzi'si, rengarenk parlak elbiseyi, yıldızların ışıklarının dizisiyle birleştirir. Ondan sonra da bozma makasıyla kesip parçalar, yokluk ateşiyle yakar. Ve Kaza Üstadı, unsurların köklerinden yaptığı her terkibi, felek havanında tekrar karıştırıp öğütür ve o maddeden de başka bir karışım üretir: "*Allah'ın öte-*

den beri işleyip duran sünneti budur. Allah'ın sünnetinde asla bir değişiklik bulamazsın."[170] Ayeti bu hakikati ortaya koyar.

O zaman saygın bir padişah veya büyük bir bey, hediyeler, değerli araçlar ve nadir cevherleri biriktirmeye hırslı olur ve gayreti bu tuzağa kapılırsa, o zaman o mücevherlere gönlünü kaptırır, bütün yüreğini ve sevgisini onlar kaplar. Bu durumda hain devir vefasızlığını gösterir, peşine düştüğü hediyeyi yok eder ve sonunda o sultan, hasetçilerin karalayacakları, kınayacakları, hor görecekleri ve alay edecekleri kadar kaygı ve korkuya kapılır ve iktidarını da kaybeder. Nitekim anlatıldığına göre; padişahlardan birine, parlak ay küresinin eğik çember ve döndüren halkasında kendisine benzemek için bazen "en güzel şekil dairedir" deyip bedir olduğu, bazen de vuslat sokağına ulaşmak ve toplantı meydanına girmek ümidiyle hilal şeklinde göründüğü, çeşitli resimlerle süslenmiş ve harika nakışlarla bezenmiş parlak bir kristal küre hediye ederek saf rağbetini okşadılar. Kâse usta mühendisler tarafından o kadar güzel tasarlanmış, sanat incelikleriyle o kadar güzel yapılmış ki Padişah, ona adeta gönlünü kaptırmış ve canı gönülden meyledip beğenerek onu has hazinede saklayıp korumalarını emretmişti. Böylece istediği zaman ona bakacak ve böylece farklı diyarlara gezinti yapacak, kendini arınmış hissedecekti. İstediğinde eğlence meclislerine ve cemiyetlere getirilirdi. Seyredince sevinir ve hüznü dağılırdı. Bu bir süre böyle devam etti. Padişahın bu cevhere karşı sevgisi hastalığa dönüştü, gün geçtikçe kalp damarlarına sirâyet etti. Fakat "Ey Naîm! Dehr onu tekdir etmez mi?" dizesi gereği, zamanın olayları ve devirlerin nöbetleri, sürekli var olan kaideye bağlı olarak bir gün ansızın vefasızlık nehrinde tecelli etti ve bu güzel kâseyi telefe konu yapmak sûretiyle padişahın ve dostlarının gönül camını kırıp dağıttı. Padişah, bu büyük hadiseden dolayı bozuldu, üzüldü, mahvoldu. Öyle ki memleket işlerini yürütmekten, devleti idare etmekten, halkın maslahatlarını yerine getirmekten, dostlarıyla muaşeretten geri kaldı. Kâseyi kaybetttiği için büyük bir üzüntüye gark oldu. Bu büyük üzüntüden, dudaklar yakutunu diş cevheriyle ısırmaya başladı. Bu üzüntüyle ağladığında göz yaşları, akik gibi kehribar yüzüne akıyordu. Ciğeri yanıyordu.

---

[170] Fetih, 48/23. Ayrıca bkz. Ahzab, 33/62.

Onu düşünmekten kendini alamıyordu. Bütün zamanlarını sırf onu düşünerek geçiriyordu. Bu kâse sevdası onun gönlünü, zihnini ve beynini o kadar kuşatmıştı ki, ondan başka bir şey görmüyor, işitmiyor ve konuşmuyordu. O kâse padişahın gözünü, var olan o kadar büyük güzelliklere kör, o kadar hoş sözlere sağır ve çok iyi şeyler söylemeye lal etmişti.

Nihâyet Padişah, hafif kendine gelir gibi olunca, adamlarından ona benzer bir kâsenin aranıp bulunmasını istedi. Benzerini bulmak için dünyanın dört bir yanında arayışa girdiler, lakin ne kadar aradılarsa da bulamadılar. Mahir ve üstün anlatım gücüne sahip üstatlar ne dedilerse fayda etmedi. Mücevherden ayrılmak şahın içine dert oldu, acıları katlandı ve üzüntüler birbirini izledi. İşin sonu, kendine hakim olma dizginini kaybetmeye vardı; artık ülkeyi yönetemez hale geldi, yönetim işlerine küllî bir bozukluk ve boşluk musalat oldu, otoritesini kaybetti.

Meliklerin, sultanların, güç sahiplerinin hali budur. Fakat aşağı insanlar, iyi bir meta veya güzel bir mücevher elde ederlerse, zorbalar onu elde etmek ve onların ellerinden çekip almak için harekete geçerler. Eğer müsamaha gösterirlerse, dert, üzüntü ve sıkıntılara düşerler. Eğer zorbalara engel olmaya çalışırlarsa, yokluk meydanına çıkar, canlarından olurlar. O halde âkil insan, niçin bu fesatlıkların arzı ve meydanı olabilen bir şeyi seçsin? Mısra:

Men cân-i cihânem ne cihân cân-i men est.[171]

Öfke ile tedavisinin sebep ve araçları hakkındaki söz budur. Her kim itidal ve denge süsüyle süslenip donanırsa, onun için öfkenin tedavisi kolay olur. Çünkü öfke zulümdür, adaletin sırat-ı müstakiminden çıkmaktır. Hiçbir sûrette iyi kabul edilmez, hoş karşılanmaz. Bir topluluğun, öfkenin şiddetini mertliğin, erkekliğin, adamlığın veya kahramanlığın işareti olarak vehmetmesi ve batıl bir zanla öfkeyi cesaret olarak bilip hayal etmesi, fâsit bir hayaldir. Zira nefsin, ruhun, kişinin kendisinin, eşinin, ailesinin, akrabasının, hizmetçilerin vs. durumlarının bozulması gibi çirkin işlere sebep olan bir huy veya ahlâk türü, akıl nezdinde güzel olabilir

[171] Ben cihanın canıyım, cihan benim canım değil.

mi? Bunun için Hz. Risâlet-penah, sallallahu aleyhi ve sellem, *"En cesur insan, öfke durumunda kendi nefsine hakim olan kişidir."*[172] buyurmuştur. Yine bazı gazvelerden döndüğünde şöyle buyurmuştur: *"Küçük cihaddan büyük cihada döndük"*. Yani demek istiyor ki, küçük gaza veya savaştan büyük gaza veya savaşa döndük. *"Büyük cihad hangisidir?"* diye sorduklarında, *"Kendi nefsinle cihad."* diye cevap buyurmuştur, zira *"En büyük düşmanın iki yanın arasındaki nefsindir."*[173]

Eğer öfkenin ifratıyla niteliğin kötülüğü artar da düşünmeyen ve konuşmayan hayvanlara benzeme hâsıl olursa, behîmeler ile ve de kaplar, aletler ve emtia gibi cansızlarla aynı yolun yolcusu olurlar; behîmelere vurma veya örneğin güvercin ve kedi gibi hayvanları öldürmeye benzer yollara da başvururlar. Eğer katt-ı kalem onun tabiatına uygun değilse veya kilit onun istediği hızda açılmaz da onu kırarsa ve divane gibi uğursuz bir sövgüyle ortaya çıkarsa, büyük bir rezalet ve erdemsizlik olur. Tehevvür mensubu eski krallardan bazılarıyla ilgili nakledildiğine göre örneğin bir kral bir gemisi deniz seferinden geç gelince, denize öfkeyle yönelmiş; denizin suyunu boşaltmakla ve dağlarla doldurmakla tehdit etmiş. Filozof Ebû Ali Miskeveyh[174] (930?-1030) bazı sefihlerle ilgili şunu nakletmiştir: Gece mehtapta ızdıraplı ve sersemce dolaşırsa, mehtaba öfkelenir ve söver, ayı hicveder. Böyle birinin ayı hicivleri meşhurdur. Elhak bu tarz davranışla böyle biri, köpeklere benziyor. Bu örnek, öfkenin ne kadar tehlikeli olduğunu, insanı ne kadar kötü dengesizliklere götürebileceğini iyi anlatmaktadır. Beyit:

Meh nûr mî feşâned u seg bâng mî zened
Seg râ bi-pors hışm-ı tû bâ mâhtâb çîst?[175]

---

[172] "Kuvvetli kişi, pehlivan olan değildir. Kuvvetli kişi, öfke durumunda ona hakim olan kimsedir." Mealindeki hadisler için bkz. Buhârî, "Edeb", 76, Hadis no: 6114; Müslim, "Birr", 106, Hadis no: 2608; 107, Hadis no: 2609; Ebû Dâvûd, "Edeb", 3, Hadis no: 4779.

[173] Bkz. İsmail b. Muhammed el-Aclûnî, *Keşfu'l-Hafâ ve Muzîlu'l-İlbâs* (Beyrut: Dâru İhyâi't-Turâsi'l-Arabî, 1351), 1: 424-425, No: 1362.

[174] Ebu Ali Ahmed b.Muhammed b.Yakub b. Miskeveyh el-Hâzin.

[175] Ay nur saçtığında havlar köpekler
Sor köpeğe mehtaba niçin kızmış (Mevlana, Dîvân).

Genellikle bu fiillerin benzerleri, tam bir şenâatle komiktir. Bu tür fiillerin sahibi, eksik aklı ve kötü tabiatı üzere nida eder. Bu utanç, noksanların huyudur; kadınlar, akıl hastası yaşlılar, çocuklar ve hastalar gibi. Bi'l-araz bedenî niteliklerin kendi zıtlarıyla kaim olmaları gibi ruhanî ve nefsânî niteliklerde de bazen şehvet kuvvetinin ifratından, yani bir vecihle onun zıddı olan hırstan öfke erdemsizliği doğar. Çünkü harîsin, yani hırslı kişinin, çok şeyden yasaklanınca, öfke ateşi tutuşup yükselir. Cimri, bir malını kaybetse, o kayıp işiyle hiçbir ilgi ve müdahalesi olmayan dost ve arkadaşlarına veya ortaklarına hışm ve öfkeyle yönelir. Bu istenmeyen çirkin huy ve davranışların semeresi, dostluğu ortadan kaldırmaktan ve pişmanlıktan başka bir şey olmaz. Adalet sahibi akıl mizanıyla melekeleri tartıp değerlendirdiğinde, ortaya çıkan her halde, örneğin kınama ve ikram, af ve intikam durumlarında itidal yolunu izler.

Nakledildiğine göre saldırgan bir sefih İskender'e arz edildi. Kusurları dile getirildi, verilecek ceza üzerine konuşuldu. Seçkinlerden biri şöyle dedi: Şâyet kral onu cezalandırırsa, bu başkalarına ibret olur." İskender şöyle cevap verdi: "Bu, sahih görüşe ve sarih akla aykırıdır; zira şimdi bizden ona bir sertlik erişirse, bunu öğrenen herkes onun yaptıklarını inkar eder. Biz ona ceza verince, kınama ve kötüleme artar. Bu durum akıllılar nezdinde o kişi için bir mazeret olur." İtaat dairesinden çıkan asilerden biri, esir zincirine vurulduğu zaman İskender, onu affetmişti. Bunun üzerine önde gelenlerden biri şiddetli bir öfkeyle "Ben senin yerinde olsaydım, onu öldürürdüm." deyince, İskender şöyle demişti: "Ben sen olmadığım için onu öldürmüyorum."

Korkaklığın Tedavisi

Korkaklık, ödleklik veya yüreksizlik, hareket gerekli olduğu halde nefsin intikam için harekete geçmekten sükun etmesi, durgunluğu tercih etmesidir. Ödleklik ve korkaklık, öfkenin zıddıdır; zira öfke, söz konusu harekette ifrattır. Nefsin zilleti, kötü hayat, onun hukukunda insanların fâsit tamahkârlığı, bütün mutluluklardan ümidi kesmenin menşei olan rahat sevgisi, tembellik, işlerde sebatsızlık gibi reddedilmesi gereken işaretler; zalimlerin ona zulümde karar kılması, nefis ve ailede suçlara rıza, karından çirkin şeyler duyma, iftira, ar ve hayanın zahir olduğu şeye sahip olmama utancı ve önemli işleri bırakma gibi özellikler, bu hastalığın ayırt edici alametleridir. Bu hastalığın tedavisi, diğer hastalıklar gibi sebebin ortadan kaldırılmasıdır. Yöntemi, durma, sönme, susma ve donukluğun, ödleklik ve korku gibi durumların kötü olduğu konusunda nefsi uyarmaktır. Öfkenin hareketsizliğinden kaynaklanan zararları hatırlamak, hamiyetsizlikten ileri gelen kötü huyları düşünmek ve nefiste yaratılışa uygun olarak bulunan öfkeyi, uygun tedbir ve idarelerle tahrik etmek önemlidir. Çünkü öfke bütün insan bireylerinde yerleşiktir; hiçbir nefis öfke gücünden mahrum değildir. Bu güç bazı nefislerde zayıf ve kimi engeller sebebiyle gizlenmiş olabilir, ama hiç olmadığı söylenemez. Öyleyse zayıf ateşin sürekli üflemeyle yanıp tutuşması gibi gizli öfke de durmadan tahrik edilmek sûretiyle tutuşur. Öfke eksik olduğunda, mesela zararından ve gürültü patırtısından emin olunan kimselerle tartışma ve çekişmenin uygun olacağı, böyle bir şeyin öfkeyi tahrik edeceği ve dolayısıyla faydalı bir yöntem olduğu söylenebilir.

Bu bağlama uygun olarak anlatıldığına göre, Horasan valisi Mansur b. Nuh'un eklemlerinin acısı yüzüne vurmuştu. O zamanın büyük doktorları, onun hastalığını tedavi etmekten aciz olduklarını itiraf ettiler. Bunun üzerine devlet erkanı, mizacın tedavi ve ıslah kanunlarının sırlarını bilen Muhammed Zekeriya Râzî (854-925) ile meşverette bulunma yönünde görüş belirtip bir kişiyi onun çağrılması için gönderdiler. Denize yaklaşınca Muhammed Zekeriya Râzî gemiye binmekten çekindi; bunun üzerine elleri ve ayakları bağlanarak gemiye atıldı. Deniz aşılıp padişaha varınca, uygun tedbir ve üstün tasarruf türleriyle hastayı tedaviye yöneldi; fakat tedbir oklarından hiçbiri hedefine erişemedi. Beyit:

Ez kazâ serkengebîn-i safrâ fozûd
Rovğen-i bâdâm hoşkî mî nemûd.[176]

Ondan sonra padişaha şunları söyledi: "Ne kadar maddi ilaçları yapıp uyguladıysam da, bir faydası olmadı.

---

[176] Beklenmedik anda sarı sirke arttı
Halis bir badem yağı görünüyordu.

Şimdi geriye ruhanî tedbir kaldı. Bu tedbir ve tedaviyle bu derdin acısından sende bir kurtuluş hâsıl olursa, ne alâ, yoksa tam bir ümitsizlik hali meydana gelecek." Sonra padişahı yalnız başına hamama götürdü. Başka birinin hamama girmemesi kararlaştırıldı. Hamamın sıcaklığı padişahın bedeninde açıkça etkisini gösterdikten sonra bıçakla karşısına geçti, ona kötü sözler etti ve şöyle dedi: "Sen beni getirmelerini buyurdun ve beni elimi ayağımı bağlayarak denizden buraya o kadar fersah yoldan alçakça getirmelerini emrettin. Ben de şimdi bu bıçakla senden intikam alacağım." Padişahı öfke ateşi sardı ve istemsiz olarak yerden kalktı. Muhammed Zekeriyya dışarı kaçtı ve havastan birine bir yazı vererek ona şöyle dedi: "Padişahı dışarı çıkarın ve buraya yazdığım talimatı uygulayın." Ondan sonra hemen hızlı giden bir merkebe binerek Horasan'dan gitti. Padişahı onun belirttiği şekilde tedavi ettiler. Padişah bu tedaviyle tamamen sağlığına kavuştu; zira Muhammed Zekeriya Râzî hastalık sebebiyle oluşan balgam maddelerini, öfke harareti vasıtasıyla ve hamamın sıcaklığının yardımıyla tahlil etti. Daha sonra Padişah onu istese de gelip görüşmedi. Yaptığı küfrün tedavisi için olduğunu söyleyerek özür diledi. Fakat Padişah belki de onu hatırlayınca gönlüne ağır geliyordu. Sultanlardan hiçbir sûrette emin olunamaz.

Bu hikayelerden maksat, gazap, yani öfke ateşinin harekete geçmesinin, mizaç soğukluğu veya donukluğundan dolayı son derece zayıf olsa dahi mümkün olduğu hususunu ortaya koymaktır. Bazı filozoflar ve hikmet ehli insanlar, savaş meydanlarına ve korkunç tehlikeli yerlere gider, deniz dalgalandığında gemiye binerlerdi ki tehlikelere katlanma, zor zamanlarda dayanıklı olma melekesini kazansınlar.

Korkunun Tedavisi

Korku, nefsin kendisine bir kötülüğün erişeceğini anlayıp da engellemeye gücü yetmediğinde meydana gelen ruhsal durumdan ibarettir. Zaten kötülüğü gidermeye gücü yetse, korkuya mahal kalmaz. Kötülük gelecek bir durumla ilgili olarak beklenebilir. O durum, ya zaruri ya da mümkün olur. Mümkün olanda sebep, ya kişinin fiili olur ya da fiilinden başka bir şey olur. Bu kısımlardan hiçbirinden korkmak, aklın gereği değildir, akıl kârı da değildir. O halde âkil, yani akıllı, akıl sahibi, kendisine hiçbir korku şeklinin gelmesine yol veremez. Fakat o durum zaruri olursa, onu defetmenin, beşerî gücün sınırları dışında olduğu malum olduğuna göre, ondan korkma noktasında, belayı acele istemenin ve karşılamanın dışında hiçbir şeyin faydası olmaz. Dolayısıyla geriye dinî ve dünyevî maslahatların tedbirinden bir şey kalmaz. Bu özellik onu iki dünya şekavetine götürür. Eğer o iş mümkün olursa ve onun sebebi şahsın fiili değilse, kendi zatında varlığı ve yokluğu mümkün olunca, o durumda vuku tarafına niyetlenmek ve hemen olmuş gibi peşinen bundan acı çekmek, uygun olmaz, doğru görüşe aykırı olur. Tersine bunu imkanın tabiatına bırakmak gerekir.

Kötü bir şey, kötü bir amel, kesin vuku bulmadığı için korkmamak daha üstün ve tercihe şayandır. Eğer sebebi, şahsın kendi fiili ise o zaman korkunç şeyin sebebi ve üzüntünün kaynağı olan fiilden kaçınması gerekir. Çünkü akıbetini düşünen akıllı insanın, cezayı gerektiren çirkin fiilden ve cezayı gerektirmesi muhtemel olan iğrenç suçtan uzak durması lazımdır. Zira kötü sonu gizli olmakla birlikte çirkin fiili işlemeye kalkışmak akıllı kimseye yakışmaz. Her kim, alçaklık ve edepsizliği gerektiren çirkin bir işin zuhurunun mümkün olduğunu ve mümkün olan şeyin vukuunun uzak olmadığını bilirse, o işi yapmaya teşebbüs etmemelidir. O halde birinci şekilde korkunun sebebi, mümkünde zorunluluk ile hükmetmedir. İkinci durumda ise mümkünde kaçınma ile hükmetmedir. Her ikisi de akıl kusuru ve kavrayış eksikliğinden kaynaklanır. Korkunun sebepleri arasında ölümün, herkesle ilgili olduğu için onun hakkında gerektiği kadar konuşmak ve canlar dizisinden bu korkunun düğümünü açmak uygundur.

Ölüm Korkusunun Tedavisi

Evvela bilmek gerekir ki, ölüm, insanî zat veya özün yokluğu değildir. Çünkü düşünen nefis, melekût aleminden ve celal nurlarının ışığındandır. Yok olmada, insanın beka alanına yol bulma imkanı yoktur. Çağların olaylarının, onun zatının cevheriyle bir bağlantısı da yoktur. Şiir:

Hergiz nemîred ân ki dileş zinde şod be aşk
Sebt est ber cerîde-i âlem devam-i mâ.[177]

Bu kaide hikmet ve felsefede burhanlarla açıklanmıştır. Bu noktada durumun gereğine uygun olan, şudur: Eğer insan, uzuvlarından birinin, mesela bir parmağının yok olduğunu farzetse, onun benlik ve enaniyetinde hiç bir eksiklik olmaz. Diğer organların yok olmasıyla da durum aynıdır ve Helümme cerrâ.[178] Bütün azalarının tedricen yok olduğunu varsayşa ve bütün aşamalarda sahih vicdanla kendi zatı kalsa, aynı şekilde enaniyetinde bir eksiklik olmaz. Bu giriş ortaya konulduğu için görülüyor ki, ölüm korkusu ya ölümün hakikatini bilmemekten, ölüm konusunda cahil olmaktan ve ölümün zatî bir yokluk olduğunu vehmetmekten, ya ölümü haber verdiği zannedilen bir elemden ya da ölüm sonrasındaki durumumuzla ilgili olduğu düşünülen bir noksanlıktan kaynaklanır. Bu durum ve işlerin çoğu, akıl nazarıyla görüldüğünde ve düşünce mi'yarıyla değerlendirildiğinde, korkunun kaynağı olamaz.

Birincisi; açıklamadan anlaşıldığına göre ölümün hakikati ruhun bedenle alakayı kesmesi ve bedensel organların kullanımını terktir.

İkincisi; elem hayat vasıtasıyla cismanî olduğu ve hayat ruhun taallukuyla olduğu ve ölüm de bu taallukun kesilmesinin sebebi olduğu için, ölüm, elemin kalkmasının da sebebidir. Zira bu durumda elem duygusunun kaynağı ortadan kalkar.

Üçüncüsü; bilmek gerekir ki, ölüm insanî hakikatin iz, eser ve alametlerinin tamamlayıcısıdır. Nitekim kadim filozoflar, insanın tarifi hakkında şöyle demişlerdir: "İnsan, düşünen ve ölümlü bir canlıdır." Öyleyse ölüm tamlıktır ve ölümde eksiklik vehmetmek, akıl noksanlığındandır.

Mısra:

Neşenîdeî ki her ki bemîred temâm şod.[179]

---

[177] Gönlü aşk ile dirilen ölmez hiçbir zaman
Âlem ceridesinde yazılıdır devamımız.

[178] "Var kıyas eyle.", "Çek beri getir." gibi kinâye için söylenen bir ifadedir.

[179] Ölen kişinin tamam olduğunu işitmedin mi?

Âkil insan, tabiatın karanlık çukurundan aklın geniş fezasına gelmeli ve aklî hayatı cismanî hayata tercih etmelidir. Yetkinliği olan şeye meyletmeli, himmet kanatlarıyla yedi göğün yüksekliğinin üzerine çıkmalı ve melekûtun zirvesine sığınmalıdır. Şiir:

Zed seher tâyir-i kudsem z'ser-i sidre safîr
Ki derîn dâmge-i hâdise ârâm megîr.

Kudsiyân behr-i tû ârâste 'işretgeh-i üns
Tû derîn gamkede çûn gamzedegân mânde esîr.[180]

Yine şiir:

Tû râ ki devlet vasleş düçâr geşt belâ
Diger mesâz ikâmet derîn sepenc-i serâ.[181]

Dördüncüsüne gelince; suçlulara ceza terettüp ettiğine göre masiyetlere teşebbüs etmemelidir. Çünkü onun korkusu hakikatte kötü fiillerdendir.

Beşincisi ise; aileden, çocuklardan, akrabalardan, aşiretlerden ayrılma veya onları kaybetme korkusu baş gösterirse bilmelidir ki, ezelî hidâyet feyzi, zail olmaz hikmetin gereği olarak, varlık zerrelerinden her bir zerreyi nizâm-ı âleme uygun bildiği şekilde hedeflenen gayeye eriştirir. Hiç kimse onu değiştirip dönüştüremez. Çocuklarını yetiştirir, ama onlar, kendi iradesine göre değil, aksine İlâhî meşiyetin izinde yetişirler.

Gözlemlendiği üzere birçok fâzıl kişi, çocuklarının terbiyesi veya eğitimi hususunda nihai derecede gayret sarfeder, fakat asla başarı elde edemez. Eğer onlardan kopmaya ve de mal ve mülkü kaybetmeye üzülme olursa, bu *hüzün* kabilindendir ve hüznün hiçbir faydasının olmadığı bir şeyde elemi

[180] Kutsal kuşum seherde ıslık çaldı sidre başından
Ki bu olaylar tuzağında sakin durma.

Kudsîler senin payına dostluk yerini süslemiş
Sen bu gam evinde gamzedeler gibi esir kaldın.

[181] Devlete ulaşmak seni düçar etti belaya
Gel artık ikamet etme bu geçici sarayda.

çabuklaştırmak veya acele istemek istemektir. Hüznün tedavisi ve çaresi, inşallah beyan olunacaktır.

Bundan sonra görüldüğü üzere hikmet ve felsefede şu kesin olarak vuzuha kavuşturulmuştur: Her olan bozulur ve yok olur. İnsan bedeni de olanlar cümlesindendir. O halde olanlar için bozulma zorunludur. Çünkü unsurların parçaları, feleklerin arayışları ve koşuşturmaları ile karışmış olup kendi zatıyla ayrılmaya ve ayrışmaya davetiye çıkarırlar. O halde her düzen bir gün dağılır. Ferd:[182]

K'în seyl-i müttefik bi-kened rûzî în deraht
V'în bâd-i muhtelif bi-koşed yek şeb în çerâğ.[183]

O halde kim ki kendi bedeninin varlığını isterse, zımnen onun lâzımı olan fesadı, yani bozulma ve yok olmayı istemiş olur. Eğer ölüm olmasaydı, o zaman meseleleler, konular, talepler, arzular ve rağbetler sırası bize gelmezdi. Üstad Ebû Ali Miskeveyh bu bağlamda şunu belirtmiştir: Varsayalım ki geçmiştekilerden birinin, Hz. Velâyet-penâh Emîru'l-Mü'minîn Ali, kerramellâhu vecheh gibi nesebinin korunmasına özen gösteren bir kişinin zürriyetinden olan herkes, Ebû Ali Miskeveyh'in zamanına kadar geçen dört yüz yıllık süre boyunca yaşasaydı, iki binden fazla insan yapardı; zira bu ailenin başına gelen türlü fitne ve musibetlerin ve de zalimlerin onların kökünü kurutma çabalarının varlığından dolayı onlardan yaklaşık iki yüz bin kişi farklı memleketlere dağılmışlardır. O Hazretin muasırı olan her şahısta bu dört yüz yıllık müddette bu sayının iki katı artış olurdu. Buradan malum olmaktadır ki eğer dört yüz yıl kimse ölmezse, üreme, doğum ve soy devam edecek ve nüfus gâyet büyük bir çokluğa erişecektir.

Bu süre katlanınca, şahısların sayısının katları, satranç beyitlerinin katları yoluyla saymanın sınırının dışına çıkar. Mühendis hakîm ve filozofların burhanî kıyas mikyasıyla ve ayanî alan öncülleri mi'yarıyla gösterdikleri dörtte bir mes-

---

[182] Ferd veya müfred, edebiyat terimi olarak başı ve sonu olmayan tek beyit anlamına gelir.

[183] Bu sel birliği bir gün bu ağacın kökünü kazır
Ve bu farklı rüzgar bir gece bu lambayı söndürür. (Sâdî).

kun alan ile geniş çöl veya ova, insan fertlerine taksim edilince, her bir insan tekine, ayağını koyacak ve dik bir şekilde ayakta duracak kadar yer yetmez. Veya eğer isterlerse ki bütün eller kalksın ve birbirine yapışık bir şekilde dursun, yeryüzüne sığmazlar; kaldı ki oturma, uyuma, zaruri hareketlere yer kalmayacağı gibi tuvalet, binalar ve ziraat itibariyle ihtiyaç olan hiçbir yer de kalmaz. Bu durum sekiz yüz yıl, hatta ondan daha az olunca, söz konusu sayının katları nice olurdu?

Kuşkusuz hayatın devamını temenni etme ve ölüm istememe, ancak imkansızlar erbabının hayalleri ve cahiller ashabının dalaletleri cümlesinden olabilir. Âkil insan, gönül aynasını böyle karışıklık, kir ve bulanıklıkların pislik renginden temizlemeli ve tasavvur etmelidir ki dünya nizamında müşahede edilen, en güzel şekilde ve en yetkin yol üzeredir. Onun hakkında fazla tevehhüm ve kuruntu, fâsit kuruntudur. Fakat cismanî hayatın devamını temenni etmeyen, fakat uzun ömür arzusu, denge sınırından fazla olan kişi düşünmelidir ki ömrü uzatmaktan bu maksat, onun üzerine tertip olunan lezzet ve zevkler olabilir. Malum olduğu üzere yaşlılıkta bütün kuvvetler çöküşle yüzyüze gelir, zahir ve batın duyular, yorgun düşer, bütün lezzetlerin aslı olan sıhhat lezzeti kaybolur ve *"Ve her kimi de çokça yaşatıyor isek onu yaratılışta başaşağı ediyoruz."*[184] hükmü gereğince onun bütün durumları geriye gider; kuvvet zayıflığa, sağlık hastalığa ve izzet zillete dönüşür. Ailesi ve evladı ondan usanır. Buna ilave olarak her dem bir dost ayrılığına, her lazha bir mahrem kaybına, her saat bir musibete, her göz atışta büyük bir felakete müptela olur. O halde itidal ve denge sınırından fazla uzun ömür isteyen herkes, gerçekten de o isteğin peşinden söz konusu olumsuz durumlarla karşılaşır. Malum olduğu üzere ölüm zaruridir; ölümün hakikati, şerefli soyut ruhun pis çamur beden yükünden kurtulması ve melekûtî kuşun nâsûtî kalıbın kafesinden necat bulmasıdır. Muhakkak ki insan ruhu ve nefsinin karargâhı, başka bir dünyadır. Öyleyse âkil, daimî mutluluklarla ebedi lezzetleri elde etmeye çaba harcamalı, hayvan gibi su, ot veya samana başını indirmemeli; aksine insan olarak yüksek âleme yönelmeli, cismanî kuv-

---

184 Yâsin, 36/78.

vetleri aklî lezzetlerin sebep ve araçlarını kazanmaya hasretmelidir. Bu neşede cismanî bağlardan ilişkiyi kesip "Ölmeden önce ölünüz!" mesajının gereğince iradî ölümle ölür, ta ki tabiî ölüm kapıya gelince, zaman ve mekan darlığından 'alâ-yı illiyyîn genişliğine, âlemlerin Rabbi'nin kutsal civarının ve peygamberlerle sıddîkların karargahı olan sıdk yerinin genişliğine intikal eder, ebedî tabiî hayata kavuşur. Nitekim Eflatun şöyle demiştir: "İradeyle öl, tabii olarak dirilirsin."
Nazım:

Hurrem ân rûz kezîn menzil-i vîrân birevem
Râhat-i cân talebem vez pey cânân birevem

Be hevâdârî-yi û zerre-sıfet raks konân
Tâ leb-i çeşme-i hurşîd-i dırahşân birevem.[185]

Def', yani itme kuvvetinin hastalıklarının tedavisi budur. Fakat cezb, yani çekme kuvvetinin hastalıkları da ya ifrat yönünden, ya tefrit yönünden ya da nitelik bozukluğundandır. Her birinin altında çok tür vardır. Lakin onun en korkuncu dörttür: Birincisi şehvette ifrat, ikincisi temebellikte ifrat, üçüncüsü hüzünde ifrat, dördüncüsü ise hasette ifrattır. O halde onların tedavisini kısaca ele almak uygun olacaktır.

Şehvette İfratın Tedavisi

Eğer aşırı şehvet, aşırı arzu ve istek, yiyecek ve içeceklere yönelik olursa, onların rezaletini ve erdemsizliğini, o erdemsizlikleri yapanlar ile onlara tâbi olanların alçalma, zillete düşme, vakarsızlık gibi pintilik, cimrilik ve mefsedetlerini mülahaza etmek gerek. Bu bağlamda her türlü rezillik ve erdemsizlik, anlayış bozukluğu ve ahmaklığın zuhuru boyutlarıyla ve ayrıca her türün meydana gelişi, tıbbi kaidelere göre üzerine tertip edilen sebep boyutuyla ele alınmalıdır. Tabiplerin dedikleri gibi bütün hastalıkların kökeninde yeme ve

---

[185] O gün ne mutlu ki yıkık konaktan gideyim,
Can rahatını arıyorum, cananın peşinden gideyim.

Onun aşkıyla zerre gibi raksedenler
Parlak güneş çeşmesinin lebine kadar gideyim. (Hafız).

içmede ifrat yatmaktadır. Hz. Asdaku'l-Kâilîn[186] şöyle buyurmuştur: "*Karnınızın bir kısmı dolacak şekilde yiyin, sıhhat bulursunuz.*" Başka bir hadiste şöyle buyurmuştur: "*Yemekten aşırı doymak, her türlü hastalığın başıdır.*" Eğer kişi kadınlara aşırı düşün olursa, önceki açıklamaları da hatırlayarak mülahaza edilmelidir ki beden zafiyet ve hastalıklarının, akıl fesadının, ömür noksanlığının ve mal telefinin en büyük sebebi, kadınlara aşırı düşkünlüktür. İmam Hüccetülislam Ebû Hâmid Gazzâlî aleyhi'r-rahmeti mine'l-Meliki'l-Müte'âl,[187] bu şehveti zalim vergi memuruna benzeterek şöyle der: "Eğer sultan, vergi memurunu mutlak tasarruf ve muhasebe ile yetkilendirirse, halkın bütün mallarını zorla alıp gasp eder, halkı fakirliğe sürükler, topladığı mal ve paraları sultanın hazinesine ve ordunun icrasına göndermez.

Şehvet gücü de, akıl kahramanının emri altına girmezse, gıda güçlerinin halklarının kazancı olan salih ve güzel maddelerin tamamını, kendisi için harcar, bütün kuvvet ve azaları zayıflatır. Aklın hüküne göre türün bekası için adil bir yöntemle vâcip olduğu kadarıyla yetindiği zaman ise, adaletle haraç veya vergi toplayan ve onları padişahın ülkesinin maslahatları için sınırlara set çekmeye, köprüleri ve yolları ıslah etmeye ve askerî ihtiyaçlara harcayan vergi memuru gibi davranır.

Kadınların şehvet ve arzuyu tatmin etmede benzer özelliklere sahip olmaları, lezzet itibariyle, yiyeceklerin açlık ve ihtiyacı gidermede benzer özelliklere sahip olmasından daha iyi olduğu düşünülmelidir. Bir kişinin kendi meskeninde hanımı varken sırf zevk almak için ev dışındaki kadınlara göz dikmesi, kendi mutfağında pişmiş yemek dururken onu bırakıp başka kapıdan yemek dilenmesine benzer.

Şeriat ve aklın hürmet, şeref ve saygınlığını bertaraf edip kendi helal birlikteliğinden çıkmayı ve pis kötü yabancılarla zina edip hürmet, haysiyet, şeref ve saygınlığın sınırlarını çiğnemeyi de çok kötü bilmelidir. Şeriat ve akla yönelik o kadar çok kötülük var ki onlardan uzak durmak gerek. Ni-

---

[186] Asdaku'l-Kâilîn, söyleyen veya konuşanların en doğrusu demek olup Hz. Muhammed'i (sav) niteleyen bir ifadedir.

[187] "Aleyhi'r-rahmeti mine'l-Meliki'l-Müte'âl", "Aşkın, Yüce Melik'in rahmeti, onun üzerine olsun!" anlamına gelir.

tekim hadis-i Mustafa'dan şöyle gelmiştir: "*Zina, ömür ve rızkta bereket noksanlığına sebep olur.*" Zebur'da da şöyle yazılıdır: "*Zina edene musallat olan en az bela, rızkın bereketinin ondan gitmesidir.*"

Eğer insan nefsin dizginlerini heva ve hırsa bırakırsa, şu noktaya varır: Eğer bütün dünyada örneğin bir kadın kalsın ve bu kadına da ulaşamasın. Bu kadından faydalanmanın, onunla cinsel ilişkide bulunmanın, başka hiçbir kadından faydalanmakla ilgili tasavvur olunamayacak bir zevk verdiğini hayal etsin. Böyle bir şey, olsa olsa cehalet ve belahetin, aptallık ve ahmaklığın ta kendisi olabilir.

İtidal ölçüsünde şehvet kuvveti harekete geçirildiğinde, bu kötülüklerden korunulur. Bu makamda aşk şehvetin hastalıkları arasında sayılmıştır. Hastalık türlerinin en bozuğunun bu kuvvet olduğuna hükmedilmiştir. Bu hastalık, belli bir şahsın şehvetin istilası yönünde talepkârlık etmesi ve sırf bunun için çaba göstermesidir. Bu hastalığın tedavisi, o şahsın düşünmeye odaklanması, dakik ilimlerle, ince ve güzel sanatlarla meşgul olması, bu ilim ve sanatlarla ilgili olarak fazla düşünme ve fazla çalışma zorunluluğu olduğunu bilerek onlarla ilgilenmesi, heyecanı arttırıcı maddelerden uzak kalarak ve heyecanı söndürücü ve düşürücü ilaçları kullanarak şehveti teskin etmesidir. Nitekim tıp kitaplarında bu hususlar açıklanmıştır.

Bu noktada aydınlatıcı bir hususa işaret etmek faydalı olacaktır. Bu bahsedilen sözler, kaynağı şehvet ifratı olan behimî, yani hayvanî aşkla ilgilidir. Yoksa kaynağı ruhânî uyum ve münasebet olan ruhî aşk, erdemsizliklerden değildir; bilakis erdemlerdendir. Çünkü "cinsiyet birleşmenin sebebidir" hükmü gereğince latif tabiatlara zarif şekillerle büyük bir ilgi olabilir. Adalet yolunda bu hususun sırrına bir işarette bulunulmuş oldu.

Bu makamla ilgili olarak uygun olan, şudur: Her ne kadar şahsın mizacının itidal nisbeti, daha hoş ve daha üstün olsa da, onun nefsinin güzel sûretlere, hoş nağmelere ve kerîm ahlâka ilgi ve eğilimleri daha güçlü olabilir. Çünkü her ayna, her ikisinin yetkinlik fidanı bir havada baş çıkardığında, her ikisinin itidal boyutu bir pınardan sulandığında, sevginin hakikati olan birliğe, ittihada ilgi ve eğilim ortaya çıkacaktır. Bu iki değerli nisbet, iki mazharda ortaya çıktığı için istidatta ve kabiliyetlerin hususiyetlerinde farklılar olduğu gerçeğinden dolayı her ayna, her olay, birinde daha tam ve daha yüksek bir boyutta, diğerinde ise daha eksik ve daha düşük olacaktır. O halde âşıkiyet noksan tarafından gelirken maşuk, yetkinlik tarafından görünür. Birincisi gizlilik ve yok olmayı, ikincisi ise zahir olma ve bekayı gerektirir.

Şimdi konu bağlamında dost veya arkadaş sayılar hakkında bazı hususlara işaret edelim: Her birinin böleni diğerine eşit olan iki sayıya dost veya arkadaş sayılar denir, 220 ve 284 sayıları gibi. Filozoflar bu noktada şöyle demişlerdir: İki kişi, bir işte yiyecek veya başka şeylerle ilgili bu iki sayıya denk gelse veya her biri bu iki sayıdan birine uygun geleni bir levhaya koysa ve kendisiyle birlikte onu tutsa, elbette onlar arasında muhabbet, dostluk ve kaynaşma hasıl olur. Burada az veya küçük sayı, seven için, çok veya büyük sayı da sevilen için tayin edilmiştir. Bu aşk İlâhî filozofların şiarıdır. Aşkın, sırrı taltife ve ruhu tenvire tam bir ilgi ve katkısı vardır. Çünkü dünyayı aydınlatan aşk güneşinin, "Yeryüzü, Rabbinin nuruyla aydınlanır."[188] âyeti hükmünce insanî ruhun ufkundan yükseldiği her yerde, tabiatın pisliklerinin karanlıkları, batmaya mahkum olup yokluk yolunu kateder. Varlık sahrasında her nerede âlem yakan şevk ateşi -ki "*ne bakıyye kor, ne de bırakır*"[189] âyeti, onun durumunu vasfeder- yanarsa, orada tabiatın ardiyelerini tamamen yakar. Beyit:

Âteş-i 'aşk tûem hermen pendâr bi-sûht
Ten u cân u dil u dîn cümle be yek bâr bi-sûht.

Hele ey 'aşk-i cihân-sûz çe çîziyy u çe nâmî
Muhyî-yi dîn-i hüdâ, mâhî-yi 'âsâr-i zullâmî.[190]

---

[188] Zümer, 39/69.

[189] Müddessir, 74/28.

[190] Aşk ateşi, fikir harmanında yandı
Ten, can, dil ve din cümleten birden yandı.

Hele ey cihan yakan aşk! Nasıl bir şey, nasıl bir ad
Hidayet dininin muhyisi, zalimlerin âsârının mâhîsi.

Bu noktada filozoflar şöyle demişlerdir: Üç şey, zihnin zindeliğinin ve ruhun letafetinin gereğidir. Bunlardan birincisi iffetli aşk, ikincisi latif fikir, üçüncüsü ise zeki şerefli konuşandan vaaz dinlemedir. Sûfî şeyhler, tâlibi başlangıçta aşkla irşad buyurmuşlardır. Dize:

Ezîn bihter çe bâşed hüsn-i irşâd.[191]

Hadis'te ise şöyle buyurulur: "*Aşık olup iffetli olan ve bunu gizleyerek ölen şehit olarak ölmüş olur.*" Başka bir hadiste şöyle buyurulur: "*Allah güzeldir, güzelliği sever.*"[192] Şeyh Zunnûn-i Mısrî (772-859?) ise şöyle buyurur: "Kim Allah'a yakınlaşırsa, her şeyle güzel bir vecihle yakınlaşır." Ehl-i aşk ve irfan sultanı Şeyh Ebû Muhammed Rûzbihân[193] (1132-1209?) da aynı konuyla ilgili şöyle buyurur: "Zahmetsiz lâhûtun sırrı, nâsûta hulûldür. Nâsûtun cemâli ise lâhûtun cemâlinin yansımasındandır. Beyit:

Çâyî netevân yâft ki ez 'aks-i cemâleş
Bâlâ şecerî, dil hacerî, leb şekeri nîst.[194]

Hakikat odur ki "Usûlün hükmü, fürûya geçip yayılır." hükmü gereği ezelî muhabbet sırrı, mümkün varlıkların batınlarının gizli yerlerinde yayılır ve "*Bilinmek bana sevdirildi.*" mazmunu gereği ilk aşk nurunun ışığı, varlıkların pınarlarının zerrelerinin aynalarında görünür ve yayılır. Aynı ışıktır ki feleklerde, devrî hareketin kaynağı ve başlangıcı olan iradî meyil sûretiyle görünüp unsurlarda tabiî meyil sıfatıyla zahir olur; bitkilerde neşvünemanın kaynağı olup hayvanlarda şevkî ve şehevî kuvvet şeklinde kendini gösterir. Yetkin insanî nefis ve kişiliklerde ruhânî aşk sıfatıyla tecelli eder. Eğer bir kimse itibar gözünü açar, bütün bir dünyanın çevresinde gezinir, tabiatların pisliğinden münezzeh olan mele-i 'alâ'dan

---

[191] Bundan daha iyisi ne ola, güzel irşad.

[192] Müslim, "Îmân", Hadis no: 91; Ahmed b. Hanbel, *Müsned*, 6: 338 (3789).

[193] Ebû Muhammed Sadrüddîn Rûzbihân b. Ebî Nasr el-Baklî.

[194] Cemalinin aksinden bir yer bulunamaz
Boy selvi, yürek taş, dudak şeker olmayan.

felekler âlemine gelir ve oradan toprağın merkezine inerse, hiçbir zerre aşk nurunun ışığından uzak kalmaz. Şiir:

Der ezel ez ham-i 'aşkeş kadhî dürr dâdend
Z'ân felek çarh-zenân geçt u zemîn mest oftâd.[195]

Kad debbe hubbuke fî'l-eşyâi ecma'ihâ
Mâ fî'l-vücûdi sivâ men şeffethu'ş-şecen.[196]

Büyük filozoflar mevcudattaki aşk olayını ispat etmişlerdir. Fakat rûhanî aşk ile hayvanî aşk arasındaki farkı ortaya koymak zordur; herkeste şehevi kuvvetlerin ve tabiat araçlarının üstünlük gücü yoktur. Nitekim şu mısra buna işaret etmektedir:

Her hevesnâkî çe dâned câm u sindân bâhten.[197]

Aşk yolunu maksatsızlık teşebbüsüne bırakabilen ve iradî ölümle cismanî istekler ve şehevî zevklerden ölebilen tarikat gayretkeşleri, kızıl kibritten daha azizdirler. İnsanların çoğu nefsin heva ve heveslerinin zincirine esir olup tabiatın itaat boyunduruğundan çıkmaz, fıska aşk der ve hevesi muhabbet bilir. Behimi[198] sıfatlarla insanî yetkinlik iddiasında bulunur, şehvete kulluk ve kölelikle özgürlerin rütbesinde olduklarını iddia ederler. Heyhât heyhat. Beyit:

Zâd-i în bâdîye der dest-i Suleymân ne heves
Şâhbâzî ne-tevân kerd be bâl-i megesî.[199]

Binaenaleyh en sağlam esenlik yolu mümkün olabilir: Kıta:

---

[195] Ezelde ona aşk küpünden bir kadeh inci verdiler
Ondan felek dönerek dolaşır, yer mest olur.

[196] Senin sevgin sirayet etti bütün eşyaya
Varlıkta gamın kuşatmadığı hiç kimse yok.

[197] Her hevesli şişe ve örs oyununu ne bilir.

[198] Hayvanî.

[199] Bu çöldekiler Süleyman'ındır, heves etme
Sinek kanadından doğan kuşu yapılamaz.

Ve 'ış hâliyen fe'l-hubbu evveluhû 'anâ'
Ve avsatuhû sekamun ve âhiruhû katlun.

Nesahtuke 'ılmen bi'l-hevâ ve'llezî ra'â
Muhâlefetî fehter linefsike mâ yahlû.[200]

Ruhanî aşk ile behîmî[201] aşk arasında bir ayrım yapılabileceğinin alameti, İmam Gazzâlî'nin bazı kitaplarda getirdiği gibi şudur: Bir kişi, yeşilliğe, otlara, akan suya veya benzeri bir şeye bakarken aldığı zevki güzellikten de alsa, bu şehvetin sönüklüğünün işaretidir. Ona bu şekilde bakış mübahtır. Eğer şehvetin hareket kaynağı olan başka bir zevk ve lezzet alsa, o takdirde behimî bir şehevanî eğilim olur. Bu şekilde bakmak, haramdır. Başka hikmet sahibi insanlarla filozoflar şöyle demişlerdir: Ruhanî aşkta hareketlere ve kelimelere meyl, organlardan ve onların uyumundan daha çok olur. Çünkü nefis ve ruhun ruhaniyete meyli cismaniyete meylinden çoktur. Aşkta söz, ara söze geçmek kabilinden olmadığı için söylenebilir. Bu kadarla yetinip sözün aslına dönme zamanı geldi. Allah, masumiyet, doğruluk ve temizliğin velisidir.

Hüznün Tedavisi

Hüzün, insanın sevdiğini kaybetmesinden ve istediğini elde edememesinden hasıl olan ruhânî bir elemdir. Sebebi genellikle cismanî hazlara şiddetli arzu ve şehvet duymak, tamahkârlık etmek, bedensel lezzetlere aşırı hırs göstermek, dünyevi güzelliklerin gerçekleşip devam etmesini beklemektir. Bu emel veya acıya düşmenin tedavisi, oluş ve bozuluş âlemindeki şahısların kalıcı ve ebedî olmadığı gerçeğinde düğümlenir. Nitekim ölüm korkusunun tedavisinde buna bir işaret vardı. Sabit, kalıcı ve bâki olabilen şey, zaman dairesinden, mekan havzasından, zıtların tasarrufundan ve fesadın yol bulmasından aşkın olan aklî işler ve ruhanî mutlu-

---

[200] Boş yaşa, sevginin başı esaret
Ortası hastalık, sonu ise katldir.

Seninle ilmen ve arzuyla yakın oldum
Muhalefetimi gören! kendin için güzel olanı seç

[201] Behimî, hayvanî demektir.

luklardır. Bu mânaya tam bir yakîn hasıl olunca fâsit tamahkârlığa ve muhal hayale kendisinde yol vermez ve gönlünü yokluk gölgesi, hatta batıl hayal olan dünyevi sebep ve araçlara bağlamaz. Bilakis bütün himmet ve gayret, kalıcı salih ameller olup Hz. Zü'l-Celâl olan Allah'ın kutsal civarına ittisal sebebi olan erdemli melekelere ve aklî yetkinlik yönüne hasreder. Daimî hüzünlerle ileri acıların mahalli olan hırs menzilinden kurtulup hakiki cihete ve daimî sürura vatan olan rıza makamına bağlanır. Nitekim şu âyet-i kerimenin mazmunu buna işaret buyurmaktadır: "*Dikkat edin! Allah'ın velilerine korku yoktur ve onlar üzülmeyecekler de.*"[202]

Beyitler:

Ve min sırrihî en lâ yerâ mâ yesû'uh
Felâ yettahızu şey'en yehâfu lehû fakden[203]

Cemşîd coz hikâyât-i câm ez cihân nebord
Zinhâr dil mebend ber esbâb-i donyevî.[204]

Nefis kendini mevcut olanlarla hoşnut etmelidir. Elinde bulunmayan şeyden dolayı üzülmemeli ve böylece daimi sevinçle yaşayabilmelidir. Nitekim hadiste şöyle varittir: "*Şüphesiz ki Allahu Teâlâ, hikmeti ve celaliyle ruhu ve ferahı rıza ve yakinde var kıldı.*" Anlaşılmaktadır ki Allah Teâlâ hikmet ve celalinin gereği olarak sevinç ve neşeyi rıza ve yakine bağlayıp tâbi kıldı. Eğer insana bu noktada zor gelen şeyler olursa, o takdirde insan sınıflarının durumları üzerine düşünmelidir. Çünkü meslek ehli iseler her biri, "*Her hizip kendi ellerindekilerle sevinir.*"[205] âyeti gereği kendi tarz ve yoluyla mesrur olurlar, övünürler, hatta başkalarını mahrum ve merhum bilirler. Başkalarına acırlar. O halde erdem peşinde olan tâlip, bu manada, cehalet, bilgisizlik ve dalalet ehlinden az olmamalı, geri-

[202] Yunus, 10/62.

[203] Onun sırrı kötülük edeni görmemek
O kaybetmekten korktuğu şeyi edinmez.

[204] Cemşit kadeh hikayelerinden başka bir şey götürmedi dünyadan
Zinhar gönlünü dünyevî sebeplere bağlama.

[205] Rum, 30/32.

de durmamalıdır. Başkalarının ellerinde bulunan dünyevî süslere bakmamalı ve dolayısıyla onların kaybolmasıyla kendini rezil rüsva etmemelidir. Nitekim Hz. Allahu Teâlâ, İ'câz-i Nizâm Kelâmında Hz. Risâlet-penâh'a şöyle buyuruyor: "*Onlardan bazı kesimlere, kendilerini sınamak için dünya hayatının süsü olarak verdiğimiz şeylere gözünü dikme. Rabbinin rızkı daha hayırlı ve daha kalıcıdır.*"[206]

Filozof Batlamyus konuyla ilgili olarak şöyle demiştir: "Harîs, bütün dünya onun olsa da derviş olsun ve onda hiç yoksa da güçlü kanun olsun."

Kur'an'ın mensuh âyetlerinden olan şu âyete de bakmak faydalı olabilir: "*Âdemoğlu için iki vadi dolusu altın ve gümüş olsaydı, mutlaka bir üçüncüyü isterdi. Âdemoğlunun karnını ancak toprak doldurur.*"[207]

Ferd:

Pur mey neşeved kâse-i serhâ z'heves
Her kâse ki sernegûn şeved pur neşeved.[208]

Kindî (ö. 866?) konu hakkında şöyle demiştir: "Hüzün, zorunlu bir durum değil, aksine insanın tercihiyle tam olarak içine girdiği bir durumdur. Hüzün, bir şeyin kaybına üzülen ve gerçekleşmemesine tasalanan kimse, o kayıp şeyi ele geçirmesi neredeyse imkânsız olduğu hâlde onun yokluğundan dolayı ne üzülen ne de acı çeken nice insanların bulunduğunu düşünmelidir. Bu hüznün söz konusu kaybedilen veya olmayan şeyden dolayı zorunlu olmadığını gösterir. Eğer hüzün zaruri olsaydı herkes daima mahzun olurdu. Bir kimsenin bir makamı elde edemediği için acı çektiğini düşünelim. Hâlbuki o makam kendisi için imkânsız olduğu hâlde hiçbir zaman onun peşine düşmeyen ve üzüntüsüyle dertlenmeyen nice insanlar vardır. Rağbet edilen bir şeyin kaybından dolayı tasvir edilemeyecek ölçüde acı çeken bir kişi tasavvur edelim. O kısa süre sonra bu üzüntüyü unutur ve bu derdin sebep olduğu inilti kesilir. Eş dostla yine gülüp oynamaya ve

---

[206] Tâhâ, 20/131.

[207] Buharî, "Rikâk", Hadis no: 6436; Müslim, "Zekât", 1048, 1050.

[208] Kafa kadehi hevesten şarapla dolmaz
Başı aşağı dönük kadeh meyle dolmaz.

neşelenip şakalaşmaya başlar. Eğer üzüntü zorunlu bir hâl olsaydı bu yükü üzerinden atamazdı." Bir kimseye erişen her musibet ve uygunsuzlukta insan üzülür, ama bir süre sonra üzüntünün yerini sevinç, ağlamanın yerini gülme alır. Yine dünyavî sebep ve araçların kalmasına tamah eden bir kişiyi düşünelim. Mesela bir ziyafette hazır bulunan bir kişiyi düşünelim. Bu ziyafet meclisinde sırasıyla herkese şemmâme ulaştırılsın. Meclistekilerden her biri, bir an onun kokusundan faydalansın. Sıra bu kişiye gelince, onda ayrı bir açgözlülük hasıl olur, onu kaybetmemek ister. Ondan tekrar alırlarsa da, kendisinde hüzün ve hasret baş gösterir. Halbuki dünyanın bütün sebep ve araçları İlahî emanetlerdir. Allah onları, sırasıyla, dönüp dolaşarak kulların sınıflarından her birine ulaştırır ve vakti saati gelince de onlardan alır. Nitekim İmam Şâfi'î de böyle buyurmuştur. Beyit:

Ve me'l-mâlu ve'l-ehlûne illâ vedâyi'
Ve lâ budde yevmen en turadde'l-vedâyi'[209]

Akıllı insan emaneti yerine getirmekten mutlu olmalı, kendisine hüzün ve esefe yol vermemelidir. Büyük bir zât şöyle demiştir: Dünyanın ödünç olmaktan başka hiçbir ayıbı olmasaydı bile çalışkan kimseye onu teveccühe layık görmek yakışmazdı. Sokrat'a sormuşlar: "Niçin sürekli çok sevinçlisin ve neden sana hiç keder dokunmaz?" Şöyle cevap vermiş: "Ben kaybolduğunda üzüleceğim hiçbir şeye gönül bağlamam."

Hasedin Tedavisi

Haset, bir kişinin başka bir kişide bulunan nimetin ortadan kalkmasını istemek ve beklemektir. Hasette nimetin hased eden kişiye geçmeyi temenni edip etmemesi önemli değildir; önemli olan hased edenin, nimet sahibinden o nimetin gitmesini istemesidir. Eğer hasede sebep, o nimetin kendisine erişmesine hırs etmek olursa, hased şehevî gücün katılımıyla olabilir. Eğer sebep, sadece hased edilene çirkin bir şeyin erişmesini istemek olursa, bu öfke gücünün rezillik

---

[209] Mal gibi onun sahipleri de emanettir
Gün gelir emanet mutlaka teslim edilir.

ve erdemsizliklerinden olur. Bunda şehevî gücün müdahalesi söz konusu değildir. Bu hastalık hastalıkların en kötüsüdür. Çünkü hâsid, yani hased eden kişi, başkalarının nimet ve hayrına üzülür. Gerçekte İlahî nimetler asla insanlardan kesilmez. Öyle ise hâsidin hüzün ve elemi de asla kesilmez. Nitekim bir hadiste şöyle buyurulmaktadır: "*Hased, ateşin odunu yemesi gibi güzellikleri yer.*"[210] Yani hased ateşi, güzellik ve iyilikler harmanını yakar, tıpkı ateşin odunu yaktığı gibi. Hasedin türlerinin en kötüsü, ne yazık ki ulemâ arasında olanıdır. Çünkü dünyevî işler, imkan darlığından dolayı sıkıntı noktası olduğu, sıkıntı ve zahmetlere yol açtığı için, kimi zaman nimetin başkasından çıkmaksızın bir kimseye erişmesi tasavvur olunmaz; bu şaibeden uzak olan ilmin tersine; zira onda sıkıntı ve zahmet vermek yoktur. İnfak, yayma ve sarf etmeden dolayı onda zeval ve noksanlık yol bulamaz. Gerçekte bu taifenin hasedi de dünyevî sebeplerle ilgili olur. Hasedin tedavisi, hüzün ve öfkenin tedavisine yakındır.

Gıptaya gelince; kişinin başkasının sahip olduğu nimetin, o şahsın elinden çıkmasını temenni etmeden bir benzerine kendisinin de sahip olmak istemesine gıpta denir. Gıpta, dünyevi işlerde olursa, maslahat ve yetinme miktarını aşarsa mezmumdur, kötüdür; ancak maslahat ve kifâyet ölçüsünce olursa mahmuddur, makbul ve iyidir. Uhrevî işlerde ve ruhî erdemlerde olursa, mutlaka makbul ve iyidir. İnsan, zekice ve akıllıca bir ferasetle bu konular üzerine düşünürse, onun yardımıyla diğer hastalıkların tedavilerine güç yetirir. Mesela yalanın tedavisinde şöyle mülahazada bulunabilir: Sözden maksat, başkasını, içinde olan şeyle ilan etmedir. Yalan, bu maksada mugayirdir. Sözü, yerinde değil, yerinin dışında söylemek söz konusu olursa, bu zulümdür. Buna sebep, mâlî hırs veya makam hırsı olabilir. Hırs rezaleti veya erdemsizliği malumdur. Diğer erdemsizlikler de buna kıyas edilebilir.

---

[210] Ebû Dâvud, "Evvelu Kitâbi'l-Edeb", Hadis no: 4903; İbn Mâce, "Zühd", Hdis no: 4210.

İKİNCİ LÂMİ'

AİLE YÖNETİM İLMİ VE EV İDARESİ[1]

1. Lem'a: Ev ve Aile İhtiyacının Sebebi

İnsan, eve ihtiyaç duyar; zira insan, hayatını sürdürmek için gıdaya muhtaçtır. İnsanî gıda, ekmek, biçmek, öğütmek, temizlemek, karıştırıp yoğurmak, pişirmek gibi beceri gerektiren, sanatsal veya meslekî tedbir ve donanım olmaksızın hazırlanamaz. Bütün bu işleri de bir kişi tek başına yapamaz. Öyle ise, insan için bunları yapmak, gıda için gerekli şeyleri hazırlamak, ancak ve ancak kendi türünden kimselerle yardımlaşma, ortaklık, işbirliği ve etkileşim durumuna girmek sûretiyle mümkün olur.[2]

İnsanın muhtaç olduğu gıda, hayvanlar âleminin gıdasından farklıdır; çünkü hayvanlar doğaldır ve gıdalarını da doğal yollarla elde ederler, dolayısıyla gıdalarını elde etmek için beceri, sanat veya mesleğe ihtiyaç duymazlar.

İnsan söz konusu olduğunda, her gün zaruret olan gıda miktarını hazırlamak zordur. O halde geçim için gerekli olan eşyayı biriktirmek ve onları başka türlerden, başka türlerin verebileceği zararlardan korumak, ihtiyaç olmaktadır. Bu korumanın, gıda ve kuvvetin, kendisi vasıtasıyla muhafaza edileceği ve zalimlerin zorbalık ellerinin kısaltılacağı mekan olmadan sağlanması mümkün değildir. Öyle ise eve ihtiyaç vardır. İnsanın gıdayı elde etmek için zaruri olan mesleki ve sanatsal tertibe ihtiyacı olduğuna göre onun için evde olmadığı ve zorunlu işlerle meşgul olduğu zamanlarda evde ikamet edecek

---

1 Metnin orijinalinde "Tedbîr-i Menzil" olarak geçmektedir.

2 Devvânî, insanın toplumsal bir varlık oluşunun anlamını daha önceki filozofların açıklamalarına benzer bir yaklaşımla ortaya koyar. Örneğin İslam medeniyet filozofu Fârâbî, insanların mutluluğa erişmek için birbirleriyle yardımlaşmaya ve işbirliğine ihtiyaçları olduğunu ve böylece toplum hayatının gerçeklik kazandığını ileri sürer.

ve ona vekillik yapacak, gıda ve erzak ile malları korumada vekalet edecek bir yardımcı bulunması gerek. Bu ihtiyaç, kişinin durumuna göre belirlenir. Türün durumuna göre, erkeğe kendisiyle evlenerek doğum, üreme ve neslin meydana geleceği bir kadın vekalet edecek, yardımcı olacaktır. O halde hikmet-i İlâhî, nikahlanma ve evlenmeyle, hem ev işinin mazbut kalmasının, hem de doğum, üreme ve nesil işinin düzenlenmesinin gereğidir.

Ailede çocuk meydana gelince, onu layıkı veçhile idare etmek farzdır. Bir topluluk hasıl olunca, yani erkek, kadın ve çocuk bir toplum meydana getirince, yardımcı olmadan onların maslahatlarını gözetmek zor olur. O halde yardım edenlere ve hizmetçilere ihtiyaç vardır. Evin erkanını, ana unsurlarını oluşturan bu aile cemaati, geçim düzenini kurar; evin unsurlarını oluşturan rükünler, temel unsurlar; baba, anne, çocuk, hizmetçi ve erzaktır.

Her çokluğun düzeni, telifli bir birliğe bağlıdır. Evin düzeni de, ülfet bağını gerektiren meslekî ve sanatsal bir yönetim ve idareye bağlı olarak kurulabilir. Mezkur şahıslardan baba, bu yönetimde ilk başta gelir. O halde evin başkanlığı, ailenin yönetim, sevk ve idaresi, babaya verilir. Müdebbir, yani idareci, yönetim ve idaresi altında bulunanlardan her birinin yaraşır yetkinliğe erişmesi ve bozulmadan emin olması için terğîbden terhîbe, lütuftan şiddete, müjdeden tehdide, teklif ve sertlikten yumuşaklığa, yükümlü kılmadan rıfka isabetli tedbir ve idare tarzlarının değişik türleriyle siyaset görevini yerine getirmelidir.

Bu çerçevede evden maksat, taş, kerpiç, ahşap veya ağaçtan yapılan hane değil, bilakis baba, anne, çocuk, hizmetçi, mahdum, mal sahibi ve mal arasında vaki olan özel bir te'lif, kaynaşma, ülfet ve birleşmedir. İster ahşap ve taş meskende otursunlar, ister çadır ve otağda otursunlar ve isterse ağaç gölgesinde ve mağaralarda otursunlar, durum değişmez, önemli olan söz konusu birliktelik ve kaynaşmadır.

Tedbîr-i menzil ilmi, yani aile yönetim bilimi, başka bir ifadeyle ev idaresi ilmi, aile efradının durumlarının siyaset yolunu, yani aileyi yönetme yolunu bozukluk ve zararlardan emin olacak şekilde bilmektir. Nasıl ki insanların genelinin bir araya gelmesine, aile kurmasına gerçekten ihtiyaç varsa, aynı şekilde herkesin aileyle ilgili bu ilmi tahsil etme zorunluluğu vardır. Ev idaresi ilminde tümel ilke, idarecinin evin temel unsurları ile bütün bireylerinin durumları üzerine kafa yorması ve onların her birini kendi yerine yerleştirmesidir; onlardan birinde bir bozukluk veya zarar hasıl olursa, düzeltmek; doktorun en önemli organı korumak için bir organı kesmesinin caiz, hatta vâcip olması gibi evin yönetiminde de en kötü unsuru, en iyi unsur için feda etmek, idarecinin görevidir. Her ne kadar bu ilimde evin hususiyeti, öngörülmüş değilse de, ona bir işarette bulunulduğu gibi filozoflar da bina edilen evlerin türlerinin en üstününü idare edip yönetmeye işaret etmiş ve demişlerdir ki, meskenlerin en üstünü, sağlam, tavanı yüksek, kapıları geniş, her mevsime uygun yeri olan evlerdir. Aynı şekilde bu evlerde, boğulmaya, yangına, yarılmaya, böceklerin istilasına, hırsızların saldırısına karşı önlemler alınmalıdır.

Hadiste belirtildiğine göre yapılacak binanın yüksekliğinin altı gezden[3] fazla olmaması gerek. Altı gezden yüksek yapılırsa, bir melek şöyle nida eder: "*Nereye ey haddi aşanların en müsrifi?*" Yani ey mütegallibelerin, ey zorbaların en müsrifi binayı daha nereye kadar yükseltmek istersin? Komşunun durumun mülahaza etmek ve dikkate almak gerek. Çünkü kötü komşu şeran ve aklen birçok fesat ve bozulmaya yol açar. Anlatıldığına göre, Eflatun, kuyumcuların, altın işleyenlerin bulunduğu yerde ev tutmuştu. Hikmetinden sual edilince, şöyle cevap verdi: "Uykum geldiğinde ve araştırma ve düşünmeden beni alıkoyduğunda, kuyumcuların çekiç sesleriyle uyanıyorum."

2. Lem'a: Yiyecek ve Malların Yönetimi

İnsan için mal ve erzak biriktirmeye ihtiyaç hasıl olduğu anlaşıldığı zaman denilebilir ki insan, bazı cinsler telef olduğunda bazıları kalsın diye muhtelif cinslerden zahire yapar. Alışverişlerin zorunluluğu sebebiyle adaletin ve namus-u asğarın[4] koruyucusu olan paraya ihtiyaç vardır. Bu cevherin varlığı itibarıyla herkesin her istediğinde ulaşamayacağı de-

[3] Gez, 104-107 cm'ye karşılık gelen uzunluk ölçüsü birimidir.

[4] "Nâmûs-u asğar", küçük namus, küçük kanun gibi anlamlara gelir ve parayı ifade eder.

recede değerli olması gerekir. Varlıkça değerli olması, bu cevherin azının diğer cinslerin çoğuna denk olmasını sağlar. Böylece kişi, evinden ayrılıp yolculuğa çıkmak istediğinde bütün yiyecek ve araç gereçlerini taşımak zorunda kalmaz, sadece bu cevheri taşımak sûretiyle gittiği yerde onunla yiyecek ve malzemelerini satın alır ve büyük zorluklara katlanmak zorunda kalmaktan kurtulur. Gerçekten de para olmasaydı, uzak ülkelere zaruri ihtiyaçları taşıma meşakkatini yüklenmek zorunda kalınırdı.

Malın Durumuna Bakış[5]

Mal üç bakımdan ele alınabilir: Birincisi gelir itibariyle, ikincisi korunma itibariyle, üçüncüsü harcama itibariyle. Girdi veya gelir iki kısım üzere mütalaa edilir. Birincisi, meslek ve sanatlar gibi şahsın idaresine bağlı sebeplerle olan gelir; ikincisi ise, hibe ve mirasta olduğu gibi insanın kazanması ve seçiminin olmadığı gelir türüdür.

Mesleklerin, alışverişlerin ve kazanç elde etmenin usul ve esasları, bazı din imamlarının da dediği gibi ziraat, ticaret ve sanat olmak üzere üç kısımdır. İmam Şafiî radıyallâhu anh,[6] ticaretin bu üçünün en iyisi olduğu görüşündedir. Şafiî ashabından Mâverdî, ziraatin daha iyi olduğunu söylemiştir. Bazı müteahhir âlimleri şöyle demişlerdir: Bu zamanda mallara şüphe karıştığı ve yalan toplumda yaygın olduğu için ihtiyaten ticarete uzak durulmuştu ve ziraat daha çok tercih edilmişti. Ama İmam Şafiî zamanında helal mallar yaygın olduğu, emanet ve diyanet daha güçlü olduğu için ticareti tercihe yönelik hüküm verilmişti. Filozoflar ise, ticarete itimat etmemek gerektiğini; zira onun şartının para olduğu ve paranın da yok olmaya konu olduğunu söylemişlerdir.

Kazançta şu üç şeyden kaçınmak gerek: Birincisi hileyle bir şey almak gibi haksızlık, ikincisi maskaralık, oyun ve alay gibi ar; üçüncüsü ise çöpçülük, lağımcılık ve debbağlık gibi bayağılık. Sanatlardan bazıları ziraat gibi zaruri iken, bazıları ise kuyumculuk ve nakkaşlık gibi zaruri değildir.

Bütün sanatlar üç türdür: Değerli, değersiz ve orta. Değerli sanat, ruhânî kuvvetle ilgili olan sanattır. Bu tür sanat-

---

5 Başlıktaki ifade yazara, ama başlığın oluşturulması mütercime aittir.

6 "Radıyallâhu anh", "Allah ondan razı olsun." demektir.

lar, hür insanlarla mürüvvet, iyilik ve insaniyet sahiplerinin sanatlarıdır. Bunlar ekseriyetle üç türlüdür: Birincisi, vezirlik sanatı gibi akıl cevheriyle ilgili sanatlar; ikincisi, edebiyat, belagat, tıp, astroloji, aritmetik ve tahsilat gibi edeb ve erdemlilikle ilgili olan sanatlardır; üçüncüsü ise, at binme, hududu koruma ve düşmanları kovma gibi güç ve cesarete taalluk eden sanatlardır.

Değersiz sanatlar da üç türlüdür: Birincisi, karaborsacılık, büyücülük, gammazlık vs. gibi insanların genelinin iyiliğine ve menfaatlerine aykırı olan eşkıya sanatları; ikincisi, soytarılık ve çalgıcılık gibi ruhânî erdeme aykırı sefihlerin sanatları; üçüncüsü ise, hacamatçılık, debbağlık, lağımcılık, çöpçülük gibi mizaç ve tabiatta nefret uyandıran rezil insanların sanatlarıdır. Tabiat ve mizaç hükümleri akıl katında rağbet görmediği için son sınıf, akıl nezdinde kötü olan ilk iki sınıfın tersine, yine akla göre kötü değil, bilakis dünya işlerinin düzeni için bir topluluğun meşgul olması gereken sanatlar sınıfıdır. Bir sanatla ilgili olan herkes, o sanatta ilerleme ve yetkinliğin peşinde olmalıdır. Gayret etmeli, gayreti zelil etmeye razı olmamalıdır. Bilmelidir ki dünyada hiçbir zinet, bol rızıktan daha iyi değildir. Sebep ve araçların en iyisi, adalet dahil iffeti insanlık ve mürüvvete yakın olan sanat veya meslektir. Gasp, hile, kibir, utanç, ar, zelillik ve bayağılık ile elde edilen her mal, çok olsa bile noksan ve bereketsiz olur. Dolayısıyla şeran ve aklen ondan kaçınmak gerek. Güzel kazançla elde edilen şey ise, az bile olsa, bereketli ve uğurlu olur.

Malı verme ve harcamada itidale riâyet etmeli; israfa, riyaya, cimrilik, pintilik ve övünmeye meyletmemelidir. Çıktı girdiden, yani harcama veya masraf, kazançtan az olmalıdır. Kıtlık, musibet, bela ve hastalık günleri gibi zaruri vakitleri gözlemeli, onlara dikkat etmelidir. Evlâ olan, her türlü zor zamanın gelebileceğini dikkate alarak bazı maddi imkanları, nakit ve değerli şeyler olarak tutmalı, aynı şekilde bazılarını emtia olarak, yine bazılarını emlak, ayniyat ve keçi, koyun, öküz gibi hayvanlar olarak korumalı ve bu yolla birinde bir bozulma veya yok olma gibi bir problem çıkarsa, diğerinden telafi etmelidir.

Mal harcamaları üç türdür:

Birincisi, zekat, sadakalar ve adak gibi İlâhî hüküm ve şeriatın vaz'ıyla yapılması gereken harcamalardır.

İkincisi, cömertlik, isar ve ikram yoluyla yapılan hediye ve bağış gibi harcamalardır.

Üçüncüsü ise, zaruret halinde faydayı celp, zararı defetmek için yapılması gereken harcamalardır. Bu şıkta ilkin sultanların huzuruna götürülen hediyeler ile aile efradının yiyecek, içecek ve giyecek ihtiyaçları için infak örnek olarak verilebilir. Saniyen mal ve ırzı korumak için zalimlere ve sefihlere mal harcamak örnek olarak getirilebilir.

Birinci türde dört şeye riâyet etmek gerekir: Birincisi, verilen şey, isteyerek ve gönülden verilmelidir. Verilen maldan dolayı zahirde de batında da ah çekip üzülmemelidir. Çünkü cömertliğin gayesi şudur: Allahu Teâlâ, kendi bol ve cömert hazinesinden kullarından birine bir nimet takdir buyurur ve ona, verdiği nimetlerden mütevazi bir kısmını kendisi için harcamasını emreder. O dağıtıp harcama insana çok ağır gelir. İkincisi, halisane ve samimi olarak Allah rızası için sarf etmeli, bunu yaparken asla başka bir maksat taşımamalı ve dolayısıyla yaptığı harcamanın yokluğa ve boşluğa mahkum olmasına yol açmamalıdır. Üçüncüsü, durumları bilinmeyen yoksullara gizlice verilmelidir. Hak Teâlâ onlar hakkında şöyle buyuruyor:

"*(Sadakalar) kendilerini Allah yoluna adayan, yeryüzünde dolaşmaya güç yetiremeyen fakirler içindir. İffetlerinden dolayı (dilenmedikleri için), bilmeyen onları zengin sanır. Sen onları yüzlerinden tanırsın. İnsanlardan arsızca (bir şey) istemezler. Siz hayır olarak ne verirseniz, şüphesiz Allah onu bilir.*"[7]

Dördüncüsü ise, gizlice sadaka verebilmektir. Çünkü ifşa ederek veya açıkça sadaka vermek, sadaka verilen kişiyi üzebilir ve de gösteriş ve minnet etme zannına yol açabilir. Hatta belki gönül kırılmasına, kalp incinmesine yol açabilir. Hadis-i Nebevî'de şöyle buyurulmuştur: "*Gizli sadaka Hak Teâlâ'nın gazabını önler.*"[8] Başka bir hadiste şöyle buyrulmuş-

---

[7] Bakara, 2/273.

[8] Tirmizî'de "Sadaka, Allah'ın öfkesini söndürür..." Hadisi vardır: Sünen, "Ebvâbu'z-Zekâti an Rasûlillâhi Sallallâhu aleyhi ve sellem", Hadis no: 664.

tur: "*Sadakaların en hayırlısı, sağ elinle verdiğini sol elinin bilmemesidir.*"[9] Hz. Risâlet-penâh sallallahu aleyhi ve sellem şöyle buyurmuştur: "*Hz. Hak Teâlâ, yeryüzünü yaratınca, yeryüzü sarsıldı ve karar bulmadı. Ondan sonra dağı yarattı ve yeryüzünü dağ ile sabitledi. Melekler bu duruma şaşırıp "Yüce Rabbimiz! Dağdan daha sert ve güçlü bir mahluk var mı?" diye buyurunca, (Allah, "Evet, demir." buyurdu. Melekler, bu kez "Demirden daha sert ve güçlü bir yaratık var mı?" diye sorunca-E.O.), Allah, "Evet, ateş." buyurdu. Bu kez "Ateşten daha sert ve güçlü bir yaratık var mı?" diye sorunca, Allah, "Evet, su." buyurdu. Bu defa "Sudan daha sert ve güçlü bir şey var mı?" diye sorunca da, Allah Teâlâ, "Evet, rüzgar." buyurdu. Melekler, "rüzgardan daha sert ve güçlü bir mahluk var mı?" diye sorunca, Allah, "Evet, âdemoğullarının verdiği, ama sağ ellerinin verdiğini sol ellerinin bilmediği gizli sadaka." buyurdu. Çünkü gizli sadakanın tesiri her şeyden çoktur; zira gizli sadaka kaçınılmaz belayı defeder.*"[10]

İkinci sınıfta beş şarta riâyet edilmelidir: Birinci şart, tacil, yani hızlandırmaktır. Çünkü ertelendiğinde, onun lezzeti, bekleme acısıyla denk veya ondan daha az olabilir. İkinci şart, gizlemektir; zira açığa vurmada birçok kötülük ve zarar vardır. İşte gizlemeyle bu kötülüklerden emin olunur. Üçüncü şart, harcamayı, çok da olsa küçük görmektir; zira mürüvvet ehlinin tarzı ve himmetin yüceliği, budur. Dördüncü şart, sürekli vermektir. Çünkü mal harcamada araya süre girerse, gevşeklik ve ihmal olunca, unutma hasıl olur, hatta önceki iyilikler bile unutulup faydasız olabilir. Beşinci şart, tohumun uygun olmayan yere ekıldığınde bıtmemesı gıbı bır duruma düşmemek için uygun yerde, uygun yerlere harcama yapmaktır. Nitekim şöyle denmiştir (Beyti):

Fe-vad'u'n-nedâ fî mevdı'ı's-seyfi bi'l-'alâ
Mudırrun ke-vad'ı's-seyfi fî mevdı'ı'n-nedâ.[11]

---

[9] Bkz. Buhârî, "Ez'an", Hadis no: 660; Zekât, Hadis no: 1423; Tirmizî, "Ebvâbu'z-Zühd", Hadis no: 2391; Nesâî, "Âdâbu'l-Kudât", Hadis no: 5380; Ahmed b. Hanbel, *Müsned*, 19: 276 (12253).

[10] Ahmed b. Hanbel, *Müsned*, 19: 276 (12253).

[11] Cömertliğin yüksek bir yere, kılıç yerine konması
Zararlıdır, kılıcın cömertlik yerine konması gibi.

Üçüncü kısımda üç şeye riâyet edilmelidir: Birincisi itidal, yani dengedir. Fakat zararı defetmek için, can, mal ve ırzın zarar görmesinden emin olacak kadar artışa yönelmeyi düşünmek gerekir. Çünkü insaf ve adalet, çoğu tabiatlarda kayıptır ve nefislerde tamahkârlık, açgözlülük, hırs, haset ve buğz yerleşiktir. O halde ırzın selameti için infakı, insanların genelinin örf kanunları üzerine bina etmek, seçkinlerin yolu üzerine bina etmekten daha uygundur. İnsanların çoğunun eğilimi israf yönündedir.

3. Lem'a: Ailenin Yönetimi

Evlenip aile kurmada aslî maksat ve küllî amaç, şehvet davası gütmek ve diğer hedeflere erişmek değil, nefsi fesada düşmekten korumak, nesil istemek ve malı muhafaza etmek olmalıdır. Kadınların en iyisi, akıl, diyanet, iffet, zekilik, nezaket, edep ve hayâ, incelik, kalbi yumuşak, îsâr, kocasının razı olması ve vakar gibi özelliklerle mücehhez olanı ve kısır olmayanı, bilakis doğurgan olanıdır. Bu durumla ilgili şunu bilmek gerek: Eğer evlenilecek kadın bekar ise, kadınların kısır olmayan bir kabileden seçilmesi uygundur. Dul ise, çocuk sahibi olmasına bakılır. Hür kadınla evlenmek cariye almaktan daha iyidir. Çünkü hür kadın, iffet, akıl, iaşe işlerinde yardımda bulunma, yönetim, ırzını koruma, çocuk terbiyesi ve kötü huylardan sakınmada cariyeden daha üstündür. Hür kadınla evlenmenin bir üstünlüğü ise akraba ve aşiretleriyle dayanışma ve yardımlaşma sağlanır ve çocukların eğitimi, dayıları ve annenin aşireti tarafından desteklenir. Bu durum cariyelerde yoktur.

Bekarla evlenmek de bekar olmayanla evlenmekten daha evlâdır. Çünkü bu şekilde hür kadında edebi kabul etme ve eşine bağlılık, daha fazla gerçeklik bulur. Eğer bu hasletlere ek olarak nesep, servet ve güzellik itbariyle de mücehhez olursa, bu durum, yetkinliğin nihai noktası olur. Fakat bu üç haslette birkaç tehlike vardır. Bu bakımdan bu noktada ihtiyatı gözetmek gerekir. Zira soy veya neseb, ucub, kibir ve gurur sebebidir. Kadınları akıl noksanlığıyla nitelendirenlere göre, soy sebebiyle bazı kadınlar kocalarına itaatte problemler yaşatabilirler, hatta zaman olur, kocayı eve hizmetkâr olarak bilirler. Bu da işlerin kötüye gitmesine, durumun farklı yansımasına ve akibetin bozulmasına yol açar. Mal ve güzellik noktasında da gaile ve dert söz konusudur. Güzellik, başka bir fesat ile bağlantılıdır; şöyle ki güzel kadının isteyeni çok olur ve çirkinliklere mani olan akıl, kadınlarda daha azdır. Bu yüzden de güzellik, sayısız fesada yol açabilir.

Koca, kadın siyasetinde üç şeyi gözetmeli, üç şeyden de sakınmalıdır. Gözetmesi gereken üç şey şudur: Birincisi heybettir. Heybet kocayı kadın nazarında ihtişamlı gösterir ve böylece kadın onun emir ve yasaklarını hafife almaz. Bu siyaset veya yönetimlerin en büyüğüdür. Bu yönetimin intizamı, erdemlerin açıkça ortaya konması ve erdemsizliklerin kapatılmasıyla olabilir.

İkincisi cömertliktir. Erkek, bu özelliğiyle sevgi ve kaynaşmayı beraberinde getiren bir şeyle cömertliğini ve kadına değer verdiğini gösterir. Böylece kadın, kendisine değer verme durumunun devam etmeyeceği korkusuyla eşinin görüşünün dışına çıkmaya teşebbüs etmez. Cömertliğinin bir gereği olarak erkek, hanımını tesettür ve hicapta mahrem olmayanlardan korur, onunla tatlı sözler söyleyerek sohbet eder; işlerine başlarken onunla istişare eder. Tabii ki bunu kadının kocasını kendisine itaat ettirme tamahkârlığına düşürmemesine dikkat ederek yapmalıdır.

Üçüncüsü, erkeğin, eşinin kendisine ve yakınlarına ikramda bulunması, saygılı davranması, güler yüzlü olması, yakınlık göstermesi, iyilik yapması ve esirgemeden harcamasıdır. Bu bağlamda koca, eşinde herhangi bir kusur, uyumsuzluk veya başka bir önemli olumsuzluk ortaya çıkmamışsa, ona başka bir kadını tercih etmemelidir. Başka kadın güzellik, mal ve soy bakımından mevcut eşinden daha fazlasına sahip olsa bile eşine karşı ona yönelmemelidir. Çünkü kadınların tabiatlarında akıl eksikliğine ilave olarak köklü bir şekilde var olan hased ve aşırı kıskançlık, çirkinliklere, kötülüklere ve suçlara iter. Evlenmekten maksatları nesillerini çoğaltmak olan ve kadınları kendileriyle yakınlıkta kölelik mertebesinin dışında bir çarenin bulunmadığı krallardan başkasına çok evlilik ruhsatı verilmemiştir. Kaldı ki o kralların da çok evlilikten sakınmaları evladır, tercihe şayandır. Çünkü erkeğin eve nisbeti, kalbin bedene nisbetidir. Bir kalp iki bedenin hayat kaynağı olamayacağı gibi, bir adam da iki evin yönetim ve idaresine güç yetiremez.

Kadının tasarruf eli, hizmetçilerin maslahatlarına ve güçlü hizmette kullanılmalarına uygun bir şekilde yiyecekler üzerinde olur. Kadının zihni, mütemadiyen evin işlerinin sorumluluğunu üstlenme, önemli ve lüzumlu işleri yerine getirme ve maslahatlarını düşünmekle meşgul olur. Aksi durum, kötü şeylerin olmasına yol açabilir. Zira insanî nefis, tatile, boş vermeye, işleri tatil etmeye tahammül etmez. Zaruriyyatı boş verme, gayr-i zaruriyyatı düşünmeye ve önemsemeye sebep olur; dışarı çıkmaya ve erkeklere nezaret etmeye yol açar. Bu da kadının nazarında kocanın küçük düşmesine, küçülmesine neden olur. Kötü şeylere yapmaya, gayrimeşru işlere yönelmeye, kadına rağbet edenlerde tamah ve tamahkârlığın oluşmasına ve dolayısıyla fesada kapı aralar.

Sakınılması ve kaçınılması gereken üç şeye gelince; bunlardan birincisi, kadın sevgisinde ifrattır. Bu kocanın istila edilmesine ve baş aşağı dönmesine, zaafiyetlere düçar olmasına yol açar. Çünkü o zaman amir memur, hakim mahkum olur ve düzen bozulur. Eğer erkek, kadının sevgi belasına mübtela olursa, ciddi problemler ortaya çıkar ve kadın çok baskın hale gelirse, bu hastalık, aşk bahsinde söylenilen tedavi yöntemiyle defedilebilir.

Sakınılması ve kaçınılması gereken ikinci nokta, bütün işlerde kadınla istişare etmemek, sırlarına kadını muttali kılmamak ve normal yiyecek içecek dışındaki mallarının ve zahirelerinin miktarını kadından saklamaktır. Çünkü akıl eksikliği, kadınlarda ahlâksızlıklara, kötü şeyler yapmaya sebep olabilir.

Tarih kitaplarında nakledildiğine göre Haccac'ın eskiye dayalı özel bir alakası bulunduğu bir hâcibi vardı. Sohbet esnasında Haccac ona şöyle dedi: "Kadınlarla sırrını paylaşmamalısın ve onlara güvenmemelisin." Hacip buna şöyle cevap verdi: "Benim bir hanımım var, gâyet bilgili ve müşfik. Benim ona itimadım çok; zira defalarca edindiğim tecrübeyle onun hallerine güvenim oluştu. Onu kendi sırlarımın koruyucusu bilirim." Bu sözlere karşılık Haccac dedi ki "Bu durum, doğru yaklaşıma aykırıdır. Ben bunu sana açıklayıp ispat edeceğim." Ondan sonra kendisine bin dinar getirilmesini emretti. Ona mührünü vurup hacibe verdi ve şöyle dedi: "Bu altını sana bağışlıyorum. Mühürlü haliyle onu eve götür ve hanımına 'bu altını hükümdarın hazinesinden çaldım ve senin için getirdim.' diyerek ver. Hâcip öyle yaptı. Bir müddet sonra Haccac, hâcibe bir cariye verdi, hâcib de onu eve götürdü. Kadın hâcibe "hatırım için bu cariyeyi sat." dedi. Hâcip cevaben padişahın hediye ettiği cariyeyi nasıl satarız?" dedi. Kadın bu duruma çok öfkelendi ve gecenin bitmesinden sonra Haccac'ın sarayına gitti. Perdeciye, yani özel kaleme Haccac'a falan hâcibin karısı olduğunu ve görüşmek istediğini söylemesini istedi. Görüşmeye destur bulunca, selam ve hizmet girşinden sonra şöyle arz etti: "Bir hayli zamandır benim kocam siz Hazretin nimet ve minnetine kuldur. Şimdi has hazineye ihanet etmiştir. Padişahın üzerimdeki hakları bunu gizlememe müsade etmedi." Bunu dedikten hemen sonra altın kesesini çıkarıp "kocam bunu hazineden çalmış, işte padişahın mührüyle." dedi. Haccac hâcibi çağırdı ve altın kesesini önüne koyarak şöyle dedi: "Bunu övdüğün müşfik bilgili karın getirdi. İşin hakikatinden haberim olmasaydı, senin bu sırrın faş olur, başın bedeninden ayrılır, çocukların oyuncağı haline gelir ve hayvanların ayağı altında ezilirdin!"

Kaçınılması gereken üçüncü nokta ise kadını oyun ve eğlencelerden, yabancılara bakmaktan, erkeklerin hikayelerini işitmekten ve bu özellikle bilinen kadınlarla, özellikle fesat davranışlarda bulunmakla itham olunan yaşlı kadınlarla sohbetten menetmektir. Hadis olarak nakledilmişitr ki "*Kadınları Yûsuf aleyhisselam kıssasını okumaktan ve işitmekten menetmek gerek.*" Aksi halde Allah korusun onların iffet kanunundan sapmasına yol açar.

Kadınların kocalarının hakkı konusunda riâyet etmeleri gereken beş özellik vardır: Birincisi iffete bağlılık, ikincisi kifâyeti ızhar, üçüncüsü kocayı tazim etmek ve ona saygı nazarıyla bakmak, dördüncüsü kocaya saygı göstermek ve ona isyandan kaçınmak, beşincisi ise ona güzel bir şekilde yaklaşmak ve ters davranmamaktır.

Hz. Risâlet-penâh sallallâhu aleyhi ve sellem şöyle buyurmuştur: "*Eğer bir kişinin yaratılmışa secde etmesini reva görseydim, kadınların kocalarına secde etmesini emrederdim.*"[12] Bilgelerle filozoflar şöyle demişlerdir: İyi kadınlar, sevgi ve şefkatte annelere, kanaat ve hizmette cariyelere, ülfet ve sadakatta dostlara benzerler. Kötü kadınlar ise, tâbi olmamada ve güçte zorbalara, kocayı tahfifte ve yermede düşmanlara, hıyanet yoluyla mala tamah etmede hırsızlara benzer. Bir kişi, uygunsuz bir kadına müptela olunca, ayrılıp uzaklaşmadan başka bir tedavi ve çare yoktur; tabii ki çocukları kaybetmek vd. kötülükler gibi fesada yol açmadıkça. Ayrılmak mümkün olmazsa, o takdirde ona dost gibi davranmaktan ve mal vd. şeyleri onunla paylaşmaktan başka bir çare yoktur.

Bütün bu en iyi yönetimleri ortaya koyduktan sonra denilebilir ki koca, eşini, kötülüklerden menedebilecek bir kişiye emanet etsin ve iradi olarak uzak bir yolculuğa çıksın ve gittiği yerden de uzun süre dönmesin. Belki bu geniş bir ferahlama ve rahatlama getirir ve onunla ilgili uygun bir haber gelmesini sağlar. Arap filozofları şu beş kadından sakınmak gerektiğini söylemişlerdir: Birincisi başka kocasından çocukları olan ve şimdiki kocasının malıyla onlara şefkat gösteren kadın; ikincisi mal itibariyle zengin olan ve malıyla kocasını minnet altına alan kadın; üçüncüsü daha önceki kocasının daha iyi olduğunu iddia eden ve sürekli şimdiki eşinin durumundan şikâyet eden, yakınan ve sızlayan kadın; dördüncüsü iffet çadırıyla örtünmeyen ve kocasının bulunmadığı meclislerde her zaman kendisinin suçları zikredilerek kocasının alnına kara leke süren kadın; beşincisi ise kötü soydan, asaletsiz, ama güzel kadındır. Bu kadın, söz konusu özelliğinden dolayı çöplükteki yeşilliğe benzetilir. Bu hususlar, Seyyidü'l-Mürselîn aleyhisalâtu vesselâm'ın hadisinde varittir. Belirtilmelidir ki, kadını yönetemeyen kişinin bekar kalması daha iyidir.

4. Lem'a: Çocukların Yönetimi

Öncelikle mizacı mutedil ve düzgün olan uygun, yaraşır bir dadı tayin etmek gerek. Çünkü dadının ruhsal ve mizaçsal niteliği çocuğa sirâyet eder. Hak şeriatta varittir ki, yedinci gününde çocuğa isim koymak evlâdır. Dolayısıyla buna

[12] Ebû Dâvûd, "Nikah", 40; Tirmizî, "Radâ'", 10.

uyup vaktinde isim koymak gerekir. Belki isim koymayı ertelemede, iyice düşündükten sonra layık veya yaraşır bir ad tayin edilmesi itibariyle bir hikmet olabilir. Çünkü uygun olmayan bir isim konulursa, çocuğun bütün ömrü acı ve keder içinde olabilir. Bu itibarla isim koymaya riyaet, çocuğun baba üzerindeki haklarındandır. Süt emme tamamlanınca, çocuğun eğitimiyle meşgul olmalıdır ki kötü ahlâk edinmesin; zira çocukların kabiliyeti mükemmeldir ve tabiatın erdemsizliklere eğilimi, daha önce açıklandığı üzere nefislerde yerleşiktir.

Çocuğun ahlâk eğitimi ve ıslahında, ifade edildiği şekilde tabiatı örnek almalı, tertip gözetmelidir. Temyiz kuvvetinin eserlerinden birincisi hayâ olduğunda, haha önce geçtiği üzere hayanın baskın olması, neciplik, asalet ve erdemin delili olur. O halde bu haslet, çocukta görüldüğünde, onun tedibi ve eğitimine çok önem vermelidir. Tedip ve eğitimlerin ilki, çocuğu erdemsizlikler olarak bilinen zıtlarla karışmaktan büsbütün menetmektir. Çünkü sabilerin nefisleri ve ruhları sade ve boş bir levha mesabesindedir ve kolayca şekillenir. Ondan sonra çocuğa din kanunlarını, sünnetleri ve geleneğin adabını öğretmelidir. Ondan imtina ettiğinde güç yettiği ölçüde zorlamalı ve tedip etmelidir. Şeriat hükümlerinde kesin olarak ortaya konulduğu ve belirlendiği gibi yedi yaşında çocuğa namazı emretmeli, on yaşında namazı terkederse, usûlünce döverek tedip etmelidir. Çocuğu iyi ve iyileri överek, kötü ve kötü kimseleri de yererek hayrlı işlere, iyi amellere teşvik etmeli, kötü işlerden nefret ettirmelidir. Güzel işler yaparsa, övmeli, kötü işlere tevessül ederse, korkutmalıdır. Mümkün olduğu kadarıyla açıkça kınamamalı, bilakis yanılgıya, sehven yanlış yaptığına hamletmeli ki çocuğun cesaretlenmesine yol açmasın. Çocuğun yaptığı yanlış kapalı kalmışsa, çevrede bilinmiyorsa, açığa çıkarıp rüsva etmemeli, yanlış davranışı tekrar yaparsa, yalnızken kınamalı, gerekli uyarı ve kınamayı yapmalıdır. Yanlış ve çirkin fiilini kınamada abartıya kaçmamalı, çok korkutmamalı, tekrar kınama ve açığa çıkarmadan kaçınılmalıdır. Aksi halde Allah korusun kınanmayı alışkanlık haline getirebilir, kötü işleri yapma onda derinleşebilir, yerleşebilir ve "İnsanlar, yasaklanan şeylere hırs gösterirler." fehvası gereği yanlışa avdet etmeye tahrik olabilir. Tersine güzel çözüm yollarını devreye sokmalıdır. Şaşalı ve parlak giyinme, yeme ve içmeyi erkek çocuk nazarında tahfif etmeli ve nakışlı, rengarenk dikkat çekici parlak elbiselerin kadınların tarzı olduğu ve erkeklerin kendilerini böyle şeylerden uzak tutmaları gerektiği hususunu, onun zihnine yerleştirmelidir. Bakışı su ve ota odaklamak, hayvanların adetidir.

Çocuğa öncelikle geleceği üzere yemek yeme adabı öğretilmeli, yemek yemekten maksadın lezzet ve zevk değil, sağlık olduğu; yiyecek ve içeceklerin, açlık ve susuzluğu gideren ilaçlar mesabesinde oldukları anlatılmalıdır. Anlatılmalıdır ki ilaçlar nasıl zaruret miktarınca ve hastalığı defedecek kadar alınırsa, yiyecek ve içecekler de açlık ve susuzluğu giderecek kadar alınır. Yemekte abartılı olmak, türlü türlü yiyecekler yemek, çocuğa yasaklanmalı ve tek yemekle yetinmeye meyyal hale getirilmelidir. İştahı zapt altına alınmalıdır ki her türlü yemekle yetinebilsin. Çocuk lezzet veya zevklere meftun olmamalıdır. Zaman zaman kuru ekmek verilsin ki zaruret vaktinde onunla yapabilmeyi öğrensin. Bu adab, zengin olmayanlar içindir. Bu adaba uyan çocuk zenginlerden daha iyi olur. Akşam yemeğinde öğünden daha fazla yemek vermeli, ama gündüzün o kadar çok vermemeli ve böylece gündüzün ona uyku ve tembelliğin galip gelmesinin önüne geçmelidir. Ağırlık ve aptallığa sürüklemesin diye eti itidal ölçüsünde vermelidir. Çabuk bozulan yemeklerden, meyve ve helvadan uzak tutmalı, yemek esnasında su içmekten alıkonmalıdır. Her ne kadar sarhoş edici şeylerden herkes kaçınmalı ise de aklın da gerektirdiği gibi çocukların daha fazla kaçınması gerekir. Dolayısıyla sarhoş edici içeçeceklerden çocukları uzak tutmalıdır. Çünkü onlar, çocuğun ruh ve bedenine zarar verir; çocukta öfkeye, tehevvüre, hafiflik, aptallık, utanmazlık ve hayasızlığa sebep olur; bu kötü melekeler onda sağlamlaşır, yerleşik hale gelir. Bilakis çocuğu bu tür yararsız meclislerden uzak tutmak ve kötü sözleri işitmekten alıkoymak gerek. Görevlerini adaba uygun bir şekilde bitirmeden, eğitimiyle ilgili hususları ifa etmeden ve tam olarak zahmet çekmeden çocuğa yemek verilmemelidir. Kötü işlere yönelmede cesaret kazanmaması için gizli kapalı işlerden men edilmelidir. Zira gizli kapalı işler, çirkinlik ve kötülükleri, hatta düşünce planında olan kötü filleri bile örtmeye veya gizlemeye yol açabilir.

Çocuk, bunlara ek olarak; gündüz uyumaktan ve gece çok uyumaktan alıkonulmalıdır. Yazın serin yerlere gitmek, büyük yelpazeler sallatmak ve elini ayağını ovdurmak; kışın kalın kürkler giymek ve sıcak yerlerde oturmak gibi keyif araçlarından ve yumuşak elbiselerden menedilmelidir. Harekete, yaya gitmeye, atbinme ve uygun riyazetlere alıştırılmalıdır. Yakında açıklanacağı üzere kalkma, oturma ve konuşma adabı öğretilmelidir.

Erkek çocukları, kadınların koku, tezyin ve elbise tarzıyla süslememelidir. İhtiyaç vaktine kadar çocuğa yüzük verilmemelidir. Ataları ve dünyevi araçlarla akranlarına karşı övünmekten çocuk alıkonulmaldır. Yalan söylemekten ve ister doğru, ister yalandan olsun yemin etmekten nehyedilmelidir. Herkesin yemin etmesi çirkin bir iştir. Şeriata göre doğru da olsa mekruh veya yanlış da olsa, yemin çirkindir, kötüdür; ancak dinî maslahatı sağlamaya yönelik ise başka. Büyüklerin yemine ihtiyaçları olsa dahi çocukların hiç ihtiyaçları olmaz. Büyüklerin huzurunda sessizce durmak, cevapla yetinmek ve dinlemek ve iyi söze alışmak gibi davranışlara çocuğu meylettirmelidir. Büyük şahsiyetlerin çocuklarının bu adaba hareket etmeye daha fazla ihtiyaçları vardır.

Öğretmen dindar ve akıllı olmalı, ahlâk riyazetine vakıf, etek temizliğine dikkat eden, vakarı, heybeti ve mürüvvetiyle bilinen biri olmalıdır. Öğretmen, krallarla diğer ileri gelenlerin adab ve ahlâkını, onlarla oturup kalkma adabını, halkın bütün kesimleriyle sohbet etme, diyalog kurma yollarını bilmelidir. Güzel adab ve huylarla mücehhez olan büyük şahsiyetlerin çocukları, mektepte, mahzun olmamak için onunla olmalıdırlar. Adablarını öğretmen vasıtasıyla daha da geliştirmelidirler. Öğretmenleri gözlemek sûretiyle eğitim ve öğrenimlerini geliştirmek için çabalamalıdırlar. Öğretmen çocuğu, darp ile eğittiğinde, çocuğu feryad ü figandan ve aracı bulmaktan menetmelidir. Çünkü feryad ü figan ve aracı bulma, köle tiplilerin ve zayıfların huyudur. Öğretmen, çocuktan bir kusur hasıl olduğunu görmedikçe darp veya dövme ile eğitime başvurmamalıdır. Darba veya dayağa ihtiyaç duyarsa, dayak, ibret alması ve tekrar aynı kötü davranışı sergilemeye cüret etmemesi için önce sayısal açıdan az, ama acı bakımından çok olmalıdır.

Çocuğu cömertliğe teşvik etmelidir. Dünya malını onun gözünde küçültmelidir. Çünkü altın ve gümüş gibi dünya malına sevgi afeti, yılanların zehir afetinden daha fazladır. İmam Gazzâlî, *"Beni ve oğullarımı putlara tapmaktan uzak tut."*[13] âyet-i kerîmesini tefsirinde "Putlar ile kastedilen altın ve gümüştür." buyurur. İbrahim aleyhisselâm, "Beni ve çocuklarımı altın ve gümüşe tapmaktan ve bağlılıktan koru" diye dua buyurmuştur. Çünkü bütün kötülüklerin ve kötü işlerin kaynağı, paraya, altın ve gümüş, mala mülke sevgi beslemektir. Boş zamanlarda gayrimeşru, çirkin ve kötü şeyler içermemesi kaydıyla çocuğun oyun oynamasına izin vermelidir. Elbette bu adap kuralları herkes için güzeldir, ama gençler için daha güzel, daha iyidir.

Çocukta temyiz gücü galip olunca, ona dünyevî araçlardan maksadın sağlığı korumak ve bedenin nefiste dârulbeka istidadı hasıl edecek kadar kalmasını sağlamaktır. Çocuk ilim ehli ise, zikredilen tertiple ona ilimleri talim etmelidir. Sanat ehli ve meslek sahibi ise, şer'î vâcip adab ve görevlerden boş kaldıktan, asli görevlerini yerine getirdikten sonra talimle, eğitim öğretimle meşgul etmelidir. Tabii ki bütün bu hususlarda çocuğun tabiatına bakmak, onun durumlarını iyice anlamak ve böylece hangi ilim ve sanata daha çok istidadı olduğunu ve istidatlı olduğu ilim ve sanatla meşgul etmek en uygun yoldur. Çünkü *"Herkes ve her şey kendisi için yaratılan şeye müyesser olur."*[14] mesajı gereği, herkesin her sanata, her işe ve mesleğe istidadı yoktur; aksine herkesin kendine özgü bir sanatsal ve mesleki istidadı vardır. Bunun altında, âlemin kıvamına ve âdemoğlunun intizamına sebep olan bir sır saklıdır. Eski filozoflar ve bilge kişiler, çocuğun talihine bakar, onun üzerine düşünürlermiş. Çocuğu, yıldızların durumlarına göre lâyık-ı hâl gördükleri her sanatla meşgul ederlermiş; zira bir sanata istidadı olan herkes, birazcık gayretle onu tekmil eder, tam olarak öğrenir. Bir sanata

---

[13] İbrahim, 14/35.

[14] Buhârî, "Tefsîr", Hadis no: 4949. Ayrıca Bkz. Buhârî, "Tefsîr", Hadis no: 4945-4947; "Edeb", Hadis no: 6217; Müslim, "Kader", Hadis no: 2647; Tirmizî, "Ebvâbu'l-Kader", Hadis no: 2136.

istidadı olmadığında ise onun için çabalaması, zamanı boşa geçirme ve ömür tüketme anlamına gelir. Çocuğun tabiatı bir sanata ve mesleğe uygun değilse, uygun alet ve edavat da yoksa, onu o sanata zorlamamalı ve başka bir sanata nakletmelidir. Tabii ki yapamadığı düşünülen sanata teşebbüsten tam bir ümitsizlik olması şartıyla vazgeçirmeli ki daha sonra ızdıraba yol açmasın. Her fen ve disiplin esnasında, çocuğu, içgüdüsel harareti tahrik eden ve kendisiyle sağlığı koruma ile tembellik ve ahmaklığı reddetmenin olacağı uygun bir riyazete alıştırmalıdır.

Çocuk bir sanat veya mesleği öğrenince, ona o sanat veya meslekle maişetini kazanmayı emretmelidir. Herhangi bir sanat öğretilince kişi eser ortaya koyduğu ve sonuç elde etmenin tadına vardığı zaman ilgi ve faaliyetini artırıp sanatını son noktaya ulaştırması, onun inceliklerini bilme ve icra etmede öne geçmesi için onunla geçimini sağlaması ve para kazanması gerekir. Aynı zamanda alnının teriyle kazandığıyla geçinmelidir. Bu, iyilerin huyu ve hürlerin hasletidir. Baba ve anneden kalacak miras malına bel bağlamamalıdır. Çünkü babalarının servetiyle gururlanan zengin çocuklarının çoğu, miras kalan mala güvenerek sanatları öğrenmekten uzak durur ve mahrum kalırlar. Nitekim zamanın değişmesi ve devrin hadiselerinin baskın çıkması sonucu kayıplar meydanına düşmüş, mal ve mülkleri kaybolmuş ve muhtaç hale gelmişlerdir.

Meslek veya sanatıyla kazanmada ve yaşamada bağımsız hale gelince, çocuğu evlendirmek ve kazancını ayırmak daha uygundur. Fars melikleri çocuklarını hizmetkâr ve uşakları arasında eğitmezlerdi, aksine zorlukla yaşamaya alışsınlar diye güvenilir kimselerle birlikte bir tarafa gönderirlerdi. Deylem başkanlarının adeti bu imiş. Bu yolun zıddıyla yetişen kimsenin, özellikle yaşı ilerlemiş kişinin ıslahı zor olur. Malum, ağaç yaşken eğilir. Kuru odunu düzeltmek çok zordur. Filozof Sokrat'a gençlerle iletişiminin niçin daha fazla olduğunu sorulunca, bu şekilde cevap vermiş. Özellikle kız çocuğunun eğitiminde ise onlara yaraşır olan ve onların durumlarına uygun olan bir yolla ev ve ailenin gerektirdiği şeyler, eve bağlanma, ev işleri, hicab ve iffete sarılma, hayâ, kadınlar için açıklanan hasletler sevdirilerek öğretilmelidir. Kız çocuklarına uygun meslek ve beceriler öğretilmeli kazandırılmalıdır. Okuma ve yazmadan büsbütün menedilmelidir. Kız, ergenlik ve evlenme çağına girince, ertelenmeden uygun bir dengi bulunup evlendirilmelidir. Evladın terbiye yolu budur. Bu konuları ele alma esnasında, bazı adab kurallarının şerhi söz verildiğinde, o sözü tutmak zaruridir. O adab kuralları her ne kadar çocuklara özgü değilse de, bu bapta zikredildi. Çünkü çocukların kabiliyetinde sağlamlık daha çoktur.

Konuşma Adabı

Çok konuşmamak lazım; zira çok konuşmak, akıl ve beyin hafifliğinin, akıl zayıflığının, vakarın düşüşünün ve saygınlık ve onur kaybının alametidir. Aişe-i Sıddîka radıyallâhu anhâ,[15] buyurur ki, "*O hevadan konuşmaz.*"[16] âyeti ile tarif edilen Hz. Mustafa sallallâhu aleyhi ve sellem, aleyhi efdalu's-salâvât ve ekmelu't-tehıyyât, itidalli, ölçülü ve dengeli konuşurdu; o derece ölçülü konuşurdu ki, sürekli bulunduğu mecliste, o Hazret'in tercüman olduğu hakikatler diliyle câri olan kelimeler, sayılabilirdi. Ebû Zerr-i Cemher şöyle demiştir: İhtiyaç yokken çok konuşan birini gördüğünde, kesin olarak bil ki o divanedir. Söylenecek şey, kalpte ve zihinde kesinleşmedikçe dile getirilmemelidir. Filozoflar şöyle demişlerdir: "Defalarca düşün, sonra söyle." İhtiyaç olmadıkça sözü de tekrarlamamalıdır. İhtiyaç olduğunda da tekrardan sıkılma hâsıl olmamalıdır. Bir olay anlatılırken, ona vakıf olunsa bile vakıf olunduğu hissettirilmemelidir ki olayı veya hikayeyi anlatan sözünü tamamlasın.

Kişi, kendisinden başkasına sorulan soruya cevap vermemelidir. Kendisinin de içinde yer aldığı bir topluluğa soru sorulursa, topluluk içindeki diğer kişilerin önüne geçmemelidir. Eğer bir kişi cevapla meşgul olursa, kendisi ondan daha iyisine güç yetirse bile, o kişinin sözünü tamamlamasına sabretmelidir. O bitirdikten sonra da o kişiye tan olmayacak şekilde cevap vermeli, kendi sözünü söylemelidir. Tabii o kişiyle ilgili söylenen söz tamamlanmadan da cevaba yeltenmemelidir. Kişi, kendisinin huzurunda geçen konuşma ve

---

[15] "Radıyallâhu anhâ", "Allah ondan razı olsun" demektir.

[16] Necm, 53/3.

sohbete, kendine söz düşmedikçe karışmamalıdır. Eğer konuşulan hususlar, ondan gizlenirse, kulak kabartmamalı, dinlemeye kalkışmamalıdır. Meclisin büyükleriyle kinayeli olarak konuşmamalı, yüksek sesle değil, dengeli bir sesle konuşmalı, ne çok düşük, ne çok yüksek. Söz temsille müşkil hale gelirse, açıklama yoluna gitmelidir. Bir faydası olmayacaksa sözü uzatmamalı, bilakis kısa konuşma yoluna gitmelidir. Meclislerde uzun hikâyeler anlatmak, lafı dallandırıp budaklandırmak, konuşmada sonuç ve amacın olmaması, diğer katılımcılara konuşma fırsatı tanımamak çok kötü bir haslet ve çirkin bir huydur. Söz ne kadar kısa ve özlü tutulursa fesahate o kadar yakın ve edebe o ölçüde uygundur.

Garip lafızlar ve uzak kinayeler kullanmamalı; kötü söz ve sövgüden kaçınmalıdır. Eğer bir meseleden dolayı kötü bir tabir kullanmak zorunda kalınırsa, tariz ve kinaye ile yetinmelidir. Mürüvvetin, iyiliğin, yiğitliğin, güzelliğin, iyi ahlâkın düşüşüne, hor ve hakir görmenin meydana gelmesine, kin ve adavete sebep olacak şenî şaka veya mizahtan sakınıp kaçınmak farzdır. Her bir makam ve bağlamda söz, durumun gereğine uygun olmalıdır. Konuşurken eli hareket ettirmemeli, göz ve kaş işareti yapmamalıdır; makam veya durumun gereği olan güzel ve hoş bir işaret müstesna. Haklı veya haksız özel meclis ehliyle, büyüklerle ve sefihlerle inatlaşma, tartışma ve muhalif düşme anlamına gelecek bir şey yapmamalıdır. Kendisiyle abartının fayda vermeyeceği bir kişi ile zoraki, ısrarla devam etmemelidir. Münazarada insaf şartına uymalı, anlayışı uygun olmayan, seviyesi düşük olan kişiyle konuşurken ince söz söylememelidir.

Herkesle aklı ölçüsünde konuşmak gerek. Hz. Risâletpenâh sallallahu aleyhi ve sellem şöyle buyurmuştur: "*Biz Peygamberler topluluğu, insanlarla akılları miktarınca konuşmakla emrolunduk.*" İsa aleyhisselâm ise şöyle buyurmuştur: "*Hikmeti, ehli olmayanların yanında zayi etmeyiniz, ehli olmayanlara hikmeti anlatırsanız, onlara zulmetmiş olursunuz.*" Karşılıklı konuşmada, sohbette şakalaşma yöntemi geçerlidir. Hareketlerde, fiillerde ve sözlerde hiç kimseye öykünmemek gerek. Korkunç söz söylememelidir. Büyük bir zatın huzurunda konuşulduğunda, devletin bekası, saadetin devamı vb. gibi kutlu bir şeyle başlamalıdır. Gıybet, kovuculuk, laf götürüp getirme, iftira ve yalan söylemekten, işitmek veya dinlemekten kesin olarak ve tamamen kaçınmayı farz bilmeli, bu kötü şeyleri yapanlarla teşrik-i mesaide bulunmamalıdır. Genel olarak söylemekten daha çok işitmeli ve dinlemelidir. Bir bilge ve filozofa "Niçin senin işitmen, söylemenden daha çoktur?" diye sorulduğunda, şöyle demiştir: "Zira bana iki kulak, bir dil verilmiş." Mısra:

Yanî ki dû bişnev ve yekî bîş megû.[17]

Hareket ve Durma Adabı

Gitme ve yürümede acele etmemek gerekir; zira acele gitme ve yürüme, hafiflik alametidir. Teennide de sınırı aşmamak gerekir; zira bu da tembellik işaretidir. Mütekebbirler, yani kibirlenenler gibi naz, işve ve eda ile yürümemeli; kadınlar ve kadınlaşan erkekler gibi salınarak, vücudunu oynatarak dikkat çekecek şekilde yürümemelidir. İtidal yolunu tutmalıdır.

Yürürken ikide bir dönüp ardına bakmamalıdır. Çünkü bu, ahmakların alametidir. Sürekli başını öne eğerek de yürümemelidir. Böyle yapmak da hüzün ve fikrin galebe çaldığının alametidir. Binite binerken de ölçüyü ve dengeyi elden bırakmamalıdır.

Otururken ayaklarını uzatmamalı ve birbiri üzerine koymamalıdır. Padişah, hoca, baba ve onların konumunda olan kimselerin bulunduğu meclislerin dışında diz çöküp oturmamalıdır. Başını eline ve dizine dayamamalıdır. Çünkü bu, hüzün ve tembellik alametidir. Boyun eğip bükmemelidir. Sakalla ve diğer organlarla oynamak gibi abes ve nahoş hareketlerde bulunmamalıdır.

Parmaklarını ağzına ve burnuna sokmamalı ve çıtlatmamalıdır. Gerinmek ve esnemekten mümkün mertebe kaçınmalıdır. Ağzını ve burnunu yanındakilerin göreceği veya sesini işiteceği şekilde ve kıbleye doğru yönelerek temizlememelidir. Eliyle veya yeninin ucuyla değil, bilakis mendil ile silmelidir. Meclise gittiğinde makam ve mertebesini bilip mertebesinden ne yukarı ne de aşağı bir yere oturmalıdır. Kendisi

---

[17] Yani iki dinle, birden fazla deme.

meclis başkanı veya büyüğü ise her yere oturması caizdir. Canının istediği yere oturabilir. Bilmeden kendi yerine oturmamşısa, öğrendiğinde kendi yerine geçip oturmalıdır. Kendi yeri boş değilse, kimseye rahatsızlık vermeden geri dönmelidir.

Harem ve hizmetçileri dışında hiç kimsenin yanında elinden ve yüzünden başka uzuvlarını çıplak tutmamalıdır. Diz ile göbek arasını hiçbir durumda, yalnızken de toplum içindeyken de açmamalıdır. Tuvalet gitme ve gusletme gibi ihtiyaç durumlarında bile mecbur kalmadıkça buna dikkat etmelidir. Kimsenin yanında uykuya dalmamalıdır. Özellikle horlama âdeti olanların sırt üstü yatıp uyumaması gerekir. Zira sırt üstü yatıp uyumak horlamaya sebep olur ve bazı zararları vardır. Horlamanın da çok çeşitli sebepleri vardır. Mecliste uyku bastırdığında, mümkünse ayağa kalkmalı, kalkma imkanı yoksa, uykuyu bir hikaye, bir fikir veya başka bir şeyle defetmelidir. Eğer bir toplulukla ise ve topluluk uyursa veya kendine muvafakat verirse, yahut dışarı çıkarsa, o zaman uyumak uygun olur. Hasılı, insanlardan kendini nefret ettirmeyecek ve insanlara zahmet vermeyecek şekilde hareket etmelidir. Burada anlatılan alışkanlıklardan bir kısmı ağır veya zor gelirse, bu edeplerin zıtlarından doğan rezalet ve zararlarının, o alışkanlıkları kazanırken çektiği zorluğa ve meşakkate katlanmaktan daha kötü, daha zor ve daha ağır olduğu üzerine düşünüp kafa yormalıdır.

Yemek Yeme Adabı

Önce elini, ağzını ve burnunu temizlemeli, yemeğe "bismillâh" ile başlamalı ve "elhamdü lillâh" ile son vermelidir. Yemeğe aşırı istekli görünmemeli, aceleyle yönelmemelidir, ev sahibi olmak başka. Yemek yerken elleri, elbiseyi ve sofrayı kirletmemelidir. Üç parmağından fazlasıyla yememelidir. Ağzını çok açmamalı, büyük lokma almamalıdır. Çabuk yememeli, ağzını şapırdatmamalı, yemeği çabuk yutmamalı, ama ağızda da çok tutmamalıdır. Bir şey yerken parmaklarını yalamamalıdır, fakat yemek bittikten sonra belki bu yapılabilir, hatta sünnettir.

Yemeğin rengine bakmamalı, yemek koklamamalı ve seçmemelidir. Eğer sofrada biraz iyi bir yemek varsa, ona hırsla tamah edip saldırmamalı, düşkün ve iştahlı davranmamalı, başkalarına işarda bulunmalı, öncelik vermelidir. Ağzından çıkardığı kemik, çekirdek ve benzeri şeyleri ekmeğin değil, sofranın üstüne koymalı; tabağa da koymamalıdır. Parmaklarını yağlı bırakmamalıdır. Yemekteyken ağızdan bir şey çıkarıldığında, nefrete yol açmamak için ağzından uygun bir şekilde çıkarmalı, ekmek ve tuzu ıslatmamalıdır. Tabağa ve sofraya ağzından bir şey damlatmamalıdır. Başkasının önündeki lokmayı veya yemeği almamalı, kendi önünden almalıdır. Ancak belki meyve yerken başka yerlerden de alınabilir.

Sofrayı yerinden kalktıktan sonra başkası gelip yemek yemek istediğinde nefret etmeyeceği şekilde bırakmalıdır. Sofrada misafir varsa, yemekten elini misafirlerden önce çekmemelidir. İştahı yoksa da yiyormuş gibi oyalanmalı, misafirlere uymalı ve misafirler bıraktığı zaman bırakmalıdır. Misafirden erken kalkmamalı ki yemek yemeye devam eden kişi, utanmasın ve yemeğini rahatça yesin. Eğer misafir ise ev sahibinden önce bırakmalıdır. Yemekten çok çabuk kalkmak mihmandarı bir tür küçük görmek anlamına gelir. Yemeğini beğenmediğine yorup kırılabilir. Öyleyse ölçülü olmalıdır.

Yemek esnasında su içme ihtiyacı hâsıl olursa, boğazından ve ağzından ses gelmeyecek ve sofradakilerin dikkatini çekmeyecek şekilde yavaşça içilmelidir. Çevredekilerin bakışı altında kürdanla diş temizlenmemelidir. Dil ile dişlerin arasından çıkarılan şey yenmelidir. Fakat kürdanla çıkarılan şey, insanların nefret etmeyecekleri şekilde uygun bir yere atılmalıdır.

Yemeğin sonunda ellerini yıkama vaktinde parmaklar ve tırnakları iyice yıkanıp temizlemelidir. Aynı şekilde dudaklar, ağız ve dişler de tertemiz yıkanmalıdır. Temizlenirken ağza alınan su leğene dökülmemelidir. Ağızdan su dökülür veya atılırken nezih bir şekilde çevreyi ve çevredeki insanları olumsuz etkilemeden hareket etmeli ve ellerle kapatılarak dökülmelidir. Yemekten önce el yıkamada başkasının önüne geçmeye çalışılmamalıdır. Fakat yemekten önce el yıkama noktasında diğerlerinden önceliğe sahiptir.

5. Lem'a: Anne ve Babaların Haklarına Riâyet

Nimet verene şükretmek, aklen ve naklen vâciptir. İlâhî nimetlerden sonra çocuk hakkları bağlamında hiçbir nimet, baba ve annenin nimeti gibi değildir. Çünkü baba, çocuğun varlığının şeklî sebebidir. Ondan sonra gıda, elbise ve diğer zaruriyyatını temin edip hazırlamak sûretiyle eğitiminin vesilesi; son derece aciz olduğu bir dönemde güçlendirme, tam muhtaç olduğu dönemde terbiye etme ve de tam bir büyümeye ve gelişime, neşvünema bulmaya erişme sebebidir. Yine adab, güzel huylar, sanatlar, meslekler gibi ruhsal ve maddi yetkinliklerinin husûle gelmesi vesilesi, nice meşakkat ve sıkıntılara katlanarak dünya araç ve gereçlerini toplama vasıtasıdır. Anne, varlık sebebi olmada babaya ortaktır, ama hamilelik, doğurma, emzirme ve diğer meşakkatlerde onun hakkı babanınkinden çoktur. Çocuğun hayat sebebi olan ilk kuvvet, anne bedeninin kanıdır. Anne uzun süre çocuğu korur, yönetir, eğitir; aşırı sevgi ve şefkatiyle kendini çocuğuna feda eder. Bu bakımdan ebeveynin çocuk sevgisi, tabiî bir sevgidir. Anne babanın çocukların hak ve hukukuna riâyetinde bir tekellüf veya zorlama söz konusu olmaz. Çocuk anne ve babasına ne denli ihsanda bulunursa bulunsun onların ihsan ve terbiyesine denk düşemez ve yaklaşamaz. Bundan dolayı olsa gerektir, ebeveynin çocuklarını sevmesiyle ilgili bir zorlama olmamasına karşın, çocukların ebeveyne ihsanda bulunmalarına dair emirler vardır. Bu yöndeki emirler, anne babanın çocuklarına karşı görevlerinden daha çoktur. Bu adaletin gereğidir. Nitekim Kur'an'da anne babaya iyilik, Hâlik'a itaattan sonra ikinci sırada gelir. Öyleyse bunu böyle bilip ona göre hareket etmek farzdır. Gayelerin i'câz âyetlerinde ve doğru yolu gösteren hadislerde Allah'a itaatten sonra vasıtasız ebeveyne iyilik zikredilmiştir. İlâhî alanın zenginliği ve müstağniliği, yokluk köyünün müflislerinin O'nun sonsuz nimetleri karşısında şükür edasında bulunmalarından veya mükafat verme yoluna başvurmalarından yüce ve aşkındır. Nihâyet bu yolda sâliklerin yaptığı, acziyet ve eksiklik itirafıdır.

Anlaşıldığı üzere anne babaların haklarını gözetmek daha öncelikli bir görevdir. Şeriat kanunlarına göre de insanların hakları konusunda mübalağa, Allah'ın hakkından daha fazladır; zira Hz. Hak Sübhanehû ve Teâlâ, mutlak cömert ve mutlak ihsan edendir. "*Şüphesiz Allah âlemlerden kesin olarak müstağnidir.*",[18] kesin bir önerme, mutlak bir yargıdır.

Ebeveynin hukukuna riâyet üç şeyle olabilir: Birincisi candan tam samimi bir dostluk ve sevgi, dil ve davranışlarla ile nihai bir saygı, masiyete yönelik olmadığı ve genel maslahata aykırılık taşımadığı sürece onların emir ve yasaklarına mümkün olduğu ölçüde uyma. Söz konusu iki noktadan biri veya ikisi, yani maslahata aykırılık ve masiyetten biri veya ikisi olursa, mücadele yoluyla değil, güzellikle muhalefet edilmelidir. Bu noktalarda bir problem yoksa, ana babaya şeran vâcip olduğu şekilde iyi davranmak, onların dediklerini yapmak gerekir. İmam Gazzalî âlimlerin çoğundan naklen "Şüpheli meselelerde bile anne ve babanın onayı vâcip iken mübahlarda nasıl olmasın!" buyurmuştur. İkincisi, geçim ve dünyevi işlerde bir zarara yol açmadıkça minnetsiz, karşılık beklemeden onlara yardım edip destek olmak ve iyilik yapmaktır. Üçüncüsü, gerek hayatta iken, gerekse öldükten sonra sırda da aleniyette de ve vasiyetlerini yerine getirme hususunda onların iyiliğini istediğini göstermektir. Babanın hakları ruhaniyet boyutuyla galiptir, annenin hakları ise cismaniyet boyutuyla daha galiptir. Bundan dolayı temyiz gücünden sonra babaların hakkı ve sevgisi noktasında tenbih hasıl olur. Annelerin hakkı da durumla ilgili ilkeler çerçevesinde malum olur. Bu sebeple çocukların onlara meyli fazladır. O halde itaat, dua, övgü ve bağlılık gibi ruhaniyetin egemen olduğu işlerle babaların hakkı eda edilmelidir. Mal harcama, dünya ve geçim vasıtalarını tertip etme gibi cismaniyet yönü ağır basan işlerle ise annelerin hakları eda edilmelidir. İtaatsizlik erdemsizliği, haklara riâyet erdeminin zıddı olduğu için, haklara riâyet erdeminin üç türüne karşılık itaatsizlik erdemsizliği de üç türlüdür.

Ebeveyn konumunda olan kimseler, ecdad, amcalar, dayılar, halalar ve büyük kardeşler gibidirler. Hakiki dostları da onlar gibi görmek ve sahiplenmek gerek. İmkan nispetinde onlarla vakit geçirmelidir. Sahih hadiste belirtildiğine göre güzel işlerin en iyisi, kişinin, babasının dostlarını gözetmesidir. Daha önce ifade edildiği üzere ruhânî yakınlık ve

[18] Ankebut, 29/6.

akrabalık da muteberdir. Bu itibarla ruhânî baba olan öğretmen de muteberdir ve dolayısıyla öğretmen de aynı şekilde gözetilmeli, hatta daha fazla gözetilmelidir.

6. Lem'a: Hizmetçilerin Yönetimi

Akıl hükmünce, hizmetçileri el, ayak ve kişinin diğer organları mesabesindedir. Çünkü insan, işlerini hizmetçiler değil de kendisi yaparsa, o takdirde, kendi azalarını kullanması gerekir. Bu durumda rahatlık sebep ve araçları ortadan kalkar. Yorgun düşer, meşakkat onu kuşatır. Dahası kendisine yeterince zaman ayıramayacağı için hiçbir sanatı, zenaatı, fazileti, erdemi kazanmaya girişemez. O halde hizmetçiler tayifesi olmazsa, rahatlık kapıları kapanır, işler zorlaşır, insana yorgunluk, bitkinlik, gevşeklik ve bıkkınlık çöker. Sıradan ama zorunlu ihtiyaçları gidermek için yapılan çeşitli hareketleri, kalkma, oturma, gitme ve gelme gibi eylemleri insanın bizzat yapması gerekir. Ayrıca insan bu sıradan işleri bizzat yapınca saygınlığı ve vakarı kalmaz, hizmetçi ile mahdum ve yönetici ile yönetilen bir olur. Tersine hizmetçiler olursa, insan, kendi eliyle tutacağı şeyi onların eliyle tutar, kendi ayağıyla varacağı yere onların ayağıyla varır ve bizzat gözetleyeceği şeyi onların gözüyle gözetler. Öyleyse hizmetçilerin kıymetini bilmeli ve onları İlâhî emanetler olarak kabul etmelidir. Onların varlığının şükrünü eda etmeyi farz bilmelidir. Onlara yumuşak davranmalı, şefkatle yaklaşmalı ve güçlerinin yettiği kadar iş yüklemelidir. İtidal ölçüsünde iş vermelidir. Onlar için de dinlenme vakitleri belirlemeli, bu süre içinde hizmetten muaf tutmalı, rahatlarını kaçırmamalı ve hayatlarını berbat etmemelidir. Hizmetçiler için de bitkinlik, yorgunluk ve zaafiyetin söz konusu olabileceğini ve dolayısıyla onların da dinlenmeye ihtıyaç duyduğunu unutmamak gerek. Bilinmelidir ki onların da tabiatlarına ihtiyaç ve irade unsurları yerleştirilmiştir.

Fıtratın cevheri bakımından hizmet alan ile hizmetçiler arasında ortaklık olduğunu, hizmetçinin de insan olduğunu, Hak Teâlâ'nın onları kendisine memur kıldığına şükrün eda edilmesi ve onlara zulmetmemesi gerektiğini düşünmelidir.

Hazret-i Mütemmim-i Mekârim-i Ahlâk[19] aleyhi's-salevâtu ve't-tehıyyetu mine'l-Mulki'l-Hallâk[20] hizmet alanların yeme ve giyinmede hizmetçileri kendileriyle bir tutmaları gerektiğini buyurmuştur.

Bütün bu huşular dikkate alındığında, anlaşılır ki, bir kimseyi hizmet için kabul etmek söz konusu olduğunda, öncelikle o kişinin durumunu dikkatlice enine boyuna düşünmek gerekir. Bu bapta tecrübe yoksa veya olmamışsa, feraset ve basiretle yardım istemeli, değişik sûretler ve farklı kumaştan kişileri, problemli ve güvensiz tipleri tercih etmemelidir. Çünkü genellikle huy yaratılışa tâbidir, aksi nadirdir.

Fars bilgeleri ve filozofları, çirkinin en iyi şeyinin, onun sûreti olduğunu söylemişlerdir. Hadis-i Nebevî'de şöyle buyurulmuştur: "*İhtiyaçları, güzel yüzlüler yanında arayınız.*"[21] Ayrıca buyurulmuştur ki bir yere bir elçi gönderildiğinde, adı iyi ve sûreti güzel biri olmalıdır. Çünkü güzel sûret, kişiden muhataba ulaşan ilk nimettir. Başka bir hadiste buyurulduğuna göre bütün peygamberler, iyi yüzlü, güzel ahlâklı ve hoş sesli idiler. Bu bağlamda tek gözlü, topal, kel, alaca derili vs. gibi özürlülerden kaçınmalıdır.

Hizmetçiden uyanıklık emareleri görüldüğünde, ona karşı tedbirli olmalıdır. Çünkü çoğu durumlarda bu özellikteki kişide hile ve aldatma olur. Bu noktada çok haya ile az akıl, çok akıl ile arsızlıktan daha iyidir. Zira hayâ hasletlerin en iyisidir. Hizmetçi, bir işe kabiliyetli olduğu görülürse, o işin araçları da ona uygunsa, ayrıca onun söz konusu işe arzusu, uygun düzeyde ise, onunla meşgul etmelidir. Çünkü herkesin bir işe kabiliyeti vardır. Atla çiftçilik yapılmayacağı gibi, güzel inekle de olmaz. Kişilere kabiliyetinin olduğu şeyin dışında bir şey yaptırılamaz. Hizmetçiye bir iş verince, küçük bir zararın ortaya çıkmasıyla onu işten azletmemelidir. Çünkü bu fiil gönlü dar, kısa görüşlü ve sabırsızların tutumudur. Azledilirse, yerine biri alınacak; ama alınacak kişinin ondan daha iyi veya kötü olacağı bilinemez, tahmin edi-

---

19 "Mütemmim-i Mekârim-i Ahlâk", "Güzel Ahlâkı Tamamlayan" anlamına gelir ve Peygamberimiz (sav) için kullanılır.

20 "Aleyhi's-salevâtu ve't-tehıyye mine'l-Meliki'l-Hallâk" duası, "Hallâk ve Melik olan Allah'ın salavatı ve selamı onun üzerine olsun" anlamına gelir.

21 Bu rivayetin hadis olarak tespiti yapılamamıştır.

lemez. Hizmetçinin kalbinde ve zihninde, hiçbir sûrette efendinin kendisinden ayrılma hesabının olmadığı net olarak yer almalıdır; böylece hem mürüvvete, insaniyete daha yakın olur; vefa ve kereme daha layık olur, hem de hizmet edilenlerin daha fazla rağbet ettiği kişi olur; ayrıca hizmet ve hizmetçi için uyum ve cansiperane çalışma şartını yerine getirir. Zira hizmetçi hizmet edilenle birlikteliğinin devam ettiğini düşündüğü zaman, kendini malda ve araçlarda hizmet edilene ortak bilir; onun nimet ve malını kendi nimet ve malı olarak görür. Hizmet ettiği kişilerin alakasının sağlam olmadığı ve küçük bir şeyle ortadan kalkacağı gibi bir düşünceye kapıldığında, hizmeti bir ödünç sayar, şefkat ve merhamet şartını yerine getirmez; tersine ayrılık günü için zahire biriktirmeye başlar. Hizmette ilke şudur: Hizmetçiyi hizmete sevkeden, zaruret değil, sevgidir. Ancak böyle olursa, hizmetçi, ücretli gibi değil, aşıkâne çalışıp hizmet eder. Ondan sonra korku değil, ümit hizmete sevkeder. Böylece severek olmayınca, ücretli olur, mazlumane değil. Çünkü bir kişiye korkutarak iş yaptırdığında, elbette onun için o işte batınî, içten bir zevk olmaz, olsa olsa zararı defedecek kadar o işi yapar.

Belirtmek gerekir ki, hizmetçilerin maslahatlarını kendi maslahatlarına öncelemeli ve onlara ait olan işleri bıkkınlıkla, istemeye istemeye değil, neşe ve sevinçle yapmalarını sağlamalıdır. Onların halinin ıslahı konusunda meratibe dikkat etmelidir. Onları lütufla ümitvar kılmalı, kahırla korkutmalıdır. Onlardan biri tevbeden sonra günaha dönerse, uygun cezalarla yola getirmelidir. Sırf bununla da ondan ümit kesmemelidir. Eğer tekrar aynı şeyi yapmaya devam ederse, o takdirde ıslah olmayacağı anlaşıldığından, çevresine kötülüğünü yaymaması için acilen uzaklaştırmalıdır.

Köle, hizmet için hürden daha uygundur.; zira kölenin itaate, boyun eğmeye, efendinin ahlâk ve adabıyla tedibe meyli daha fazla ve bu konularda ihmalde bulunmaya meyli ise daha azdır. Köle ve hizmetçi sınıflarından aklı, konuşması, hayası, düşünmesi ve metaneti çok olanlar, kişinin kendisine hizmet için; iffeti, kifâyeti, kazancı daha çok olanlar, ise ticaret için tayin edilmelidir. Güçlü olan, zor işlere sabırlı olanlar, imar ve inşaat için; uyanık ve yüksek sesli olanlar ise koruma için tayin edilmelidir.

Köleler sınıfı üçtür: Birincisi tabiat olarak hür olanlar, ikincisi tabiat olarak köle olanlar, üçüncüsü ise *abdü'ş-şehvet*, yani şehvetin kulu ve kölesidir. Birincisini evlat gibi yetiştirmeli ve eğitmelidir. İkincisini hayvanlar gibi yetiştirmeli, üçüncüsünü ise nefse hoş gelen şeylerin tuzağına karşı korumaya çalışmalıdır. Maslahata göre hareket etmelidir.

Ümmetlerin sınıflarından Araplar, konuşma, söylev, fesahat ve deha yönüyle mümtazdırlar; fakat cefa tabiatlılık ve şehvet kuvvetiyle bilinirler. Yine toplumların sınıflarından Habeşliler, vefa ve sabit kadem olmakla maruftурlar; fakat kibir ve zillete tahammülsüzlükle vasıflanırlar. Acemler, akıl, siyaset, nezafet ve feraset ve uyanıklıkla mümtazdırlar; fakat hile, hırs ve nifaka varan yönlere sahiplerdir. Rumlar, vefa, emanet ve kifâyetle nitelenirler; fakat cimrilik ve pintilikle kınanırlar. Hintliler, sezgi, vehim ve çeviklik gücüyle nitelenirler; ama kendini beğenme, kin ve aldatma ile kötülenirler. Türkler, cesaret, hizmet çabukluğu, güzel görünüşle anılırlar; lakin vefasızlık, fesad, kasavet ve korumadan yoksunlukla meşhurdurlar.

ÜÇÜNCÜ LÂMİ'

SİYASET İLMİ VE YÖNETİM KURALLARI

1. Lem'a: İnsanın Toplum ve Medeniyete[1] İhtiyacı Hikmet Kapsamındaki Bu İlmin Fazileti[2]

Açıktır ki varlıklar, yetkinlik[3] açısından iki kısımdır. Birincisi, gök cisimleri gibi, yetkinliği varlığına bitişik olan varlıklar, ikincisi ise elementsel bileşikler gibi, yetkinliği varlığından sonra gelen varlıklardır. Varlıkların bu kısmında eksiklikten yetkinliğe doğru bir hareket söz konusudur. Bu hareket, sebeplerin yardımı olmadan gerçekleşmez. Bu sebepler, ya nutfe üzerinde yayılan feyizli kaynaktan çoğalarak insanî yetkinliğe erişen sûretler gibi kemâlâttır ya da gıdanın yetkinlik noktasına kadar bedenlere erişmesi gibi, maddeye kabul edilebilir bir sûret kazandıran hazırlayıcılardır.

Yardım mutlak sûrette üç şekilde olur. Birincisi madde ile yardımdır. Bu, gıdanın hayvana yardımında olduğu gibi, yardım edenin, yardım ettiği şeye onun bir parçası olmak sûretiyle yaptığı yardımdır. İkincisi aletle yardımdır. Bu da, gıda alanın gıda aldıktan sonra içtiği su gibi yardım edenin yardım ettiği şeyin fiilinin aleti olduğu yardımdır. Üçüncüsü hizmetler yoluyla yardımdır. Bu tür yardım, yardım edenin yardım ettiği şeyin kemâlatının aracı, yetkinliklerinin sebebi

---

1 Metnin orijinalinde "Der İhtiyâc-i İnsân be Temeddun" olarak geçmektedir. Medeniyet olarak karşılanabilecek olan temeddün, İslam felsefesinde ve ilk sosyolog İbn Haldun'un toplum teorisinde insanların bir araya gelerek toplum oluşturmaları gerçeğini ifade edecek şekilde ele alındığı için toplum olarak çevrilebilir. Fakat burada çeviride "temeddun" karşılığı olarak "toplum ve medeniyet"i tercih etmemizin sebebi, günümüzde toplum ve medeniyete birbiriyle ilişkili, ama farklı anlamlar verilmesinden dolayı bu iki kavram ve olguya da işaret etme isteğidir.

2 Metnin orijinalinde var olan, fakat başlık olmayan bu ifade, mütercim tarafından başlık olarak konulmuştur.

3 Metnin orijinalinde "kemâl" olarak geçmektedir.

olarak işlev gördüğü yardımı ifade eder. Hizmet yoluyla yardım da iki kısma ayrılır. Bunlardan birincisi, yardım edenin fiilinin gayesi, yardım ettiği kişinin veya şeyin yetkinliği olan *bizzat hizmet*tir.[4] İkincisi ise, başka bir şeyin fiilinin gayesi olan ve yardım edenin o gayeye tâbi olarak, yani dolayısıyla tamamladığı *bilaraz hizmet*tir.[5]

Birinciye örnek, Muallim-i Sânî Şeyh Ebû Nasr Fârâbî'nin (872-950) dediği gibi unsurlara bizzat hizmetçi olan yılanlardır. Çünkü bu yılanların canlıları sokarak bileşimin ve unsurların bozulmasına yol açmalarında kendileri için hiçbir faydası yoktur. İkincisine örnek, yırtıcı hayvanların arazla hizmetçi olmalarıdır. Bu hayvanların, canlıları parçalamalarındaki maksat, kendilerine yarar sağlamaktır. Bu örnekte unsurlarda çözülme, söz konusu yarara tâbi olarak, yani dolayısıyla lâzım gelir. Bizzat hizmetçi, hizmet edilenden daha aşağı olduğu için mükevvenâtın en üstünü ve en şereflisi olan insan, bizzat hizmet edenlerden birine bizzat hizmet etmez. Bilaraz, yani dolaylı olarak hizmet etmesi başkadır. Lakin onların hepsi, hem madde yoluyla, hem alet aracılığıyla, hem *bizzat hizmet* yoluyla, hem de *bilaraz hizmet* yoluyla insana yardım eder. Çünkü unsurlar, insan bedeninin terkip ve bileşiminin bir parçasıdırlar ve bitkilerle hayvanlar insanın gıdasıdırlar. Bu yardım maddeyledir. İnsan, unsurlardan her birini tabiî ve iradî fillerin aleti yapar: Gıdanın pişmesinde, bedenin ısınması ve soğumasında, gıdaya bedende kılavuzluk etmede su ve ateş gibi; ruhu rahatlatan teneffüste hava gibi; gıda maddesinin ekiminde, mesken binasının yapımında vb. toprak gibi.

Aynı şekilde bitkilerle hayvanlardan bazılarını gıda, bazılarını ilaç yapar, bazılarını ise istihdam eder, ek olarak felek cisimlerini de istihdam eder. Çünkü semavi cisimlerin hareketlerinden hasıl olan mevsimleri doğru yönetim ve ida-

---

4 Bizzat hizmet, zat olarak, özde hizmet anlamındadır.

5 Bilaraz hizmet, araz olarak, arazda, dolayısıyla, aslî olana tâbi hizmet anlamındadır. Kınalızâde Âlî Efendi, bilaraz hizmeti şu örneği vererek izah eder: Çobanın koyun sürüsüne ettiği hizmet böyledir. Çobanın asıl amacı sürü sahibine hizmet etmek ve onun memnuniyetini kazanmak olduğu hâlde sürüye o istediği için hizmet eder. Böylece sürü sahibine bizzat, sürüye dolaylı olarak yardım ve hizmet etmiş olur (Kınalızade Ali Çelebi, *Ahlâk-ı Alâî*, Sadeleştiren: Murat Demirkol, 370).

re ile ziraat ve imaret gibi kendi fiillerinin sebep ve vasıtaları yapar. Nitekim "*Sen olmasaydın felekleri yaratmazdım.*" Buna işaret eder. Tevrat'ta da yazılıdır: "*Ey âdemoğlu seni kendim için yarattım; eşyayı ise senin için yarattım.*" Akıllı ve zeki insan, bu konuyla ilgili düşünür ve derinlemesine soruşturma yaparsa, meleklerin insana secdesinin sırrının kendisinde olduğunu anlar. Bitki ve hayvanlarda açık olan eksiklik durumunda, bitkilerin secde edenler şeklinde, hayvanların ise rükû edenler şeklinde olmasında ne gibi hikmet ve felsefe olduğu, kendisinin basiret gözünde görünür, tecelli eder.

İnsan fertleri de birbirlerine yardım ederler, fakat bunu madde ve alet yoluyla değil, hizmet yoluyla yaparlar. İnsan madde yoluyla hiçbir şeye yardım edemez. Çünkü insan, öze bakarak denilebilir ki, soyut bir cevherdir. O halde insan, unsurlarla bileşiklerin yardımına muhtaç olduğu gibi kendi türündeki fertlerin yardımına da muhtaçtır, hem şahsın bekası, hem de türün bekası için muhtaçtır. Bu nedenle birbirlerine hizmet yoluyla yardım ederler. Diğer hayvanlar da unsurlara ve terkiplere, yani bileşiklere muhtaçtırlar, fakat kendi türlerine bu muhtaç oluşta farklıklara sahiptirler. Çünkü tevellüd ile meydana gelen şey, su hayvanlarının çoğu gibi, ne şahsın varlığı, ne de türün bekası için kendi türüne muhtaçtır. Tevâlüd ile meydana gelenler ise hayvanlar vd. gibi muayyen bir yetkinliğe erişmek için türü korumada, şahsı ve eğitimi gerçekleştirmede kendi türüne muhtaçtır.

Fakat eğitimden sonra kendi türünün yardımına muhtaç olmazlar. Öyleyse onların bir araya gelmesi, çiftleşme vaktinde, çoğalma ve büyüme günlerinde zaruri olur. Ondan sonra her biri bağımsız olabilir. Bal arısı, karınca, bazı kuş türleri gibi diğer bazı hayvanlar, yardımlaşmaya muhtaçtırlar, hem şahsın korunması, hem de türün korunması için muhtaçtırlar.

İnsanın Şahsın Bekâsında Kendi Türünün Yardımına İhtiyaç Duymasının Beyanı[6]

Bu noktada insanın şahsın bekası noktasında kendi türünün yardımına ihtiyaç duymasını beyan etmek faydalı olabilir. Eğer bir şahsın, kendi nefsiyle, kendi başına gıda, ev, elbise ve silah ile bunlardan her birinin araçları ve ilkelerini

6 Başlık mütercime aittir.

tertip etmesi gerekseydi, kendisine muhtaç olunan sanat ve mesleklerden marangozluk ve demirciliğin vd. gereçlerini elde etmesi gerekirdi ve ondan sonra kendi başına o meşguliyetlerden her biriyle meşgul olurdu ve böylece gıda, elbise ve mesken hasıl olurdu. Tabii ki araç ve öncüllerin tertibiyle meşgul olduğu süre içinde ister istemez gıdasız, elbisesiz ve meskensiz kalır ve kendi helâkine yol açardı. Ayrıca insanın zamanı tamamen bu sanatlardan biri için harcanırsa, ona da ömrü vefa etmez. Lakin insanlar bir araya gelir ve birbirlerine yardım eder, birbirleri için önemli işleri paylaşarak ve işbölümü yaparak gerçekleştirir ve bu yardımlaşma ve paylaşmada adalet caddesinde yürürlerse, o takdirde maişet araçları muntazam, şahısların durumları mazbut olur ve türün bekası da mahfuz kalır.

Bu hususlara işaret olarak nakledilir ki Âdem aleyhisselam dünyaya geldiğinde, ekmek pişirip soğutmak için belki de binlerce iş yapması gerekirdi. Filozoflar demişlerdir ki kişinin ağzına bir lokma ekmek koyabilmesi için bin bir türlü iş yapması gerekiyordu. O halde insanların işlerini düzene koymaları birbirleriyle yardımlaşmaya bağlı idi. İlâhî hikmet-i bâliğa, insan fertlerinin tabiatta farklı olmalarını ve böylece her birinin bir sanata ve önemli bir işe meyletmelerini, o işte yetkinlik için çaba harcamalarını gerekli kılar. Çünkü eğer bütün insanlar, gayrette ve yönelimde müttefik olsalardı, o zaman hepsi bir sanata meylederdi ve diğer sanatlar boş kalırdı, onlara kimse yönelmezdi; bu da bozulma ve yıkım sebebi olurdu. Aynı şekilde herkes, fakirlik ve zenginlik halinde eşit olsaydı, insanlar birbirlerine yardım edemezlerdi. Zira herkes örneğin fakir olsaydı, hiç kimsenin hizmet karşılığında bir yarar veya menfaat beklentisi olmazdı. Herkes zengin olsaydı, zenginlik dolayısıyla insanlar birbirlerine hizmet etmezlerdi. Fakat gayret ve yönelimler farklı olduğu, insanlardan her biri bir sanatı güzel gördüğü ve o sanata yönelip o sanatta kendini geliştirdiği için, durumların farklı oluşunun bir gereği olarak, her birinin bir şekilde diğerine ihtiyacı olur, her biri diğeri için önemli bir işe girişir ve böylece insanlar birbirleriyle yardımlaştıklarından hepsinin durumları muntazam olur. Nitekim gerçek hayatta olan da budur.

O halde açıklığa kavuştuğu üzere insan, kendi türünden insanlarla bir araya gelmeye ve toplum olarak yaşamaya muhtaçtırlar. Buna temeddün, yani toplum ve medeniyet adı verilmektedir. Temeddün, medîne kelimesinden türemiştir. Medine ise şehirde ictimâ, bir araya gelip toplanma ve toplum oluşturma demektir. Çünkü bu bağlamda medîne ile kastedilen, binalar ve duvarları değil, bilakis ev hakkında söylenenlere kıyasla, işlerin uygun bir şekilde düzenlenmesini sağlayan ictimâ-i âmm, yani insanların bir araya gelerek oluşturdukları toplumdur. İşte filozofların söylediği "insan tabiatı gereği medenîdir." önermesinin anlamı budur. Yani "insan, tabiatı gereği, toplumsal ve toplumlu bir varlıktır." demektir. Bu ifade, insanların tabiatlarından dolayı temeddün denilen özel ictimâya, kendine özgü toplanmaya, yani topluma muhtaç olmasını veciz bir şekilde ortaya koymaktadır.[7]

İnsanların tabiatlarının özellik ve yönelimleri farklı olduğu ve bütün tabiatlar kendileri için yararlı olan şeyleri arama üzerine yaratıldıkları için, herkes kendi tabiatıyla baş başa bırakılırsa, insanların birbirleriyle yardımlaşmalarının düzenli bir şekilde olması mümkün olmazdı. Çünkü o durumda herkes kendi menfaati için diğerlerine zarar verir, zarar verecek şeyler yapardı. Bu da çekişmeye, kavga ve çatışmaya yol açardı. Bu durumda insanlar birbirlerini yok etmek için çalışırlardı. O halde insanlardan her birinin hak sahibi oldukları şeylerden razı oldukları, birbirlerinin haklarına tecavüz elini, birbirlerine saldırı ve duşmanlık elini çektikleri bir tedbire, bir yönetim tarzına, bir idareye ihtiyaç söz konusudur. Buna büyük siyaset adı verilmektedir. Bu bapta, adalet bahsinde söylenildiği gibi namusa, yani kanuna, hâkime, paraya ihtiyaç vardır.[8]

---

7 Bu ifadeler, insanın topluma ihtiyacı konusunda felsefî anlamda meselâ Fârâbî'nin görüşleriyle ve sosyolojik anlamda İbn Haldun'un kendi kurduğu 'Ilmu'l-'Umrân (Umran İlmi) kapsamındaki görüşleriyle aynı temel dayanmaktadır. Yazar, ya bu ve benzeri düşünür, filozof, sosyolog ve âlimlerin görüşlerinden yararlanarak ya da genel olarak o dönemin bilimsel ve felsefî birikiminin olduğu ilim ve düşünce kültüründen faydalanarak toplum görüşünü ortaya koymaktadır.

8 Siyaset görüşünde de yazar, Aristoteles ve Fârâbî gibi filozofların görüşlerinden yararlanarak bu hususları ortaya koymaktadır.

Namus, yani kanun hususunda işaret etmek gerekir ki kanunun sahibi, ilhamla ve İlâhî vahiyle başkalarından ayrılıp seçilen ve böylece dünya ve ahiret, meâd ve meâşın salahına yönelik olmak üzere ibadet vazifeleri ve muamelât ahkamı konusunda tayin buyuran şahıstır. Bilgelerle filzooflar böyle bu şahsa sâhib-i nâmûs, bu şahsın verdiği hükümlere ise nâmûs derler. Sonraki düşünür, filozof, bilge ve âlimlerin örfünde bu şahsa peygamber ve şârî, verdikleri hükümlere de şeriat denir. Eflatun, bu tür kişilerin durumu hakkında şöyle demiştir: "*Onlar, büyük ve üstün güçlere sahip kimselerdir.*" Yani bu kişiler, ilmî ve amelî, teorik ve pratik kuvvette diğerlerinden üstün ve mümtazdırlar. Çünkü onlar, İlâhî ilhamla muğayyebâtın inceliklerine vakıf olur, kevn ve fesad âlemine tasarrufta bulunabilirler. Aristoteles onlarla ilgili şöyle demiştir: "*Onlar, Allah'ın yardım ve inâyetinin daha çok olduğu kişilerdir.*"

Hâkime, yönetim işini elinde bulundurana gelince; hâkim İlâhî destekle desteklenen ve mümtaz olan, dolayısıyla bu özelliğiyle insan fertlerini geliştirme ve yetkinleştirmeye, maslahatlarını düzenlemeye gücü yetebilen bir kişi olmalıdır. Bilge ve filozoflar bu kişiye alelıtlak hükümdar, yani genel veya mutlak yönetici derler. Bu kişilerin hükümlerine ise hükümdarlık veya yönetim sanatı derler. Müteahhirler hâkime imam, hüküm ve ameline de imâmet derler. Eflatun, âlemin müdebbiri, yani dünya yöneticisi der. Aristoteles, ona, medînenin, yani medeniyet ve toplumun işlerini uygun bir şekilde düzenleyip koruyan medenî, yani toplumsal insan adını verir.

Canlıların, özellikle insanların maslahatlarının ve günlerin dizginleri böyle yüksek düzeyde bir şahsın kifâyet avucunda olduğu zaman, envai çeşit uğur ve bereket, beldelerin hepsine ve kulların tamamına erişir. Nitekim Yaratıcı'nın tedbir ve idaresinin güzelliklerinin ve kutlu eserlerinin bu zamanında, "'a'ti'l-kavs bârîhâ"[9] gereğince, insanların maslahatlar nizamının dizgini, mutlu ve kutlu bir padişahın iktidar eline konulmuştur. O padişah ki adalet sesi, Nuşirevan'ın adalet sesini tekrar çıkarmış; şefkatini uğuruyla kaina-

[9] "A'ti'l-kavs bârîhâ": Yayı, sanatında mâhir ustasına ver." anlamına gelen bu Arapça ifade, işleri erbabına vermeye işaret eder.

tın olaylarının oklarından yaralanıp yorgun düşen gönüllerin cerahatına uygun merhem yapıp sürmüş, adalet yönetimiyle kurda kuzuyu öğretmiş, kurtla kuzuyu arkadaş yapmış ve hırsızlığı kaldırıp hırsızı muhafız yapmıştır. Rafet ve merhametinin döngüsüyle hiçbir yırtık yaka görülemez; bülbüllerin sesinden başka hiçbir inleme sesi duyulamaz. Lütfu, adalet kurallarının ihyasında İsa'nın nefeslerinin özelliğiyle zahir oldu; adaleti, zalimlerin zulmünü yok etmede yed-i beyzâ güneşi gibi oldu. Adaleti zamanında put gibi dilberlerin gözündekinin dışında, o da uykuda iken, hiçbir fitne görülemez oldu. Güzellerin saç kıvrımındakinin dışında hiçbir karışıklık çıkarılamadı, o da aydınlıkken. Umulur ki onun ikbal güneşi, kıyametin kıyamına kadar zeval felaketi ve vebal utancından korunur.

Elbette âlemin müdebbiri öncelikle şariatın ahkamını korumakla mükelleftir. Dünyanın idarecisi olarak o, işlerin cüziyatı, parçaları, tikelleri üzerinde şeriatın küllî, mutlak, tümel kurallarına uygun bir şekilde tasarrufta bulunma iradesi ve tercihini ortaya koyar; adalet ve ihsanı yaymada, cömertlik ve keremi ikame etmede, kullara zulmü ve ülkelere haksızlığı önlemede, liyakat ve istidat sahiplerine yaptığı cömertliğin ve verdiği hediyenin çıkar gözetmekten ve yaydığı lütfun karşılık beklemekten arınmış olmasında Hakiki Mutasarrıf ve Mutlak Mâlik'e beşerî gücünün yettiği ölçüde uyarsa, evet, o takdirde böyle bir kişi, hakikaten Allah'ın gölgesi, Allah'n halifesi ve Peygamberin nâibi olur.

Usta, becerikli doktorun insanî mizacın dengesini koruması gibi böyle bir şahıs da hakiki denge olarak adlandırılan dünya mizacının sıhhatini korur; dünya mizacında dengesizlik, bozulma veya sapma yol bulursa, dengeye getirir; dolayısıyla hakikaten âlemin doktoru olur, onun sanatı, bütünüyle tıp sanatı olur. İnsan bedeninin organları bekâda nasıl birbirlerine muhtaç iseler, aynı şekilde insanî şahıslar da bekâ için birbirlerine muhtaçtırlar. Bilindiği üzere insanın bedensel organlarından mesela ciğer, hayvanî ruh ve hayat kuvvetinde kalbe muhtaçtır. Kalp tabii ruhta ve beslenmede ciğere muhtaçtır. Onların her ikisi de nefsanî ruh ve duyu gücünde beyne; beyin ise hayatta ve beslenmede onların her ikisine muhtaçtır. İnsanlar da bu dünyada yaşamak için söz konusu azaların birbirlerine muhtaç olmaları gibi birbirlerine muhtaçtırlar. O halde her şahsın kemâl ve tamâmı, yetkinlik ve tamlığı, başka şahıslarla hasıl olur. Dolayısıyla türün mensuplarıyla yardımlaşma veçhesiyle iç içe yaşama ve etkileşime girme zorunludur. Tabii ki adalet kaidesinden sapanlarla zulüm semtine girenler hariç. Bu bağlamda insanlardan uzleti ve vahşi yaşamı seçen, kendi türüne yardımdan uzak duran veya kaçan, kendi maişet araçlarının yükünü insanlara yükleyen ve bunu da zühd addeden, erdem bilen topluluk, örnek olarak verilebilir. Halbuki bu durum, yani söz konusu topluluk örneğinin durumu, tam bir zulümdür. Zira gıda ve elbiseyi türün çocuklarından alırlar, bunların bedeli olarak onlara hiçbir fayda sağlamazlar, aldıklarına karşılık ücret ödemezler. Sebep ve araçlar olmadığı için onlardan rezil ve erdemsiz fiiller sadır olmadığı için avam onları fazilet ehli zanneder. Bu tam bir hatadır. Çünkü iffet, şehveti terk değildir, aksine onu adalet üzere kullanmasıdır.

Adalet ise, bir kişiyi görmemek sûretiyle ona zulmetmek değildir; bilakis insanlarla ilişkide, insanlara muamelede insaf etme ve insafla hakkını alma, yani insaf edilme yolunu izlemektir. Ebu'l-Hasen Âmirî (ö. 992) şöyle der: Kıssacılar, bu taifeden daha kötüdürler. Zira onlar, insanlardan yardım görme ve onların mallarını alma beklentisi içinde olmakla birlikte insanlara bir fayda sağlamaz, tersine zarar verirler. Çünkü yalan hikayelerle onları aldatırlar, onların anlayış ve kabiliyetlerini yok ederler. Adalet üzere yardım, adalet kaidesi bilindiği zaman gerçekleşir. Bu ilmin kaidelerini bilmeden de adalet kaidesini bilmek hasıl olmaz. O halde herkese bu ilmi öğrenmek zaruridir. Herkes bu ilmi öğrenmelidir ki muameleleri ve muaşeretleri adalet üzere gerçekleşsin. Özellikle daha önce zikredildiği gibi sultanlar, âlemin mizaç doktoru ve insanoğlunun işlerinin idarecisi, çekip çevirenidirler. Bu ilim, insanların genelinin maslahatıyla ilgili kaidelerden ibarettir. Bu yüzden yardıma hakikî yetkinliğe yönelirler.

2. Lem'a: Sevgi Erdemi
Sevgi, Adalet ve Akıl[10]

Sevgi çok önemli bir erdemdir. Çünkü malumdur ki insan fertlerinin yetkinlik kazanması ve kemale ermesi, toplumlu olmaya, toplumsallığa, bir arada yaşamaya, birbiriyle iyi geçinmeye bağlıdır. Bu da muhabbetsiz, sevgisiz, ülfetsiz, kaynaşmasız gerçekleşmez. Sevgi bağının var olması durumunda adalete ihtiyaç kalmaz. Önceden de geçtiği gibi sevgi, adaletten üstündür. Çünkü sevgi, doğallığa benzer bir ünitedir, tabiî bir birliğe benzer. Adalet ise sınâî olana, yapaylığa, yapma şeye, sanatsallığa, sanata ve endüstriyel olana, yapay birliğe benzer. Muhakkak ki tabiî olan, sınaîden daha kadimdir. Sevgi ikilik hükümlerini kaldırmayı gerektirdiği için onun varolmasıyla adalete ihtiyaç kalmaz. İnsaf, etimolojik olarak ikiye bölmek demektir. Yani munsif, insaf eden, hakkında çelişkili olduğu şeyi, kendisiyle arkadaşı arasında ikiye böler. Bu kesretin teferruatı, çokluğun tâliliği demektir. Birlik bağı sağlam olduğunda, ona ihtiyaç ortadan kalkar. Sevgi sayesinde esasların esası vahdete, yakınlık, birlikte yaşama ve buluşma noktası olan birliğe erişildiği zaman, ikiliğin doğurduğu hükümlere ihtiyaç duyulmadığı gibi ondan herhangi bir fayda da temin edilmez.

Kadîm filozof ve hakîmler şöyle demişlerdir: Varlığın temeli sevgidir. Hiçbir varlık, varoluş ve birlikten hali olamayacağı gibi sevgiden de halî olamaz. Bunun için sıcaklık ve soğukluk gibi cismanî durum ve niteliklerde bozulma, duyulur olanın zıddından olur. Bitkilerin ve cansızların tabiatlarından sıkıntının defi gözle görülür, unsur ve elementlerin tabiatın bölümlerine temayülü müşahede edilir. Her unsurun kendi feleklerinde döngüsel ve iradî harekette bulunması açıktır ki aşkla bağlantılıdır. Aşkın mebdei akıl cevheridir ve ona teveccüh şevkidir. Nitekim bu hikmet ve felsefede belirtilmiştir.

Mükemmellik ve noksanlık mertebelerinde varlıkların ihtilafı ve farklılığı ortaya çıkar. Çünkü birliğin gölgesi olan sevgi, bekâ, kemâl ve kesretin fer'i olan galibiyetin gereği, eksiklik ve bozulmanın sebebidir. Bu taifeye, sevgi ve galebe ehli filozofları derler. Diğer filozoflar, daha önce belirtildiği

[10] Başlık, çeviren tarafından atılmıştır.

gibi bütün kainatta sevginin esrarına ve de üstünlüğüne kâil olmuşlardır. Beyit:

Sırr-ı hubb-i ezelî der-heme eşyâ sârîst
Ve'r ne ber-gul nezedî bulbul-i bî-dil feryâd[11]

Müteahhirîn âlim, filozof ve düşünürlerin terminolojisinde aklın girmediği yerde sevgiden bahsedilmez. Unsurların, demir ve mıknatıs gibi mizaç uyumundan dolayı tabiî yöne meyletmesi ve bileşiklerin birbirine meyletmeleri ve de bunların taş, sirke vd. gibi mizaç ayrılığından dolayı birbirinden uzaklaşmaları, sevgi ve buğz veya düşmanlık olarak adlandırılmaz. Aksine bunlara meyil ve kaçış denir. Düşünmeyen ve konuşmayan hayvanların birbirleriyle uyumluluk ve nefret ilişkilerine ise ülfet ve nefret denir.

Sevginin Türleri[12]

İnsan türünde sevgi iki türlüdür: Birincisi annenin çocuğuna sevgisi gibi tabiî sevgi; ikincisi ise öğrencinin öğretmeni sevgisi gibi iradî sevgidir.

İradî sevgi, dört türde ele alınabilir:

Birincisi, çabuk oluşup çabuk kaybolan sevgidir.

İkincisi, geç oluşup geç kaybolan sevgidir.

Üçüncüsü geç oluşup çabuk kaybolan sevgidir.

Dördüncüsü ise çabuk oluşup geç kaybolan sevgidir.

Doğrusu; sevginin gayesi, ya lezzet, ya fayda veya menfaat, ya iyilik ya da bileşiktir. Lezzet veya zevk, çabuk olan ve çabuk giden bir sevgi türünün sebebidir; zira lezzeti elde etmek kolay, kaybetmek hızlıdır. Fayda, geç meydana gelen ve çabuk giden sevgiye sebep olur; zira faydayı elde etmek zor, intikali hızlıdır. İyilik, çabuk olup geç kaybolan sevgiye sebep olur. İyiliğin çabuk olması, iyiler arasında ruhanî münasebet ve ruhî kaynaşmanın hasıl olmasından dolayıdır. İyiliğin geç kaybedilmesi ise, iyiliğin lâzımı olan hakiki birlik boyutudur. Bileşiğe gelince; o, geç oluşan ve geç çözülen bir sevginin sebebidir. Çünkü fayda ve iyilik, her iki durumu

---

11 Ezelî sevginin sırrı her şeye sârîdir
Yoksa gönülsüz bülbül gül için feryat etmez.

12 Başlık çevirene aittir.

gerektirir. Bu söz bu şekilde *Ahlâk-Nâsırî*'de mezkurdur. Dakik bir bakış, ortaya koyar ki lezzet ve faydadan mürekkeb bileşik sevginin gerçekleşmesi orta düzeyde, bozulması ve kaybolması ise hızlı düzeyde olur. Lezzet ve iyinin meydana getirdiği bileşik sevgi türü, birleşme ve ayrışmada orta düzeydedir. Fayda ve iyinin meydana getirdiği sevgi, birleşmede orta düzeyde, çözülüp kaybolmada geçtir. Bu bileşik durumlardaki hükümlerin sebepleri, basit ve yalınlardan her birinin gereği olan mülahazadan sonra ortaya çıkar. Allah en iyisini bilir. Sevgi sadakat ve dostluktan daha umumidir; zira sevgi çok sayıda kişi arasında meydana gelirken, dostluk az kişi arasında meydana gelir.

Sevgi ve Aşk[13]

Aşk daha özeldir; zira bir kalbe iki kişinin aşkı sığmaz. Aşkın sebebi, ya ifrat derecesinde lezzet ve zevk isteği ya da ifrat derecesinde iyilik isteğidir. Birincisi, yerilen kötü ve olumsuz aşktır. Bu aşk daha önce de belirtildiği gibi hayvanî aşk olarak tabir edilir. İkincisi övülen iyi ve olumlu aşktır. Bu aşk türü, nefsânî aşk olarak tabir edilir. Filzoflar ve bilge kişiler, faydanın bağımsız olarak da, ortak veya bağımlı olarak aşka bir dahlinin olmadığını ifade etmişlerdir. Onlara göre gençlerin sadakat ve dostluğunun menşei, daha çok lezzet, zevk veya hazdır. Lezzet hızlı yok olunca, onların sadakat ve arkadaşlıkları da dönüşüm konusu olur. Yaşlıların ve tecrübelilerin sadakat ve dostluklarının sebebi faydadır. Bundan dolayı dostlukları uzun süre devam eder. Bilgililerin dostluk ve sadakat sebebi tam iyi veya hayırdır. İyilik, değişmeden sabit kaldığı için iyilerin sevgi ve dostluğu değişip bozulma ve yok olmadan emindir, korunur. İnsan bedeni farklı tabiatlardan mürekkep olduğu için birinin tabiatına uygun olan cismanî lezzet, diğerinin tabiatına aykırı olur. Dolayısıyla cismanî lezzet veya zevk, acı ve çirkinlikten arınmış değildir. İnsanî ruh ve nefis, tezattan münezzeh ve müberra olan yalın bir cevher olduğu için, elbette onun cevherine mahsus olan ruh cevheri, halis zevk veya lezzet olur. Bu, hikmet lezzetidir. Kaynağı bu lezzet türü olan sevgi, sevgi mertebelerinin en tamıdır, en yetkinidir. Buna tam aşk ve İlâhî sevgi denir.

---

[13] Başlık çevirene aittir.

Aristoteles, Heraklitos'tan[14] şöyle nakleder: Farklı şeyler birbirleriyle tam olarak kaynaşıp birleşemezler. Fakat benzer şeyler birbirlerine daima müştak, yani düşkün olurlar. Bunun şerhinde denilmiştir ki, basit cevherler arasında benzerlik ve iştiyak olduğu için aralarında ruhanî te'lif ve kaynaşma ile manevî ittihad hasıl olur, ayrılık ve uyuşmazlık da kalkar. Çünkü uyuşmazlık, maddiyâtın levazımından olup maddî şeylerin gerektirdiği gereçlerdendir. Bu türün maddiyatında kaynaşma olması mümkün değildir. Onların zatlar ve hakikatlarla buluşması, tasavvur olunamaz; aksine nihâyetler ve satıhlarla buluşabilirler. Bu buluşma ise ittisal ve bitişme derecesine erişmez. İnsanî nefis olan yalın ve basit cevher, cismanî bulanık ve kirlerden arınınca ve ondan tabiî lezzetler sevgisi kaybolunca, münasebet hükmünce kutsallık âlemine cezb edilir ve basiret nazarıyla hakiki cemal müşahede edilir. Bu durumda varlık kendini kelebek gibi İlâhî tecelliyatın kâhir nurları içinde mahveder ve makamların nihâyeti olan vahdet makamına erişir. Bu mertebe, hakka'l-yakîn mertebesidir. Bu mertebenin sahibinin bedene taallukunda ve bedenden ayrılışında fazla bir fark olmaz. Çünkü bedensel kuvvetlerin kullanılması, onu hakiki cemale nazardan alıkoymaz. Diğerlerinin uhrevî neşede kavuştukları mutluluk, onda bu dünya neşesinde hasıl olur. Rubâi:

İmrûz der ân kûş ki bînâ bâşî
Hayrân-i cemâl-i ân dil-ârâ bâşî
Şermet bâdâ çu kûdekân der şeb-i îd
Tâ çend der intizâr-i ferdâ bâşî.[15]

---

[14] Celalüddin Devvânî, Heraklitos ismini el yazma metinde "elif, ra, kaf, lam, ya, ta ve sin" harfleriyle yazmıştır. Buna göre Devvânî'nin kastettiği kişi, Heraklitos olsa gerektir. Fakat şunu da belirmek gerekir ki, bu kelime, Abdullah Mes'ûdî 'Ârâ'î'nin hazırladığı nüshada ""elif, ba, ra, kaf, lam, ya, ta ve sin" harfleriyle yazılmıştır. *Ahlâk-ı Âlâî*'nin Koç tarafından hazırlanan nüshasında Ebû Kalitas (s.425) olarak geçmektedir. *Ahlâk-ı Âlâî*'nin Demirkol tarafından hazırlanan nüshanın 2.baskısında (s. 383) Hipokrat olarak yer almaktadır. *Ahlâk-ı Nâsırî*'nin Türkçe çevirisinde (s.251) ise Ebraklitus (Heraklitos) şeklinde geçmektedir. Doğrusunun, Allâhu 'alem, Heraklitos olduğu anlaşılmaktadır.

[15] Mahbubu görmek için çalış bugün
Güzelliğiyle kendinden geçesin
Utan! Bayram gecesi çocukları gibi
Yarını ne kadar bekleyeceksin.

Fakat küllî ayrılıktan sonra lezzet ve zevki, daha saf ve daha temiz olur. Gerçekten de cismanî örtülerden sıyrılıp bedensel güçlerin kalıntılarından kurtulduğunda daha saf bir lezzet, tat ve zevke erişir. Çünkü bu neşede basiret nuruyla, isim ve sıfatların inceliklerinden zatın vahdetini müşahede etse de, ait olma, taalluk etme neşesenin gereği olan ikiliğin karıştırmasından hâlî olamaz. Rakiplerle hayal ve vehim casuslarının dağdağa, ızdırap ve vesvesesinden uzak tam müşahede, ancak tecerrüd halvethanesinde mümkün olur. Dolayısıyla her zaman bu hicabı kaldırmayı ve bu nikabı açmayı bekleyip gözetir; hal dili, bu sözün fehvasıyla terennüm eder. Şiir:

Hicâb-i çehre-i cân mî şeved gubâr-i tenem
Hoşâ demî ki ez ân çehre perde ber fikenem.

Çunîn kafes ne sezây-i çû men hoş elhânîst
Revem be gulşen-i ridvân ki murg-i ân çemenem.[16]

Bu sevgi, aşk mertebelerinin nihai noktası; mutlak yetkinlik, vâsılların makamlarının zerresi ve kâmillerin mertebelerinin gayesi ile nihâyetidir. Beyit:

'Işkest her çe hest biguftîm u gufteend
'Işket be vasl-i dost resâned be kurb-i râst.[17]

Toplumsal Hayatta İnsanların Birbirlerine Sevgisinde Dinin Rolü[18]

Ondan sonra hayır ehlinin, iyi insanların birbirlerine sevgisi gelir. Bu sevginin gayesi hayır veya iyilik olduğu için hiçbir zaman bozulma ona yol bulamaz. Az bir arıza ile yol olma meydanına düşen diğer sevgilerin tersine, bu sevgide

---

[16] Bedenimin tozu gönül yüzüme hicâb olur
Örtüyü bu yüzden bir an kaldırsam ne hoş olur.

Benim gibi güzel sesliye bu kafes yakışmaz
Bülbülü olduğum cennet bahçesine gideyim.

Bu çeviri, az bir farkla Demirkol'un *Ahlâk-ı Âlâî*'deki çevirisinden alınmıştır.

[17] Olan ve söylenilen ne varsa aşktır
Aşkın seni dosta gerçekten götürür.

[18] Başlık Çevirene aittir.

bozulma ve kaybolma olmaz. Nitekim "*O gün Allah'tan korkanlar hariç dost olanlar birbirlerine düşmandırlar.*"[19] âyet-i kerimesinin mazmunu buna işaret eder. Fakat lezzet, zevk veya menfaat cihetiyle olan sevgi, hem kötülere, hem de iyilere karşı beslenebilir ve çabuk kaybolur. Daha önce açıklandığı üzere bazen bu sevgi, gemiler, seferler vb. gibi gurbet yerlerinde ve sıkıntılı durumlarda bir araya gelip toplanmayı gerektirir. Bunun sırrı şudur: İnsan tabiatı gereği ünsiyete, bir araya gelip kaynaşmaya meyillidir. Ona bu yönünden dolayı insan denmiştir. Tabiî ünsiyet, insanın özelliklerinden olduğu için her şeyin yetkinliği, insanın türsel özelliğinin zuhurunda olur. O halde insanın kemâli, tamlığı ve yetkinliği, bu özelliğini kendi türünün çocuklarıyla birlikte ızhar etmeye bağlıdır. Bu özellik, sevginin kaynağıdır ve kaynaşma, toplum haline gelme, medeniyet oluşturmanın bir gereğidir.

Aklın hükmüne göre güzel olan şeriata göre de güzeldir ve nitekim şeriat bu bapta büyük bir mübalağa buyurmuş ve bundan dolayı günde cemaatle beş vakit namazı emretmiştir ki böylelikle mahalleli, toplumun uğur ve bereketlerinden nasiplenerek dost olma, karşılıklı ünsiyet etme süsüyle süslensin. Yine şeriat, mahallelilerin, şehirlilerin, toplum mensuplarının haftada bir bir araya gelip bir yerde toplanmalarını ve cemaat olarak Cuma namazı kılmalarını emretmiştir ki şehir ehli arasında, toplumda ünsiyetleşme, karşılıklı yakın iletişim tam anlamıyla hasıl olsun. Yine yılda iki kez sırasıyla toplumda Müslümanların geniş sahralarda, ovalarda, köylerde, şehirlerde bir araya gelip toplanmalarını ve iki bayram namazını eda etmelerini emir buyurmuştur ki onlar arasında bu toplanma ve toplum oluşturmayla müâlefe ve müânese ile sevgi, kardeşlik, birlik ve bütünlük meydana gelsin. Ondan sonra İslam, ümmete ömründe bir defa zamanı geldiğinde Hacca gitmesini emir buyurmuştur ki ümmetin mensupları, Kabe'de, o kutsal Haremde bir araya gelip kaynaşssın, sohbet etsinler. Tabii ki her Müslüman için şu yılda gideceksin diye kesin bir zaman tayini yapmamış ki zorluğa yol açmasın. Haccın emredilmesindeki hikmet şudur: Yüce Allah'ın emrini yerine getirmek, O'na bolca sevgi ve saygısını göstermek, O'nu anmak üzere o kutsal beldede bir araya gelen ümmetin

---

[19] Zuhruf, 43/67.

bütün fertleri arasında sevgi bağı, dostluk ve yakınlık hasıl olsun; bu vesileyle mahalle, şehir ve ülke insanları, kendilerinden meydana gelen mutluluktan haz duysunlar. Elbette Allah'ın hükümlerini ertelemeden zamanında yerine getirmek faydalıdır. Bu hükümleri dikkatlice mülahaza etmekle, Şâri'nin maksadının, layıkı veçhile birlik bağını güçlendirmek ve uygun bir şekilde kesret gailesini kaldırmak olduğu malum olur. Hatta şeriatın bütün ahkamında böyle bir maksat güdülmüştür. Peygamberlerinin davetinin ilim ve teori itibariyle tevhid olması gibi amel itibariyle de tevhidle ilgilidir. Bundandır ki varid olduğu üzere cemaatle namaz, tek başına kılınan namazdan yetmiş kat daha üstündür. Hz. Şâri aleyhi's-selam, buyurmuştur ki "*ateş yakılmasını ve cemaatle namaza gelmeyen herkesin evinin yakılmasını emretmeye niyetlendiğim oldu.*"[20] Cuma namazı, iki bayram namazı ve hac hakkında vârit olan terğîb ve terhîb de bu bağlamda ele alınabilir.

Sevgi hükümlerini tamamlamak gerekirse; denilebilir ki, gayr-i İlâhî sevgi araçları, kaybolma özelliği olan lezzet ve fayda olunca, her iki taraftan da zail olmanın söz konusu olması mümkündür. Yine bir taraftan zevalin mümkün olması ve diğer taraftan bâki kalması söz konusu olabilir. Sevginin sebebi bir taraftan lezzet ve zevk, diğer taraftan da fayda ve menfaat olunca, o sevgide farklı sebeplere binaen çok şikâyet olur; buna şarkıcı veya çalıgıcı ve dinleyici örnek verilebilir. Dinleyen, şarkı okuyanı zevk ve lezzet için severken, şarkıcı, dinleyeni fayda veya menfaat için sever. Yine mesela âşık ve maşûkun sevgisine bakılabilir: Âşık, maşûku lezzet ve zevk için severken, maşuk âşıkı fayda ve menfaat için sever.

Bu tür sevgide şikâyet olmasının sebebi, lezzet, zevk veya haz peşinde olan kişinin ondan yararlanmada acele etmesidir. Menfaat arayan, kendi istediğinin olmasına odaklanır. Onlar arasında uygunluk daha az tasavvur edilir. Bu cihettendir ki, aşıklar daima şikâyet eder ve sızlanırlar. Hakikatte ise kendileri zalimdirler. Çünkü onlar, nazar ve visal zevkini aceleyle almak isterler; aşkın ödüllerini kendi menfaatleri lehine ertelerler. Bu tür sevgi, muhabbet-i levvâme olarak ad-

---

[20] Müslim,"Mesâcid", Hadis no: 651; Ebû Dâvûd, "Salât" 46, Hadis no: 548; İbn Mâce, "Mesâcid", 17, Hadis no: 791; Ahmed b. Hanbel, *Müsned*, 15: 294 (9486).

landırılır. Yani melamete ve kınanmaya bitişik, kınayan sevgi demektir. Padişah ile tebaa, hâkim ile mahkûm, yöneten ile yönetilen, zengin ile fakir, efendi ile köle arasındaki sevgi, iki tarafın sebep farklılıklarından dolayı şikâyetten hali değildir. Zira bunlardan her biri kendi arkadaşı veya sevgi konusu yaptığı kişiden çoğu zaman olmayan bir şey ister. İstediğinin olmaması veya bulunmaması, şikâyet, azarlama veya kınama sebebidir ki o da şikâyet maddesinin kendisidir. Bu şikâyet, bu gaile, istihkak ölçüsünde rızayı gerektiren adalet olmadan, adalete riâyet edilmeden ortadan kalkmaz. Efendi, hizmetkârdan hizmete devam etmesini, emre hazır beklemesini, ihmal ve tembellikten kaçınmasını ve maksadı anlayıp azami özen göstererek yerine getirmesini ister. Hizmetçi de efendiden yiyecek, giysi ve binek sağlamada son derece itinalı davranmasını ister. İki taraf da birbirinden beklediğini elde edemeyince şikâyetler ve üzüntüler dillendirilmeye başlar. Özellikle hizmetçi güzel ve efendi aşka meyilli ise her iki taraftan çeşitli temenniler, sitemler ve suçlamalar duyulur. Bu yüzden adalet şarttır.

İyilerin sevgisine gelince; bu sevginin kaynağı, yarar ve lezzet etkeni değil, ruhanî bağ ve candan ittihad olduğu; iyilerin sevgisinin maksadı, dönüşüm, bozulma ve yok olmaya yol vermeyen tam iyi olduğu için, muhalefet, ayrılık, çekişme, kınama ve şikâyet karışıklığı ve belasından uzaktır. Bu filozoflarla bilge kişilerin söyledikleri şeyle aynı anlama gelir: Dostun, hakikatte senin gibi olan, sûrette ise senin gibi olmayan kişidir. Bu kırmızı kibrit, yani iksir, çok kıymetli şey ve yol gösterici mesabesindedir. Şeyh Ebû Ali Sina, *Risâletü't-Tayr* adlı eserinin girişinde bu tür sevgi ve dostluk türünün varlığının izzeti konusunda mübalağa yapmıştır; zira insanların çoğu hayır ve iyinin hakikatine vakıf değildir; onların sevgisi, lezzet, zevk ve menfaate dayanır. Arızalara, noksanlıklara dayalı her ne varsa, onlar arızalarla, noksanlıklarla yok olurlar. Sultanların çoğuyla tebaalar arasındaki sevgi, bu cihettendir: Sultanlar, teabalara lütuf ve ikramda bulunur. Lütuf ve ikramda bulunan, münim olan kişi, elbette kendisine lütuf ve ikramda bulunulan kişiyi sever. Babanın çocuğuna sevgisi, onun üzerinde hakları olması bakımından bu kabildendir.

Ancak başka bir vecihten babanın çocuğuyla zatî, özsel bir sevgisi vardır. Çünkü baba, çocuğunu kendi nefsi mesabesinde bilir, onun nüshasını, tabiatın kendi sûretinden taşıdığı bir nüsha olarak bilir. Fıtrat levhası üzerine kendi heyetinden kaydedilen bir misal olarak bilir. Gerçekte de doğru bir tasavvurdur. Zira baba, çocuğunun varlık sûretlerinin sebebidir. Çocuğun beden maddesi, babadan bir parçadır. Halk ve hulkta, yaratılış ve huyda babaya benzer. Bu cihettendir ki baba, kendisinde olmasını istediği her yetkinliğin çocuğunda da olmasını ister, hatta çocuğunun kendisinden daha üstün olmasını ister. Çocuğunun kendisine tercih edilmesinden, kendisinden üstün olmasından da mutlu olur. Bu durum şunun gibi sayılmıştır: Derler ki baba, kendisi için insanlar şimdi öncekinden daha yetkin olduğunu söylediklerinde nasıl sevinirse, çocuğunun üstün olmasına da o kadar çok sevinir. Bundan başka çocuk sevgisinin bir diğer sebebi, babanın, kendini çocuğa ikram ve lütufta bulunan kişi olarak addetmesidir. Bu, sultan ile tebaa arasındaki sevgi için de söylenmiştir. Çocuğu ne kadar çok terbiye ederse, sevgi o kadar çok olur. Bir başka nokta odur ki, baba çocuğu vesilesiyle amaç ve gayelerinin, yapmak istediklerinin gerçekleşeceği ümidini taşır ve dolayısıyla kendinden sonra çocuğunun varlığını ikinci bekâ olarak görür. Gerçi babaların çoğu bu gerçekleri ayrıntılarıyla bilmez, ama icmalî bir şuurla bilir. Bu durum, bir kimsenin bir sûreti perdenin arkasından görmesine benzer. Sevginin ve benzeri şeylerin meydana gelmesi konusunda bu tür ilim kafidir.

Çocuğun babasına sevgisine gelince; çocuğun babasına duyduğu sevgi, babanın ona duyduğu sevgiden daha azdır. Çünkü çocuğun varlığının sebebi, babanın varlığıdır. Yani çocuk, babasından sonra gelir. Dolayısıyla çocuğun sevgisi de normal şartlarda babanın sevgisinden sonradır. Çocuk bir süre sonra bu duruma muttalı olur. Bunun için çocuk, bir müddet babadan faydalanmadan babayı görmez ve babayı sevme onda hasıl olmaz. Bu bakımdan şeriatta çocukların anne ve babalara sevgi beslemeleri ve onları gözetmeleri hakkında çok tavsiyeler buyurulmuştur. Aksi söz konusu değildir.

Kardeşlerin sevgisi de baba ile evladın sevgi mertebesinden daha düşüktür. Çünkü kardeşler mertebede ve varlık sebebi noktasında ortaktırlar. Ortaklık, bir tür çekişmeyi gerektirebilir. Bazı filozoflarla bilgeler, "kardeş mi daha iyidir yoksa dost mu?" diye sormuşlardır. Cevaben denmiştir ki kardeş bazen dost olmaya çalışır. Sultanın tebaasına karşı sevgisi, babanın oğluna karşı sevgisi gibidir; sultan tebaasına şefkat ve merhametle yaklaşarak sevgisini gösterir. Tebaanın padişaha karşı sevgisi, oğlun babaya karşı sevgisine; tebaanın birbirine karşı sevgisi de kardeşler arasındaki sevgiye benzer. Tebaa itaatte, boyun eğmede, ihlasta sultanla ilişkisinde, sultana sevgisini göstermede, akıllı çocukları örnek almalıdır. Hiçbie şekilde açıkça ya da gizlice sultanı tazime uygun olmayan bir şeyi yapmaya kalkışmamalıdır. İmkan olduğu ölçüde sultana hizmeti vâcip bilmelidir.

Nitekim büyükler şöyle demişlerdir: Herkes, âdil padişahın askeri olmalıdır ki asi ve zalimler ülkeye giremesinler. Maddi ve şeklî hizmette bulunamayan kimse, dua ve himmetle yardım etmelidir, ta ki askerleri içinde o da bu yönüyle olsun. Tebaalar, kardeşler gibi birbirlerine müşfik ve paylaşımcı olmalıdırlar. Ayrıca istihkakları kadarıyla mertebeler ve haklar talep etmelidirler ki zemin ve zaman adalet nuruyla aydınlansın, dünya arsası şefkat uğuruyla ve gülşen ülfetiyle ışıkla donansın. Bu şekilde olmazsa, memleketin, hatta dünyanın mizacı itidalden sapar ve maslahatlar nizamı hızla altüst olur, bundan Allah'a sığınırız.

Sevginin Mertebeleri[21]

Sevginin birkaç *mertebe*si vardır: *Birinci mertebe*, Allahu Teâlâ sevgisi olup iyilerin kaynağı ve yetkinliklerin madenidir. Bu sevginin hakikati, imkan ölçüsünde İlâhî cemâl ve celâl sıfatlarına vakıf olan Rabbânî âriften başkasında hasıl olmaz. Çünkü marifet olmadan sevgi gerçekleşmez. Eğer bilgisiz ve marifetsiz bir kişi, İlâhî sevgi iddiasında bulunursa, bilin ki aldanmış gururlu bir cahildir. Bu konuda Hazret-i Habîbullâh aleyhi ve alâ âlihî salavâtullâh'ın nassı vardır. O şöyle demiştir: "*Allah cahili asla velî edinmez.*" Bu hadis, o ilâhî sevgi iddiası taşıyan cahil kişiyi tekzib etmektedir. Bu sevgi, mertebelerin en yükseği olmalıdır. Çünkü bu mertebede bir başkasını ortak etmek, tam şirktir.

---

21 Başlık, çevirene aittir.

Sevginin ikinci mertebesi, ebeveyn sevgisi olup onun varlığında sûret temelli sebep vardır. Bu o mertebenin tâlî sevgisidir. Hiçbir sevgide bu rütbe yoktur, öğrenen ve öğretmen sevgisi hariç. Öğrenen ile öğretmen sevgisi, bu sevgiyle desteklenmelidir. Çünkü baba, varlığın ve cismanî terbiyenin yakın sebebi ise, öğretmen de onun ruhânî yetkinlik ve terbiyesinin sebebidir, onun insaniyet sûretini feyizlendirir. Hakikaten öğretmen rûhânî babadır. O halde ruhun cisme üstünlüğü ölçüsünde öğretmenin de babadan üstünlüğü vardır. Bu durumda onun sevgisi, hakikî mucidin sevgisinden daha aşağı mertebede, babanın sevgisinden ise daha yüksek mertebededir. İskender'e babasını mı yoksa hocasını mı daha çok sevdiğini sorduklarında, hocayı daha çok sevdiğini söylemiş. Zira baba fani hayatın sebebi iken öğretmen bâkî hayatın sebebidir. Hadiste şöyle buyurulur: "*Baban üçtür: Seni dünyaya getiren, sana ilim öğreten ve seni evlendiren. Babaların en hayırlısı sana ilim öğretendir.*" Murtaza Ali kerramellâhu vecheh'den[22] de şöyle nakledilir: "*Bana bir harf öğretenin kölesi olurum.*" Öğretmen sevgisi bu mertebede sağlam ve pekişmiş olduğuna göre hakikî hâdî ve ilk yetkin olan şâri[23] sevgisi, Hak Teâlâ'nın sevgisinden sonra bütün sevgilerden daha sağlam, daha güçlüdür. Bundan dolayı Hz. Habibullah sallallahu aleyhi ve sellem şöyle buyurmuştur: "*Sizden biriniz, bana olan sevgisi nefsine, eşine ve çocuklarına olan sevgisinden daha çok olmadıkça mü'min olmaz.*"[24] Râşid Halifeler ile karanlığı aydınlatan lambalar ve hidâyet anahtarları olan din imamlarının sevgisi, şâri sevgisinin tâlî desteklenmesi kapsamında gerçekleşir. Nitekim bu noktada hadiste şöyle buyurulmuştur: "*Kim Ashabımı severse, beni sevmiş olur, ben de onu severim; kim de Ashabıma buğz ederse, bana buğz etmiş olur, ben de ona buğz ederim.*"[25] Başka bir hadiste "*Âlimleri seven, beni sevmiş olur.*" buyurulurken, diğerinde "*Âlime cömertlik eden, izzet ikramda bulunan bana izzet ikramda bulunmuş demektir.*" buyurulmaktadır.

---

[22] "Kerramellâhu vecheh", "Allah yüzünü mükerrem kılsın!" anlamına gelir.

[23] Hakikî hâdî ve ilk yetkin olan şâri ile Hz. Muhammed (sav) kastedilmektedir.

[24] Bu hadisin çeşitli versiyonları için bkz. Buhârî, "Îmân", Hadis no: 14, 15; Ahmed b. Hanbel, *Müsned*, 29: 583 (18047); 31: 292 (18961).

[25] Bkz. Tirmizî, "Menâkib", 53, Hadis no: 3862; Ahmed b. Hanbel, *Müsned*, 27: 357 (16803); 34: 185 (20578).

Üçüncü mertebe, halkın sultana, sultanın da halka sevgisidir. Bazıları, tebaanın sultana olan sevgisini baba sevgisinden güçlü ve sağlam bilmiştir. Bu yaklaşım, tahkike daha yakındır. Çünkü sultanın siyaseti olmadan babadan faydalanma tasavvur edilemez. Babanın evladı için siyaset yaptığı, evladını yönettiği gibi baba ve evladın her ikisini yönetir.

Dördüncü mertebe, arkadaş ve ortak sevgisidir.

Her birinin kendine uygun mertebede yeri vardır. Sevgi mertebelerini karşıtırmamak gerek; zira mertebelerin haklarını korumayı ihlal etmek zulümdür ve fesada yol açar. Dostluk ve sadakata hıyanet, mallara yapılan ihanetten daha fâhişdir. Çünkü bu ihanet, cismânî cevherlerden daha şerefli ve daha üstün olan rûhânî sıfatlarla ilgilidir. Aristoteles'e göre maşûk sevgisi, yaldızlı altının tez bozulması gibi çabuk ortadan kalkar. O halde Hâlik ile mahlûk sevgisinde adalet yolu izlenmeli, her biriyle hakkı olan sevgiyi hasıl etmeli ve de onun gereğince amel etmelidir. Yaratıcı'ya sevginin gereği, yakınlık yoluyla O'nunla münasebet aramak ve itaat etmek; Peygamberlere ve din imamlarına sevginin gereği, İslam'ın hükümlerine uymak, onları örnek almak, onlara saygı ve tazimi muhafaza etmek; sultanlara sevginin gereği, tâbi olmak ve saygı göstermek; anne ve babaya sevginin gereği, ikramda bulunmak ve hizmet etmek ve de insan bireylerinin her birine sevginin gereği, rıfk ve şefkat göstermek ve kaynaşmaktır.

Filozofların ifade ettiklerine göre nimet veren, izzet ikramda bulunanın nimet verilene sevgisi, aksi sevgiden, yani nimet verilenin nimet verene sevgisinden daha çoktur. Çünkü borç veren ve ihsan eden, borç isteyeni ve borç alanı sever ve onun bekası üzerine gayret sarfeder. Fakat borç veren, kendi hakkını almak için borç alan kimsenin selametini istediği zaman, gerçekte kendi malını seviyor demek olur. Bu tutum, iyilik edileni hiçbir menfaat beklemeksizin seven muhsini, yani iyilik yapanın tutumunun tersi bir tutumu ifade eder. Belki muhsinin, yani iyilik edenin hayrının eser ve tesirini kâbil olma ciheti itibariyle kendisine iyilik yapılan kişinin iyilik yapana bu tür sevgisi olmayabilir. Belki iyilik edilen kişi, iyiliği bizzat, yani dolaysız severken, iyilik eden kişiyi ise bi'l-araz, yani dolaylı olarak sever. Aynı şekilde iyilik eden Muhsin, iyilik edilen kişiye menfaat veya fayda ulaştırmak için gayret gösterir. Bu durumda ihsan edenin yorgunluk ve meşakkatle mal kazanan, dolayısıyla elbette iyilik etmeyi seven ve harcamada özenli davranan kimseye benzer. Tersine iyilik gören ise zahmetsiz mal elde eden, dolayısıyla onun kadrini bilmeyen ve iyiliğe ve iyilik sahibine özenli davranmayan, örneğin teşekkür etmeyen kimseye benzer.

Bu sebeple anne oğlunu babadan daha çok sever. Çünkü anne çocuğu yetiştirme ve eğitmede daha çok ızdırap ve eziyetler çeker. Bu bağlamdadır ki şair, kendi şiirini daha çok sever ve kendi şiirine hayranlığı başkalarından daha çoktur. Kendisine iyilik yapılan kişi kâbil olduğu ve kabulde bir yorgunluk veya zahmete girmediği için onun iyilik edene sevgisinin belirtilen mertebede olması muhaldir. Öyleyse bu öncüllere dayalı olarak denilebilir ki iyilik edenin iyilik edilene sevgisi aksi durumdan, yani iyilik edilenin iyilik edene sevgisinden daha çoktur.

En iyi sevgi türü, kaynağı hakikî iyi ve kemâl olan sevgidir. Bu, aklî lezzet ve zevk olup arazlara değil, nefis cevherine müteallıktır. Bu bakımdandır ki bu sevginin kuralları, bozulma ayıbından emin ve mahfuzdur. Koğuculuk ve dedikodunun sebebin yok olmasıyla yok olan diğer sevgi türlerinin tersine bu sevginin alanına bir yol bulması söz konusu değildir. Nitekim "*Dostlar o gün birbirine düşman olurlar; ancak takvaya sarılanlar böyle değildir.*"[26] âyetinin mazmunu buna işaret eder. Bu lezzet, hakikatte üstün ve erdemli melekeleri kazanma işinden boşa çıkıp kendi nefsiyle meşgul olduğunda ve onunla aklî âlem arasında bir örtü çekildiğinde, hakikî vahdeti müşahede ederek tam sarf ve hak, ebedi nimet ve daimî lezzet tahahhuk eder. Beyit:

Ân yâr ki der perde-i esrâr nihân bûd
Ez ilm be 'ayn âmed u ez gûş be âgûş.[27]

Bu mertebe, kemâlât mertebesinin en yükseğidir. Bu bakımdan bilgelerle filozoflar, bu mertebeye insanî mutlu-

---

[26] Zuhruf, 43/67.

[27] Sırlar perdesinde saklı olan o dost
Bilgiden göze kulaktan kucağa geldi.

luklar mertebelerinin üstünde itibar etmişlerdir. Çünkü varlık aynası, tabiî ruhânî ve nefsânî güçlerin izlerinden ve cismanî taalukâtın tozundan arınıncaya kadar bu kemâlin cemâli ortaya çıkmaz; sâlik, kendini menzillerin en uzağı ve merhalelerin en ırakı olan kendinden bırakmadıkça, buluşma sahasına erişemez. Beyit:

Visâl-i dûst taleb mî konî zi-hod bigozer
Ki der miyân-i tu vu û be cuz tû hâyil nîst.[28]

Bir başka beyit:

Gûyend sa'd-i devlet-i vasl ez çe yâftî
Hod râ guzâştîm ve kademi pîşter zedîm.[29]

Aristoteles'e göre Allah Teâlâ, bir kimseyi sevince, dostların birbirlerinin maslahatlarının sorumluluğunu üstlenmesi gibi onun sorumluluğunu üstlenir. *Ahlâk-ı Nâsırî*'de şöyle denilir: "Bu, lügatimizde kullanılmayan bir lafızdır. Bu söz açıktır; zira Kitap ve sünnette bunun benzerleri çoktur. Allahu Teâlâ şöyle buyurmuştur: "*O, salihlerin sorumluluğunu üstlenir.*";[30] "*Allah bize yeter. O ne güzel vekildir!*"[31] Hatta kudsî bir hadiste bundan daha fazlası varittir: "*Ben onu sevdiğim zaman onun duyan kulağı ve gören gözü olurum.*"[32] Başka bir hadiste şöyle buyurulur: "*Ben sevdiğim kişiyi öldürürüm. Öldürdüğüm kimsenin diyeti bana aittir. Diyet ise benim.*" Aristoteles'ten nakledildiğine göre, âkıbeti ünsî ise de insanî himmet, belki ünsî değildir. Âkıbeti ölüm ise de, hayvanların himmetiyle ölmekten razı olmaz, bilakis kuvvetlerini İlâhî hayatı kazanmaya hasreder. İnsan beden bakımından küçük olsa da himmet bakımından büyük, akıl bakımından üstündür. Akıl bütün yaratılmışlardan daha şerefli ve üstündür; zira o İlâhî emirle bütün her şeye galip olan bir cevherdir.

---

[28] Dosta kavuşmak istiyorsan kendinden geç
Çünkü aranızda senden başka engel yok.

[29] Vuslatı nasıl elde ettin sen dediler
Bir adım önde oldum kendimden geçerek.

[30] A'raf, 7/196.

[31] Âl-i İmran, 3/173.

[32] Buhârî, "Rikâk", Hadis no: 6502.

Bu makamda sözün tahkiki şudur: Nazar, derin fikir, araştırma ve burhan ehli insanlara göre ve şühûd ve ayân erbabının ittifakıyla, "*kün feyekûn!*"[33] emriyle, niçinsiz irade ve kudret aracılığıyla gizli gayb deryasından şehadet sahiline çıkan ilk inci, basit, yalın bir nûrânî cevherdi. Bilgelerle filozofların örfünde ona ilk akıl denir. Bazı haberlerde o en yüksek bilgi veya ilim olarak tabir edilir. Büyük keşif ve tahkik imamları ona Muhammedî hakikat adını verirler. O cevher-i nûrânî, kendini, kendi yaratıcısını, yaratıcısından onun aracılığıyla mevcûdatın fertlerinden sâdır olabilen her ne varsa, olmuş, mevcut ve olacak olan her ne varsa, bilir. Büyük kişilerin hakikatlerinin tamamı ilmî bir birikim ve bütünlük yoluyla onun hakikatinde münderiç ve mündemiç idi. Nitekim tohum, dal, yaprak ve meyvelerini içinde barındıran bir türe şamil olduğu gibi aynî maddelerde mevcûdât, bu cevherde yerleşik sıraya göre kuvvenin mümkününden fiilin mazharına, gaybın gizliliğinden şehadet âlemine çıkar. "*Allah dilediğini siler, dilediğini bırakır. Ana kitap onun katındadır.*"[34]

İcad zinciri, Rahmani rahmetin şümulüne dayanarak dünya varlıklarına, yani değişim vatanı, dönüşüm ülkesi, İlâhî tecellilerle ilgili ilimlerin ve sonsuz zuhuratın tezahür mahalli olan cismânî âleme erişince; yetkin hikmet bu varlık nizamını, özü sabit, sıfatları değişen bir cisme bağladı. Beyit:

Ân sâbit-i bî-karâr a'cûbe-numây
K'ez cây necunbed u neisted ber cây.[35]

Yani dünya dönüyor ve böylece onun döngüsel hareketiyle garip durumlar kuvveden fiile geçiyor. Dünya, garip konumlar ve ilginç şekillerin kuvveden fiile ve yokluktan varlığa çıktığı, her konum ve şekli ile belli bir hâdise ve özel bir oluşa sebep olduğu ve varlık silsilesinde filozoflar tarafından faal akıl diye adlandırılan ve akılların fertlerinin nihâyeti olan olayların yakın ilke ve kaynağından, unsurların heyûlâî aynasında yeni bir sûretin göründüğü dönen, devr-i

---

[33] Yâsîn, 36/82.

[34] Ra'd, 13/39.

[35] Tuhaflık gösteren kararsız sabit
Ne yerinde durur ne de kımıldar.

dâim eden felektir. İcat etme sıra, nihâyet üç doğan varlığa gelince, kudreti yüce ve hikmeti ince olan Hakîm ve Alîm Allah'ın hikmeti, önceki merâtibin yetkinlikler toplamının, hayvan türlerinin en şereflisi olan insanın yaratılışında bir araya gelip düzene girmesini; var etmenin kaynağı ve ilkesi olan kutsal aklın erdem ve üstünlüğü, bu değerli türde müstefad akıl şeklinde ortaya çıkmasını ve böylelikle insanî nefis ve ruh bu mertebe ile mücehhez olunca, akıl mertebesi olan en yüksek âleme bitişir, muttasıl olur ve nihâyet noktası bidâyet noktasına intibak eder, varlık dairesi iniş ve yükseliş yayı ile tamamlanır. Beyit:

În ân ser-i kûy bûd ki evvel
Z'ânca be heme cihân sefer kerd.[36]

O halde aydınlanmıştır ki varlık kitabının fatihası nasıl ki kutsal akıl idi, hatimesi de insanî akıldır. Açılıp dal, yaprak ve meyve olduktan sonra çokluk mertebelerinden ve tefrika derecelerinden geçerek ilk işin birlik şiarı cemiyeti olarak zahir olan dâne veya tohum misali. Rûhâniyyât, cismâniyyât, ulviyyât ve süfliyyâttan varlıkların bütün mertebeleri ve hiyerarşik yapılarında sârî olan bu döngüsel seyrin sırrı, cisimlerin nizâm-ı âleminin bağı olan feleklerde, vazî hareket olarak ortaya çıkmıştır; bilinen cisimlerde gelişimsel ve gerilemesel, artmalı ve zayıflamalı miktarda bir hareketle, düşünen nefiste ise fikrî hareketle kendini göstermiştir. Bütün bunlar hakikatte, zevk ve şühûd önderlerinin ileri gelenlerinin örfünde "Zatı için zatına tecelli etti." denilen "hubbî zâtî hareket"in gölgesidir.

Ez hod be hod ân yâr-i girân-mâye sefer kerd
Hem 'ayn-i sefer buved u hem û hâsıl fi'l-'ayn

Nî nî seferî nîst der în reh be hakîkat
Ez 'ayn-i şuhûd-i tû eger dûr şeved ğayn.[37]

---

[36] Bu, hareket noktası semtin başıdır
Oradan tüm dünyaya sefere çıktı.

[37] O kıymetli dost kendinden kendine sefer etti
Hem sefer oldu hem de kendisi meydana geldi

Filozoflar şöyle demişlerdir: Bazı insanların, fıtratındaki asalet ve tabiatındaki temizlik sebebiyle kötü melekelerden kaçınır. Bunlar, nadirler. İnsanların bazısı, düşünceyle erdemsizliklerin kötü olduğunu bilir ve onlardan uzak durur. Bu tip insanlar, ortadırlar, ortadadırlar. Bazıları ise vaîd, tehdit, azap korkusu ve sevap ümidiyle şer ve kötülüklerden sakınıp kaçınır. Bunlar çoğunluğu oluştururlar. İlk gruptakiler, tabiatıyla hayırlı olanlardır. İkinci kısımdakiler, eğitim ve öğretimle hayırlı ve iyi insan olanlardır. Üçüncü tip insanlar da şer'an hayırlıdırlar. Şeriatın bu gruba nisbeti, suyun boğazına yemek duran kimseye nisbeti gibidir. Kişi, nasıl su yetiştirilmediğinde ölürse, üçücnü tipteki kişiler de şeriat eğitiminin yetişmemesi hâlinde hakiki manada ölür. Su nasıl boğazına yemek duranı kurtarırsa, şeriat eğitimi de bu insanları kurtarır. Şüphe yok ki ilk grup en şerefli ve en üstün insanlardan oluşur. Bu mertebe ebrar ve enbiya mertebesidir. Bu noktada Hazret-i Risâlet-penâh salavâtullâhi ve selâmuhû aleyh, Sahabe'nin büyüklerinden biri olan Suheyb'in şanında şöyle buyurmuştur: "*Suheyb ne güzel kuldur! Allahu Teâlâ'dan korkmasaydı dahi masiyete teşebbüs etmezdi.*"

3. Lem'a: Toplumun Kısımları[38]

Filzofoların söylediklerine göre toplum[39] iki kısımdır:

Birincisi, sebebi iyilikler cinsinden olan toplumdur. Buna *erdemli toplum*[40] denir.

İkincisi, sebebi kötülükler cinsinden olan toplumdur. Bu toplum tipine ise *erdemli olmayan toplum*[41] denir.

Yok yok! Bu yolda hakikate doğru sefer yok
Şühûdundan ince bulut gibi uzaklaşırsan.

[38] Metnin orijinalinde "Aksâm-ı Medîne" olarak geçmektedir. Medîne sözcüğü, esasında şehir demektir; fakat İslam felsefesinde ve ilk sosyolog İbn Haldun'un toplum teorisinde toplum ve toplumsal hayat, bu kavram üzerinden ele alındığı, ayrıca bu kitapta da benzer bir yaklaşımla hareket edildiği için siyaset ve devleti de içine alacak şekilde toplum olarak çevrilmesi uygundur.

[39] Metnin orijinalinde temeddun olarak geçer.

[40] Metnin orijinalinde medîne-i fâzıla olarak geçer. Erdemli şehir anlamına gelen bu ifade, bağlamsal olarak erdemli toplum diye çevrilmiştir.

[41] Erdemli olmayan toplum, metnin orijinalinde "medîne-i gayr-i fâzıla" olarak geçer.

Erdemli toplum, birden fazla değildir. Çünkü Hak, çokluk kusurundan münezzehtir. Dolayısıyla iyiliklerin yolu çeşitli ve çok değildir.

Erdemli olmayan toplum ise üç türdür:

Birincisi, insanlarının bir araya gelip toplanma sebebinin düşünme gücünden başka olduğu, mesela öfke gücü veya şehvet ya da aşırı arzu gücü olduğu toplumdur. Bu toplum türüne *cahil toplum*[42] denir.

İkincisi düşünme gücünü kullanmaktan yoksun olmamakla birlikte diğer güçlerin belirleyici ve düşünme gücünün o diğer güçlerin hizmetçisi olduğu toplum tipidir. Bu toplumda toplum üyelerinin bir araya gelip toplumu oluşturma sebebi, söz konusu diğer güçlerin düşünme gücünün önüne geçmesidir. Bu topluma *fâsık toplum*[43] denir.

Üçüncüsü ise üyelerinin bir araya gelip toplanma sebebi, batıl inançlarda uyum içinde olmaları olan toplum tipidir. Bu tipe *sapkın toplum*[44] derler.

Denilebilir ki, Hazret-i Sâhib-kırânî[45] müdebbir-i umûr-i zemânî'nin[46] kutluluk, uğur, talih ve mübareklikleriyle, bütün memâlik-i mahrûse[47] erdemli toplumlar[48] kabilindendir. Erdemli olmayan toplumların durumu da, erdemli toplumların durumuna zıt özelliklerine bakılarak bilinebilir. O halde sırf erdemli toplumu ayrıntılarıyla ele almaya yönelmek daha iyi bir yol olarak gözükmektedir.

---

42 Cahil toplum, metnin orijinalinde "medîne-i câhile" olarak geçmektedir.

43 Fâsık toplum, metnin orijinalinde "medîne-i fâsıka" olarak geçmektedir.

44 Sapkın toplum, metnin orijinalinde "medîne-i dâlle" olarak geçmektedir.

45 Daha önce birkaç kez geçtiği ve ifade edildiği üzere Arapça sâhib ve kırân kelimelerinden oluşan sâhib-i kırân veya Farsça sâhib-kırân (sâhib-kırânî) terkibi, müneccimler tarafından çok mümtaz sayılan yaklaşma veya bir araya gelme zamanında, Müşterî (Jüpiter) ile Zühre'nin (Venüs) veya Zühal'in (Satürn) aynı burçta bir araya gelme vaktinde doğmuş olan kişiyi ifade etmek için kullanılan bir sıfattır. Bu sıfat, güçlü, üstün, uğurlu, kutlu, bahtiyar, tâlihli, muzaffer, galip, fâtih ve cihangir olarak bilinen hükümdarları niteler. Nitekim burada da yazar, Akkoyunlu hükümdarı Uzun Hasan'ı nitelemek ve övmek için bu sıfatı kullanmaktadır.

46 Müdebbir-i umûr-i zemânî, zamanın işlerini idare eden anlamına gelir ve büyük hükümdar veya sultanlar için kullanılan bir nitelemedir.

47 Memâlik-i mahrûse, korunmuş topraklar anlamına gelir.

48 Erdemli toplumlar, metnin orijinalinde "mudun-i fâzıla" olarak geçmektedir.

Erdemli Toplum[49]

Erdemli toplum, üyelerinin bir araya gelip toplanma temeli, mutluluklan elde etme ve kötülükleri defetme kaideleri üzerine tesis edilen toplumdur. Bu toplumun üyelerini aksettiren ve tanımlayan şey, hak inançlarda ve salih amellerde birleşmek, birlikte hareket etmektir; kişilerin farklı olması ve hallerin birbirine aykırı olması gerçeği var olsa da, onların gidiş yolu, uyum ve ittifak üzeredir. Hepsi bir gayeye dönüktür ve o gayeye erişmek için çaba harcar. Daha önce işaret edildiği üzere hikmete dayanarak denilebilir ki, *insanî nefisler*, düşünme, konuşma ve temyiz gücü mertebeleri itibariyle birbirlerinden farklıdırlar. Kutsal nefis adı verilen en yüksek mertebe, akıllar âlemine bitişiktir. Sonlu bir ahmak olan en aşağı mertebe dört ayaklı hayvanların bağlı olduğu yerle irtibatlıdır. Öyleyse hikmet ve şeriat sırlarının en incesi olan mebde ve meâd işlerinde bu topluluğun idraki, bir mertebede olabilir. Bu durumda daha önce işaret edilen inançlarda uygunluk, mücmel bir işte ortak olacak şekilde gerçekleşir. Gerçi muhakkik olmayanın onun ayrıntıları hakkında bilgisi olmaz. Şöyle beyan edilebilir ki, İlâhî destekle desteklenen yüksek tabaka, doğal taallukâtın zafiyetlerinin içinden, celal sıfatları ve cemal semtleriyle hakîki mebdeyi bilir; mevcûdât silsilesinin mevcut tertip üzere mebdeden sudur etme keyfiyetine muttali olur ve nefis ve ruhun meâdini işin özüne mutabık olacak şekilde tasavvur eder. Nefis ve ruhun bu hakiki neşede öyle kuvvetlerle taaluku vardır ki onun sebebiyle cismanî sûret ve anlamları idrak eder, ortak his, vehim ve hayal gibi. O kuvvetlerin mizaç farklılıkları bakımından saflıkta ve kirlilikte mertebeleri vardır. Hiçbir zaman bu kuvvetlerden hiçbiri, ne uykuda ne de uyanıklıkta mutlak anlamda muattaldır. O halde insan nefsinin, o hakikatlerin sûretleriyle süslendiği durumda, şüphesiz o kuvvetler aynasında o anlamlara uygun misalî bir sûret yansır. Zira taalukî neşede hissî ve vehmî sûretlerin karışımı olmadan sade anlamları idrak, çok nadirdir. O sûretlerin o hakikatlere nisbeti, misl ve hayâllerin ileri gelen seçkin kişilere nisbetidir. O misaller, cismâniyyâtta tasavvur olunan en üstün ve en hoş misâllerdir. Basiret nuruyla bilirler ki o hakikat, hayal edilen

---

[49] Başlık mütercime aittir.

sûretler ve mevhum mânaların ötesindedir. Bu tâife de velilerin büyükleri ve bilgelerle filozofların sütunlarıdır. Bu mertebeye muttasıl, yani bitişik olan bir tabaka vardır ki onun mensubu kişiler, akletmede acizdirler ve onların seyrinin gayesi, vehmî anlamlara varıp dayanır. Fakat bilirler ki o hakikatler, kendi nefsinde o kayıt ve sınırlamalardan uzaktırlar. Onlar, kendi acizliklerini ve ilk tabakanın marifet üstünlüğünü itiraf ederler. Bu grup ehl-i imandır.

Bu mertebeden daha aşağı mertebede olan gruba gelince; bunlar, vehmî tasavvurlar üzerine de kâdir değillerdir. Mebde ve meâd marifetinde onların seyri, hayalî sûretlerden vazgeçmez. Fakat ilk tabakanın üstünlüğünü ve kendi acizliklerini itiraf ederler. Bu taife teslimiyet ehlidir.

Bu tabakadan da aşağı bir tabaka, *kısa* veya *dar görüşlülerin sınıfı*dır. Bu sınıf mensupları, asla duyulurlar mertebesinin ötesinde başka bir mertebe olduğunu tasavvur edemezler. Uzak misâl ve sûretlerle yetinirler. Onlara *mustazaflar* denir. Onlar, bütün güçleriyle çalışıp istidatlarının sonuna vardıkları için hatalı veya suçlu görülmezler. Bilakis hepsi de hakikat kıblesine yönelmişlerdir. Şeriat sahibi aleyhi efdalu's-salavât ve ekmelu't-tehıyyât, bütün ümmetlere, bütün insan toplumlarına gönderilmiştir. Elbette "*Biz, insanlarla akılları ölçüsünde konuşmakla emrolunduk.*" hükmü gereğince onun cevâmiu'l-kelimi, herkesin istidad havsalası ölçüsünde olacak şekilde olmalıdır. Tâ ki eksik nefis ve ruhların, mertebelerinin farklılıkları temelinde tamamlanmasında yeterli olsun ve berrak yetkinliğe susamış olanlardan her birinin, içecek ve zevklerin farklılıklarına göre, onun herkese açık şeriat pınarından kana kana içerek sakinleşme arayışı olsun. Beyit:

Derîn meyhâne ger ârî humî pur sâzed ez feyzeş
Ve ger peymâneyî ârî be tû peymâne peymâyed.[50]

Bu cihetledir ki, ahkamının sağlamlığı, yıkılma şaibesinin asla yerinin olmadığı bir mertebede olan Kur'ânî gayelerin icaz âyetleri ve Hz. Hâtemiyyet-nişânî'nin yol gösterici kelimeleri, kısmen muhkem, kısmen de müteşabihtir. Haki-

[50] Bu meyhanede kâh feyziyle dolu bir küp yapılır
Kâh sana ölçülen miktarda bir kadeh getirilir.

katlerle mânaları bazen tenzîhî inceliklerde tecrid pazarının gözetim ve denetimcisi olan kutsal akıl üzerinde gösterir. Bazen de hissî hasseler üzerinde hayalî sûretlerin ve misali vücutların elbiseleri içinde arz alanına getirir. Beyit:

Behâr-i âlem-i husneş dil u cân tâze mîdâred
Be reng ashâb-ı sûret-râ be bû erbâb-ı ma'nâ râ.[51]

Bilgelerle filozoflar da bazen burhanî kıyas kadehinden tahkik şarabını ve berrak anlamları, talep meclisi dostlarının maşrabalarına döker ve bir vakit şiirsel muhayyilat kadehini, yeni niyaz sahibi irşad talep edenlerin damağına eriştirir; bazen de onlara kanaat iknaiyatı ile çözüm üretmede kanaat etmelerini buyurur ve böylelikle onların herkese imkan ve güç ölçüsünde yol göstermelerini temin ederler.

Bu gruplar arasında her ne kadar itikadî sûretlerde ihtilaf var ise de, icmali işe iştirake ve erdemli yöneticiye boyun eğmeye binaen onlar arasında taassup ve inatlaşma meydana gelmez. Ve yöneticinin hükmüyle istidad sahibi oldukları yetkinliğe teveccühte yardımlaşarak ilerleyip yükselmeye çalışırlar.

Erdemli şehir, medeniyet ve toplumun rükünleri, beş gruptan müteşekkildir:

Birinci grup, *erdemliler*den oluşur. Şehir ve toplumun yönetimi bu kimselere; yani idrak kuvvetleriyle kendi tür çocuklarından mümtaz olan ve sanatları mevcudatın hakikatlerinin marifeti olan ulemâ-yı âmil ile hukemâ-yı kâmileye aittir.

İkincisi, *dilciler*dir. Onlar, avamı insanî yetkinliğe davet eder, vaaz u nasihatlerle erdemsizlik ve rezilliklerden maneder cedelî, hitabî ve şiirsel kıyaslarla avam insanların inançlarını sapmaya karşı korurlar. Onların sanatı, kelam, fıkıh, hitâbet, şiir vb. ilmidir.

Üçüncü grup, *takdir edip kıymet biçenler*dir. Onlar, şehir ahalisi arasında ve toplumda adalet kanunlarının ölçülerini koruyan bir topluluğun mensuplarıdırlar. Eşyanın ölçüleri,

---

[51] Güzellik âleminin baharı gönlü ve cânı tazeler
Renk ile suret ashabını, koku ile mâna ehlini.

onların görüşüne havale edilir. Onların sanatı, aritmetik, alacağını tahsil, geometri, tıp, yıldızlar ve astronomidir.

Dördüncü gruptakiler ise, *mücahidler*dir. Mücahidler, şehri ve toplumu düşman ve zorbaların saldırısından koruyan grubu teşkil ederler. Köylerin muhafazası, kalelerin kontrolü ve yolların himayesi onların kifâyet ve liyakatına aittir. Onların sanatı, yiğitlik ve büyüklüktür.

Beşinci gruba gelince; bu grup, *mal sahiplerin*den teşekkül eder. Bunlar, ister alışverişler ve sanatlarla meslekler, isterse vergi boyutları itibariyle olsun, yeme ve giyinmenin kendileriyle düzenlendiği topluluktur. Onların sanatı, farklı sanat ve çeşitli kazanç yollarıdır.

Adalet, bu taifelerden her bir grubun, hatta her bir şahsın kendi mertebesine sahip olmasını gerektirir. Bir kişi birden çok sanatla uğraşmamalıdır; zira böyle bir şey tabiatın şaşkınlığına yol açar ve hiç kimse o sanatta yetkinliğe erişemez. Çünkü her sanatı tam olarak elde etmek için uygun bir zaman ve yönelim, dikkat ve ciddiyet gereklidir. Birçok sanatla ilgilinildiğinde zaman ve teveccüh, dikkat ve çaba hepsine dağılacağı için hepsi kusur ve eksiklik mertebesinde kalır. Nitekim "Her şeyi isteyen her şeyden olur."[52] demişlerdir. Eğer bir kişi, birkaç sanat ve mesleği bilirse, onu, en önemli veya en üstün olan, hatta daha fazla basiretli olduğu sanatla meşgul etmek ve diğerlerinden menetmek en iyisidir. Böyle olursa hiç olmazsa, bir işi sağlam, kusursuz ve mükemmel bir şekilde yapıp yerine getirir. Çünkü düzende maslahatlar söz konusudur ve maslahatlar düzeni de oldukça önemlidir. O nedenle maslahatlarda da düzene dikkat etmelidir.

Bu grupların dışındakiler, erdemli toplumun rükünlerinden, ana sütunlarından değildir ve bunların bir kısmı, bu grupların alet ve edevatı mesabesindedir. Eğer erdem kazanacak kabiliyette iseler, erdem ve erdemlilerin tertibiyle belli bir yetkinliğe erişebilirler. Yoksa toplum ve medeniyet maslahatlarına sevkeden işlere alıştırılmalıdırlar. Bazı kimseler, mezra, bahçe ve bostanlarda meydana gelen bitkiler mesabesindedirler. Bu yönüyle onlara nevâbit[53] denir.

---

52 Aclûnî, *Keşfü'l-Hafa*, 2, 378.

53 Yazar, İslam düşünürü bilge Fârâbî'nin nevâbit yaklaşımını hatıra getirmektedir.

Nevâbit[54]

Nevâbit, beş sınıftır:

1. Mürâîler sınıfı
2. Muharrifler sınıfı
3. Bâğîler sınıfı
4. Mârikler sınıfı
5. Müğâlitler sınıfı.

Birinci sınıfı teşkil eden *mürâîler*, telbis ve telebbüsle, hile ve desise ile, aşağılık maksatlarının ve batıl dünyevi amaçlarının peşinden koşmak için fazılların fiillerine ve şiarlarına bürünüp onlar gibi görünür ve onların elbiselerini giyinirler.

İkinci sınıfı teşkil eden *muharriflere*, yani *tahrifçilere* gelince; onlarda galip olan, erdemsizlik ve rezilliklere meyletme, kötülükleri arzu etmedir. Dolayısıyla bunlar, hile ve teville dinin kaidelerini kendi tamahkârlık iştahalarına uygun hale getirmek isterler.

Üçüncü sınıftakiler, *bâğîler*, yani isyan eden ve haddi tecavüz edenlerdir. Bunlar, erdemli devletin kendisine itaat ve boyun eğme farz olan adil padişahının hüküm ve kararlarına boyun eğmez ve başka bir padişaha meylederler. Bu grubu defetmek, herkese şeran ve aklen vâciptir.

Nevâbitin dördüncü sınıfı, *mârikler* denilen sapmış insanlardan meydana gelir. Mârikler, eksik ve kusurlu anlayışları sebebiyle milletin, dinin, bilgelik ve hikmet konularının maksatlarına vakıf olmayan, o maksatları başka anlamlara hamleden ve dolayısıyla sapan ve yoldan çıkan kişilerdir. Bunların inhiraf ve dalaleti, derinlikli olmazsa, inat ve ınatlaşmadan hali olursa, onların düzelmelerinden ümitvar olunabilir.

Beşinci sınıfa gelince; bu sınıfa *muğâlitler* denir. Muğâlitler, hak ve hakikatlere erişmemiş, mal ve makam peşine düşme cihetiyle yalancı davalar gütmeye teşebbüs eden, batıl hak gösterme gibi suçlarıyla *gösteriş dükkanının* hayasızlık pazarına yerleşmiş kimselerdir. Bunlar avama kendilerini bilenler veya bilgili kişiler olarak gösterirler. Halbuki onlar, kendi kendilerine şaşırmış, şaşkınlığa düşmüş kişilerdir.

Bilinen nevâbit sınıfları bunlardan ibarettir.[55]

---

[54] Başlık çevirene aittir.

[55] Fârâbî'nin nevâbit tipolojisinde bunlar daha geniş bir şekilde ve daha fazla sayıda tiplere ayrılarak ele alınmaktadır. Bzk. Fârâbî , *es-Siyâsetu'l-*

4. Lem'a: Hükümdarlık Siyaseti ve Hükümdarların Adabı

Öncelikle ortaya konulanlardan şu açığa çıkmakta ve anlaşılmaktadır: Sultanlık mertebesi, İlâhî nimetlerin büyüklerinden biridir. Hz. Mâliku'l-Mülûk, nâmütenâhî lütuflar hazinesini kullarından büyük fertlerinin bir kısmına ihsan eder; kendi kullarından birini seçkin hilafet makamına yerleştirir ve o kişinin durumlarına hakikî azamet nurlarından bir ışık gönderir; kendi türünden bütün insanların mertebe ve haklarını onun görüş ve hükmüne bağlı kılar. Böylece herkesin ihtiyaç hâsıl olduğunda onun huzurunda olmasını sağlar. Bu noktada "*Padişah yeryüzünde Allah'ın gölgesidir.*" diye hadîs vârittir; buna göre her mazlum, zamanın baş döndürücü olaylar döngüsünden ve zulümlerinden padişaha sığınacaktır. Büyüklerin bu nimete şükrü, mahlukat ve halk arasında adalete riâyettir. Nitekim "*Ey Dâvud! Biz seni yeryüzünde halife yaptık; onun için insanlar arasında adaletle hükmet*"[56] âyet-i kerîmesinin anlamı, buna işaret olabilir.

Erdem Bağlamında Siyasetin Kısımları[57]

Bu girişte ortaya konulanlardan sonra denilebilir ki, toplum[58] tipolojik olarak erdemli toplum ve erdemsiz toplum olarak iki kısma ayrıldığı gibi hükümdarlık siyaseti de iki kısma ayrılır: Biri imamet denilen *erdemli siyaset*tir. *Erdemli siyaset*, kulların meâş ve meâd, yani dünya ve ahiret işlerinde maslahatlarına olan şeyleri tanzim etmek demektir. Erdemli siyasetin amacı, kullardan her birinin layık olduğu yetkinliğe erişmesini sağlamak, gereği ise hakikî mutluluğa ulaşmasını temin etmektir. Bu mutluluğun sahibi hakikaten Halifetullah ve Zıllullah'tır. Siyaseti icra ederken şeriata sahip çıkmada önderdir. Her beldede onun eşsiz nurlarının iz, eser ve ışıklarına insanlar erişeceklerdir. Burası tam şu dizeleri getirme zamanıdır:

Medeniyye, Haz. Ali Bû Melham, Dâr ve Mektebetu'l-Hilâl, Beyrut 1995.

56 Sâd, 38/26.

57 Başlık, çeviren tarafından atılmıştır.

58 Metnin orijinalinde medîne olarak geçmektedir.

Huz mâ terâhu ve da' şey'en semi'te bihî
Fî tal'ihî'ş-şemsu mâ yuğnîke an zuhal.[59]

Bu kısımda, Sahib-i zemânî Süleyman-mekânî'nin devletinin âlemi aydınlatan güneşinden daha aydın bir misal vardır. Bu misali, keşif ve tahkik imamlarının büyükleri, eserlerin bu uğurlu zamanında müjdelerinin zuhuruyla müjde buyurmuşlardır. Söz konusu uğurlu zaman, sırların ortaya çıktığı günün ve varlıkların mazharının zuhur gününün sâdık sabahıdır. Evet, bu misal, böyle bir vakitte müjdelenmiştir. Çünkü kısa bir zaman içinde mülk ve milleti, devlet ve dini parlatmış, tamam olan şeyleri daha da arttırmış ve daha tam hale getirmiş; canlılar, bilhassa insanlar, zamanın olaylarından emin olma sığınağında rahata ermiş; kurt ile kuzu aynı yerden su içmiş, şahin ile turaç kuşu aynı yuvada uyumuş; Allâhu Teâlâ, ihsan şualarını doğu ve batıya gönderdiği adalet güneşini yükselme mertebelerinde yükseltmiş, zeval nazarından ve de düşüş ve vebal utancından korumuş, emin kılmıştır.

*İkinci siyaset türü, eksik siyaset*tir. *Siyâset-i nâkısa*ya, yani *eksik siyasete*, tagallüp veya zorbalık denir. Zorbalık ehlinin maksadı, Allah'ın kullarını kendisine istihdam etmek ve Allah'ın beldelerini tahrip etmek, böylelikle onların devamlılığını engellemek, kısa bir zaman süresi için bile olsa ebedî şekavete bitişik dünyevî zillete müptela olmalarını sağlamaktır. Çünkü zalim padişah, kar üzerine kondurulmuş yüksek bir bina gibidir. Elbette bu binanın temeli İlâhî adalet güneşinin ışığıyla erir ve böylece bina yıkılır, tarumar olur. Büyük nüktedanlar bilirler ki, yaşlı bir kadından alınan ufak tefek şeylerle, Hüsrevî bir hazine mamur edilemez. Hakir bir karıncanın elinden kapılıp alınan bir çekirge ayağından Süleymanî sofra tertip edilemez. Zavallı mazlumların malından sopayla alınan ud sazının varış noktası, inleyip ağlayanın inleyişinden başkası olmaz. Çaresizlerin kalp kanıyla doldurulan şarap kadehinin gülüşünden, kan yaşından başka bir şey hasıl olmaz. Onun neşesinden elemler ve hastalıkların mahmurluğundan başkası doğmaz. Yağmalanan yoksul elbi-

[59] Gördüğün şeyi al, işittiğin şeyi bırak
Doğarken güneş sana zühalden nağme yapmaz (Mütenebbî).

sesinden davudi zırh yapılamaz. Muhtaçtan yağmalanan yorgan eskisinden padişah makam yastığı elde edilemez. Malı mülkü olmayan yetimlerin malından yapılan siper, kaza okuna engel olamaz. Çıplak dilencilerin yüzünden yapılan cevşen, bela kılıcını defedemez. Bilakis temiz kalpli dervişlerin pak batınlarına sığınan devlet sahibinin zamanının olaylarının dizginiyle eman bulur, eminliğe erişir. Maksat, gaye ve meramların nihâyetine vüsul; seferlere teveccüh, korkulara dayanma, yol uyarıları vaktinde medrese mukimlerinin ve tekke sakinlerinin hatırından istediği yüksek himmete el verdi. Saltanat tacı öyle bir insanın başına yerleştirildi ki, taç bahşedenin başı ve sonu olmayan hatırından muradının peşine düştü. Hilafet tahtına öyle bir padişah oturtuldu ki, yüreği güçlü dilencilerin hatırından feyz dilendi. Şiir:

Ber der-i meykede rindân-i kalender bâşend
Ki sitânend ve dehend efser-i şâhenşâhî.

Hışt-i zîr-i ser u ber târik-i heft ahter pây
Dest-i kudret neger ve mansıb-i sâhib-i câhî.[60]

Ezelî mutluluğu kenara koyanlar, süratli azimet hareketi, kanadı kırık acizlerin iyi hali ile huzuru için olan Sâhibkırânî'nin ahırına, hoş yürüyüşlü, naz ve eda ile salınarak giden Gülgûn'un ve keskin ve hızlı adımlarla giden karayağız at Şebdîz'in[61] yerine sabah eşhebini ve akşam edhebini[62] bağlarlar. Yok olmayan iyiliği, güneşin dünyayı dolaşan hızlı kır atının ve ayın beyaz gümüş atının sayısal karşılığında adalet, şefkat ve sevgi meydanında çok değerli hükümdarlardan ödül

---

60 Meyhanede kalender rindler kapının başındalar
Ki alır ve verirler şahenşahlık tacını.

Başın altında kerpiç, üstünde yedi yıldız
Kudrete bak, makam sahibinin makamına.

61 Gülgûn ile Şebdîz, Hüsrev'in iki atının adlarıdır. Gülgûn, gül renkli at, Şebdîz ise karayağız at anlamındadır. Fars edebiyatında ve bilhassa divan şiirinde gülgûn ve şebdîz, çeşitli sembolik anlamlarıyla kullanılırlar.

62 Eşheb, kır veya beyaz at, edheb ise, siyah at demektir. Fars edebiyatında ve divan şiirinde "edhem" ve "eşheb" atları, renkleri dolayısıyla gece ve gündüzü sembolize ederler. Nitekim burada da yazar, eşhebi sabah ile birlikte "eşheb-i subh" şeklinde; edhemi ise akşam ile birlikte "edhem-i şâm" şeklinde kullanmaktadır.

alan dünya fatihinin boyunduruk halkasına ve zillet dizginine çekerler. Fakat geçmiş sultanların durumlarını ve Hazret-i Sâhib-i Zemânî Zıll-i Yezdânî'nin[63] uzun ömürlü devletini müşahede etmek, bu iddiaların tahkiki ve bu davanın tasdiki üzere adaletin şahididir, açık delilidir. Eğer kişi, itibar gözünü açar ve bu aynadan gaflet kirini temizlerse, gerçekleri görür. *Erdemli siyaset sahibi*, adalet kanununa bağlı olup tebaayı çocukları ve dostlarının yerine koyar, öyle bilir ve de mal hırsı ve sevgisini aklî kuvvetin gazabına uğratır. Nâkısa, yani *eksik siyaset sahibi* ise, zulüm kaidelerine tabi olur, halkı da kendisine nispetle kölelerin yerine, hatta yük hayvanları mesabesinde bilir. Kendisi de hırs ve hevanın kölesi olur. "*İnsanlar, atalarından ziyade kendi zamanlarına benzerler. İnsanlar hükümdarların dini üzeredirler.*" hükmü gereği insanlar, tutum ve davranışlarda zamanın sultanlarına uyarlar.

Zaman dizgini âdil padişahın elinde olunca, herkesin yüzü adalete ve erdem kazanmaya dönük olur. Eğer durum bunun tersine olsaydı, insanlara yalana, hırsa ve diğer rezilliklerle erdemsizliklere meylederlerdi. Bu noktadadır ki bir hadîs-i Mustafâ'da şöyle vürûd bulmuştur: "*Sultan âdil olursa, halktan sadır olan her iyilikten onun bir nasibi ve payı olur; yok zalim olursa, halkın yaptığı her kötülüğe ortak olur.*"

Filozoflara göre *padişahta yedi haslet* bulunmalıdır:

*Birincisi, yüksek gayretlilik*tir. Yüksek gayretlilik, ahlâkı ıslah edip güzelleştirmekle gerçekleşir.

*İkincisi, görüş ve düşüncede isabet*tir. Bu haslet, iyi ve cömert fıtratlılık ve çok tecrübeyle elde edilir.

*Üçüncüsü, güçlü azim ve kararlılık*tır. Bu özellik, doğru görüş ve güçlü sebat ile hasıl olur. Buna kralların ve büyük insanların azmi denir. Güçlü azim ve kararlılık, bütün hayırlar, iyilikler ve erdemleri kazanmada temel ilkedir.

Hikâye edildiğine göre, Halife Me'mun, çamur yeme hastalığına yakalanmış, bundan dolayı da onun mizacında büyük bir fesat kendini göstermişti. Hastalık o kadar kötüy-

---

63 "Sâhib-i Zemânî Zıll-i Yezdânî" nitelemesindeki "Sâhib-i Zemânî", Zamanın Sâhibi anlamında, "Zıll-i Yezdânî" ise Tanrı'nın gölgesi anlamında güçlü, fâtih, muzaffer hükümdar veya başka şahsiyetleri nitelemek için kullanılan sıfatlardır. Belirtmek gerekir ki, "Sâhib-i Zemânî" veya "Sâhib-i Zemân", bazı dinî ve mezhebi yaklaşımlarda Mehdi anlamında kullanılmaktadır.

dü ki, usta doktorlar tıbbî tedavilerle onu tedavi etmek için çok çalışsalar da başarılı olamadılar. Sonunda bir gün bütün doktorlar toplandı ve kitapları getirtip problemi müzakere etmeye başladılar. Bu arada özel dostlardan veya hizmetçilerden biri çıkıp geldi ve şöyle dedi: "Ey Mü'minlerin emîri, sizde kralların azimlerinden bir azim nerede?" Bunun üzerine Me'mun, doktorlara şöyle dedi: "Artık tedaviye ihtiyaç yok; bundan sonra benim bu durumuma çare aramakla meşgul olunmayacaktır." Görüldüğü üzere azim son derece önemlidir.

*Dördüncüsü, zorluk, musibet ve dertlere sabır*dır. Sabır arzu ve isteklerin kapılarının anahtarıdır. Hadiste şöyle buyrulur: "*Kapıyı çalan ve ısrar eden içeri girer.*"

*Beşincisi, varlıklı olmak*tır. İnsanların malına tamah etme gibi bir çaresizlikle karşılaşmamak için varlıklı olmak çok mühimdir.

*Altıncısı, uygun ordular*dır.

Yedincisi, nesep, yani soydur. Padişah, bu hasletle düşünceleri, hatıraları, heybet ve vakarı cezbeder. Bu haslet zaruri değildir, fakat iyi bir şeydir.

Varlıklı olma ve ordu ile dört haslet, yani yüksek gayretlilik, görüş, sabır ve azim hasıl olabilir. O halde umde, bu dördüdür. Elhamdülillah Hz. Padişah-ı din-penahta[64] bütün bu hasletler vardır. Onun kerim zatı, heybet ve celal derecelerinin nihâyetine vâsıl olur.[65]

Daha önce de beyan edildiği gibi padişah, âlemin doktorudur. Doktor ise, hastalığı, hastalığın sebeplerini, hastalığı tedavi etmenin şeklini bilmekten uzak olamaz. O halde toplumun hastalığını ve tedavi yolunu bilmek sultana kesin bir görevdir. Medeniyet ve toplum, çeşitli grupların bir araya gelip toplanmasından ibaret ise, o takdirde bu gruplardan her biri kendi mertebesinde olur ve kendi görevleri olan işi yapar. Onların layık olduğu nasib veya pay, yani erzak, yiyecek, içecek, ikramlar, yani makam ve mal kendilerine erişir.

---

64 "Padişah-ı din-penah", dinin ve Müslümanların sığınağı, dine sahip çıkan padişah demektir.

65 Bu yedi haslet, *Ahlâk-ı Nâsırî*'de farklı bir sıralamayla mevcuttur, fakat buradakine göre maddeler nispeten daha geniş ele alınmıştır. *Ahlâk-ı Âlâî*'de ise buradaki sıralamayla mevcut olup *Ahlâk-ı Nâsırî*'den de daha genişçe ele alınmıştır.

Şüphesiz şehir ve toplumun mizacı, itidal ve denge üzeredir. Toplumda işler, denge üzere intizam yoluyla olur. Bu kanundan sapılması, kesin olarak ülfet ve kaynaşma bağının kopmasına, fesat ve ihtilalin başgöstermesine sebep olacak bir ihtilafa yol açar. Çünkü kesin olarak denilebilir ki, her devletin kaynağı, yardımlaşmada kişinin azaları mesabesinde olan toplumun görüş birliğidir. Zira dünyada bir kişinin peyda olduğunu düşünün. Bu kişi, bütün insanların kuvvetine sahip olsun ve hiç kimse ona mukavemet edemesin. Toplum da böyle olursa, yani birlik olursa güçlü olur, ama toplumda birçok insan, birçok grup görüş ayrılığına düşer, ihtilaflarla hemhal olursa, o zaman toplum, örneği verilen o tek kişiye bile galip gelemez. Fakat toplumun mensupları arasında kaynaşma ve birlik olursa, kuvveti tek bir cemaat veya toplum kuvveti gibi olan o şahıs örneğindeki gibi adeta tek bir şahıs, tek bir beden olurlarsa, önlerinde kimse duramaz. Birlik ve kaynaşmanın olmadığı hiçbir çokluk işi düzenli olmaz. Bilindiği üzere söz konusu birlik adalet birliğidir. Nitekim bu husus, daha önce ele alınmıştı. O halde Sultan adalet kanunu üzere devam ettiği sürece ve toplum sınıflarının her birinin kendi mertebesinde kendi işleriyle meşgul olmasını temin ettikçe ve de onları zorbalık, zulüm, haddi aşma ve talepkarlıktan men ettikçe, kesinlikle ülke düzen içinde ve düzenle olur. Durum bunun aksine olursa, her grup kendi davasını güder, kendi menfaatinin peşine düşer, başkalarının zararına çalışır. Böyle olunca da ifrat ve tefrit vasıtasıyla ülfet, ünsiyet, kardeşlik, birlik, kaynaşma ve bütünleşme bağı kopar. Tecrübeyle sabittir ki her devlet ve toplum, mensupları birbirleriyle uyumlu olduklarında ve adalet üzere hareket ettiklerinde, çoğalır; fakat zulme, düşmanlığa, adaletsizliğe yönelirlerse, çöküşle yüzyüze gelir. Çünkü tarihin ve burada daha önce ortaya konulan öncüllerin gereği olarak zaman ehli, sultanların yolu üzere olur.

Şimdi belirtilmelidir ki padişah ve ona tâbi olanlar, zulümle yürür, zulüm üzere çalışırlarsa, herkeste fıtratta gizil olarak mevcut olan zulüm güdüsü, harekete geçer ve zorbalığa eğilim olur. Daha önce açıklandığı gibi birlik zorbalık ve baskıyla olmaz. Öyleyse zulme başvuru, âlemin mizacının fesadına götürür. Bundan dolayı denmiştir ki "*Devlet, küfr ile bâki kalır, ama zulümle asla.*" Filozoflar ve bilgelere göre ise devlet iki şeyle korunur: Bunlardan biri muvafıklar arasında ülfet, kaynaşma, birlik ve bütünlük, diğeri ise düşmanlar arasında çekişme ve ihtilaftır. Çünkü düşmanlar birbirleriyle meşgul olurlarsa, başka bir şeye yönelmeye vakit bulamazlar. Bu bakımdan İskender Dara'nın ülkesini almak için harekete geçtiğinde, bazı şeyleri iyi düşündü. Acem ordusu sayıca çoktu. Düşündü ki onları bırakırsa, Allah etmeye ittifak ederler ve onları defetmek zorlaşır. Yok eğer onların kökünü kurutursa bu da din, insaniyet, mertlik ve mürüvvet kaidesine aykırı olur. Bu durumu filozof Aristoteles ile istişare etti. Filozof şöyle buyurdu: "Onları parçala ve her birine mevziî bir hükümet ve eyalet yönetimin ver ki birbirleriyle meşgul olsunlar, sen de onların şerrinden emin olasın." İskender, onları taifelerin hükümdarları yaptı. O vakitten Erdişir Babek zamanına kadar onlar için birlik ve ittifak müyesser olmadı.

Halk sınıflarını[66] birbirleriyle denkleştirmeli ki medeniyet ve toplumun dengesi kurulsun. Dört unsurun bir araya gelişinden ve denkleşmelerinden mizaç dengesi hasıl olduğu gibi, medeniyet ve toplum dengesi de *dört sınıfın* denkleşmesiyle mümkün olur.

Sınıf ve Tabakalar Bakımından Toplum[67]

Toplum dört sınıf temelinde ele alınıp anlaşılabilir:

Dört sınıftan *birincisi ilim ehlinin* oluşturduğu sınıftır. Âlimler, fakihler, hakimler, katipler, muhasebeciler, mühendisler, müneccimler, doktorlar ve şairler bu sınıfın mensuplarıdırlar. Din ve dünyanın kıvamı, sağlıklı bir şekilde kurulması ve idamesi, bunların güzel çalışmalarına bağlıdır. Bunlar, unsurlar arasındaki bağ mesabesindedirler. İlimle su arasındaki bu ilişki, eleştirel düşünen, doğru ile yanlışı sorgulayarak bulan basiret ehli katında sudan daha açık ve aydın, hatta güneşten daha parlaktır.

*İkincisi, kılıç ehli*dir. Bu sınıfı, yiğit kahramanlar, cesur komutanlar, mücahidler, kale ve sınır muhafızları oluştururlar. Bunlar, kılıç sallamak sûretiyle din ve devleti, millet ve

---

[66] Halk sınıfları orijinal metinde "esnâf-i halk" olarak geçmektedir.

[67] Başlık çevirene aittir.

memleketi düşmanlardan koruyan ve memleketin uçlarını insafsız saldırganlara karşı kontrol edip savunan kılıç sahipleridir. Bu topluluğun sert kılıçlarının parlak ateşi olmasa, zalimler, isyancılar, eşkıyalar at koşturur, dünya sapıklık karanlığında kalır. Memleket bahçesi eğer kılıçlarının suyuna doymazsa, hiç kimse emniyet ve huzur ağacından nasiplenemez. Bu topluluk "ateş" konumundadır. Ateşle münasebet yönü, delile ihtiyaç bırakmayacak kadar açıktır. Çünkü ateşin alev almasını talep etmek basiret sahiplerinin işi değildir.

*Üçüncüsü, muamele ehli*dir. Tacirler, sermaye sahipleri, meslek erbabı ve sanatkârlardan oluşan bu sınıf olmadan toplumun ihtiyacı olan mesleki ve endüstriyel araç gereçler, alışveriş imkanı, yiyecek içecekler, para girdisi ve çıktısı, ithalat ve ihracat vs. karşılanamaz. Bu sınıf mensupları, geçim düzeni için uzak mesafelerden çetin yolculuklar yaparak çeşitli mallar getirirler, mal satarlar, birbirleriyle alışveriş yapar, değiş tokuş yoluna giderler. Mesela meslek sahipleri, gece gündüz demeden sınai araç gereçleri üretirler. Böylece toplumun ihtiyaçları karşılanır ve herkes normal hayatını yaşar. Bu sınıfın, bitkilerin yetişmesini sağlayan ve hayvanların ruhlarını ferahlatan, dalgası ve hareketiyle her türlü nefis şey ve hediyeleri insana ulaştıran havayla münasebeti gâyet açıktır.

*Dördüncüsü, ziraat ehli*dir. Bu sınıfı oluşturanlar, bitkilerin müdebbiri, yiyeceklerin mürettibi olup tarlaları sürüp ekerek, bahçe ve üzüm bağları kurarak topraktan çeşitli tahıllar, ağaçlar, canların çektiği türlü meyveler yetiştirip insanların yiyeceklerini üreten ve halka çeşitli meyveleri ulaştıran çiftçilerdir. Hakiki üreticiler, vakit harcayıp kara topraktan yiyecek elde eden bu insanlardır. Her topluluk diğer toplulukların kazancını satın alır, onların ürettiği şeyleri aralarında döndürür ve değiş tokuş ederler. Bu sınıfın çalışmaları olmadan insanların yaşaması mümkün değildir. Diğer sınıflar varlık noktasında fazla bir şey yapmazlar; tersine varlığı bir kimseden başka bir kimseye, bir yerden başka bir yere, bir şekilden başka bir şekle naklederler. Bu topluluk "toprak" gibidir. Herkes bunlardan faydalandığı gibi yine herkes onların üzerine basarak ayakta kalır. Bu sınıf mensuplarının, felekleri seyredenlerin kıblegahı, temiz âlemin nurlarının ışıklarının çıkış noktası, sanatkârane yapılanların alışılmışın dışındaki özelliklerinin mazharı, olanların acaipliklerinin ortaya çıkış noktası olan toprakla yakınlığı, gâyet vazihtir.

Bileşiklerde element veya unsurlardan birinin zorunlu olan adaletten sapması, nasıl ki itidal ve dengenin tarumar olmasına, çöküş ve fesada yol açarsa, aynı şekilde medenî toplumda da bu sınıflardan birinin diğer üç sınıfa galebe çalması, toplumda düzenin yok olmasına ve yıkılmaya sebep olur. Dört sınıfın denkliğine riâyet konusunu ele aldıktan sonra onlardan her birinin durumuna bakıp düşünmek gerekir. Her birinin mertebesini istihkak miktarına göre belirlemek de oldukça önemlidir.

Toplum başka bir boyutta ve farklı bir vecihle *beş tabaka* halinde ele alınabilir:

*Birinci tabaka, tabiatı gereği çok iyilik yapan kimseler*den oluşur. Bunların hayrı, başkalarına geçişlidir. Bu kişilere, şeriat alimleri, tarikat şeyhleri ve hakikat arifleri örnek verilebilir. Bu grup, icadın nihai noktası, kulların hülasasıdır. Ezelî feyzin iniş noktası ve bitmez tükenmez iyiliğin tamah yeridir. Hakikatte diğer tabakalar, bu birinci tabakanın asalağı olarak varlık evinin misafiri şeklinde ortaya çıkarlar. Ferd:

Biyâ ki mâide-i lutf-i Kirdgâr-i cihân râ
Tû mihmânî vu âlem derîn miyâne tufeylî.[68]

Filozofların ifade ettiğine göre padişah, bu tabakayı kendisine en yakın taife olarak görmeli ve diğer tabakalara üstün tutmalıdır. İlim ve feraset sahipleri Hazreti padişaha karşı mütereddid oldukları, eleştirel yaklaştıkları zaman, işte o zaman bu, devletin ilerleme nişanesi ve yükseklik artışının işaretidir. Anlatıldığına göre kendi zamanında Rey memleketinin yönetimini elinde bulunduran ve kendi döneminin sultanları arasında bilge, filozof ve âlimlere sevgisiyle temayüz eden Rüknüddevle Hasan bin Büveyh, Rum gazasına çıktı. İslam ordusu bu savaşın başlarında galip geldi ve kafirleri tamamen istila etti. Ondan sonra Rumlarda değişim oldu. Ordunun çevresinden toplanıp Irak ordusuna yöneldiler.

---

[68] Gel cihan Yaratıcısının lütuf sofrasına
Sen misafirsin ve bu ortamda âlem asalak.

Irak askerleri hezimete uğradı, bazıları esir düştü. Rum kralı oturdu ve esirleri yanına çağırdı. Bu arada Rey şehrinden Ebû Nasr adlı biri de esirler arasındaydı. Kral onun Rey'den olduğunu öğrenince, ona hitaben "Sana bir mesaj versem, padişahına iletir misin?" dedi. Ebû Nasr: "Baş üstüne!" dedi. Bunun üzerine Rum kralı, "Hasan'a şöyle de: 'Kostantiniyye şehrinden Irak vilâyetini harap etmek için çıkmıştım. Ama senin hayat tarzını ve hâllerini araştırınca devlet güneşinin gittikçe yükseldiğini ve imkân halindeki mutlulukların gerçekleşmek üzere olduğunu anladım. Yakınları çok değerli âlimler, bilgeler, filozoflar ve İbn Amîd (912-970), Ebû Cafer Hâzin (ö. 971), Ali b. Kâsım (ö. 1398) ve Ebû Ali Sâî gibi ünlü fâzıllar olan bir padişahın güneş devleti kaçınılmaz olarak gittikçe güçlenecek ve mutluluğu gün geçtikçe artacaktır. Çünkü bu taifenin senin eşiğinde toplanması, ikbalin devam edeceğine ve makam ve azametin yükseleceğine delildir. Bundan dolayı senin topraklarına saldırmayacağım.'"

İkinci tabaka, tabiat gereği iyi olan, fakat *iyilikleri başkasına geçmeyen* kimselerin oluşturduğu topluluktur. Bu tabakanın mertebesi birinci tabakanın mertebesine göre daha düşüktür. Çünkü bu tabaka mensuplarının kemalinin cemali, İlâhî ahlâkla irşad haliyle, süslenmiş ikmaliyle ve ahlâklanma hilatiyle müşerreftir. Bu tabaka kemâl ve yetkinlik süsüyle süslü ve donanımlı olsa da tekmil derecesi itibariyle noksandır. Bu taifeyi değerli bilmeli ve maslahatlarına olan şey gözetilmelidir.

Toplumdaki beş tabakadan *üçüncüsü* tabiatı gereği ne iyi ne de kötü olan kimselerden meydana gelir. Temiz olarak kalmaları, kötü yöne gitmemeleri, istidadlarının bozulmaması, imkan ölçüsünde layık ve uygun olan yetkinliğe erişmeleri için bu gruba padişah sahip çıkmalı, şefkatini göstermelidir.

*Dördüncü tabaka*ya gelince; bu tabaka, kötü oldukları hâlde kötülükleri başkasına geçmeyen, dolayısıyla kendileri ile sınırlı kalan kimselerden oluşur. Padişah, bu cemaati aşağılamalı, tahkir buyurmalı; zorlama, vaaz, teşvik vs. yollarıyla suç ve günahlardan alıkoymalıdır.

Beşinci tabaka ise, zâtî olarak, öz itibariyle kötü olan ve kötülükleri başkasına geçen kimselerin meydana getirdiği gruptur. Bunlar en değersiz halk tabakasıdır. Birinci grubun tam zıddıdır. Bu tabakadan ıslah ümidi olan bir topluluğa, tedip, terbiye, tehzib, ıslah vs. ile yaklaşmalıdır. Yine bu tabakadan ıslah ümidi olmayan topluluğu ise kötülükleri yayılmamışsa, padişah, sahih görüş gereğince idare etmelidir; yok eğer kötülükleri yayılmışsa kötülüklerini en uygun ve en iyi yolla ortadan kaldırmak şeran ve aklen vâciptir.

*Kötülüğü defetmenin yollarından birincisi hapsetme*dir. Bu, kötülüğü şehir ahalisiyle ve toplumla karışmaktan menetmektir.

İkincisi, bedensel tasarruflardan alıkoyma anlamında zincirle veya kelepçe gibi şeylerle sınırlandırmaktır.

*Üçüncüsü, sürgün etme*dir, yani şehre girmekten menetmedir.

Filozoflar, kötülüğün bu yollarla giderilememesi hâlinde ilgili kişinin öldürülüp öldürülmeyeceği hususunda ihtilaf etmişlerdir. Ama en güçlü görüş, kötülüğe alet olan uzvunu kesmekle yetinmek ve öldürmeye teşebbüs etmemektir. Mesela el, ayak, dil vb. bir uzvu kesmekle yetinmelidir. Hak ve hakikat odur ki, bu işlerde hak şeriata tâbi olmalıdır. Kesme ve katletmeye şer'î hudutlara uyup ona göre kendi mahallinde teşebbüs etmelidir. Bunun ötesine geçmekten sakınmalıdır. Çünkü şöyle buyurulur: "*Kim Allah'ın sınırlarını aşarsa, kendisine zulmetmiş olur.*"[69] Öldürülmeye de sevinmemek gerek, fakat şeriatın öldürülmesini emrettiği kimseye de acımamalıdır. Nitekim şöyle buyurlur: "Allah'ın dininde onlara acıyacağınız tutmasın."[70] Tabiatın azaların ve hayatın beka selameti için bir uzvu kesmeyi caiz, hatta vâcip bilmesi gibi âlemin doktoru olan padişah da, ilk müdebbir, ilk yönetici hükmüyle, Allah şanını yüceltsin, kimi zaman insanoğlunun âmmesinin maslahatı için toplum fertlerinden birinin katline hükmedebilir. Padişah, denkliğe riâyet ettikten ve merâtibi tayin ettikten sonra toplumda hayratı ve iyilikleri adaletle taksim etmeli ve toplum fertlerinin her birini istihkakları ölçüsünde sevindirmelidir.

İyilikler üç kısımdır: Esenlik, mallar ve kerâmetler. Her şahsa bu üç kısım iyilikten hak ettiği kadar pay verilmeli ve eksik verilmemelidir. Eksik vermek o şahsa haksızlıktır. Faz-

---

[69] Talak, 65/1.

[70] Nur, 24/2.

la da verilmemelidir. Fazla vermek de şehir halkına, bütün topluma zulümdür, haksızlıktır. Çünkü bir şahsa başkasının üzerinde hak ettiği bir meziyeti olmadan fazla pay vermek, topluma zulüm olur. Bazen eksiltme de şehir halkına zulüm olur. Çünkü kişiye hak ettiğinden daha az verilirse, kesin olarak o şahsın ve başkalarının gönlü kırılır ve toplum düzeninde bozulma meydana gelir.

İyilikleri taksimden sonra hak edilen miktarda iyiliği veya hayrı hak eden için korumalı; insanlardan her birinin bu iyilik veya hayırlardan kendine düşen hakkın kaybolmasına izin vermemeli ve ona hak ettiği ne ise ulaştırmalıdır. Bu bağlamda zulmeden kimselere de hak ettiği cezayı vermelidir. Cezası ne kadar ise o kadar vermelidir; az zulme çok ceza verilirse, zalime veya haksızlık edene zulmedilmiş olur. Yok eğer çok zulme az ceza verilirse, topluma veya şehir halkına haksızlık veya zalimlik edilmiş olur.

Bazı filozoflara göre bireylerden her birine haksızlık, şehir halkına veya bütün topluma haksızlıktır. Dolayısıyla kendisine zulmedilmiş olan kişi affetse bile, zalime verilecek ceza düşmez ve herkesin yöneticisi olan sultanın zalime ceza vermesi caizdir. Bazı filozoflar, farklı bir görüşe sahiptirler. Onlara göre bu çekişmeden maksat, şeriatın adalet Hakemi, Seyyidü'l-en'âm aleyhi ve alâ âlihî't-tehıyyeti ve's-selâm[71] Efendimizin hükmü üzerine olduğu için, ona uygun hareket etmek gerek; dolayısıyla bu konuda şöyle bir karar veya hüküm ortaya çıkmaktadır: Hırsızlık, zina, yol kesicilik gibi Allah'ın hadleri kapsamındaki her şey, afla sakıt olmaz; bilakis sultana cezayı uygulamak vâciptir. İnsanların hakkı kapsamındaki şeyler ise eğer kısas veya hadd-i kazf ise afla düşer; darp, eziyet ve tahkır şeklinde tazir ise, Şafiî mezhebi imamlarından birçoğu, Allah onlara rahmet eylesin, af olsa da sultanın tedip için tazire başvuracağı görüşündedirler. Bu hükümlerdeki hikmet, şudur: Zina, hırsızlık vs. gibi bazı kötülüklerin zararı topluma sirâyet eder. Bu kötülükler konusunda müsamaha, düzenin bozulmasına yol açar. Kesinlikle affın onda bir tesiri olamaz. Bazı suç, kötülük ve cezalar,

---

71 "Seyyidü'l-en'âm", yaratılmışların Efendisi demektir. "Aleyhi ve alâ âlihî't-tehıyyeti ve's-selâm" duası ise, "Allah'ın selam ve salatı onun ve ailesinin üzerine olsun" demektir.

kazif gibi tek bir şahsa aittir ve kendisinden başkasına sirâyet etmez; dolayısıyla ilgili şahsın talebine ve affına bağlıdır. Bazıları ise topluma yayılma veya etkide bulunma özelliğine sahip olup, sultanın görüş ve incelemesine aittir; sultan uygun ve iyi görüşle doğru bildiği tarzı uygular. Bu bağlamda maktülün özel bir varisi yoksa, onun mirası beytülmale ait olur. Onunla ilgili hüküm, sultanın maslahatına aittir; sultan kısas da buyurabilir, af da edebilir.

Siyasette Adâletin Önemi[72]

Adalete riâyet etmeye muntazaman uyulması oldukça önemlidir. Bu bağlamda sultanın, tebaaların durumlarını sorup soruşturmayı kendi nefsine buyurması şarttır. Sultan, toplum bireylerinin her birini kendi hakkına göre erzak ve kerametlerden, yani ikram, ihsan veya bağışlardan yararlandırır. Elbette bu, tebaanın ve mazlumların ihtiyaç olduğunda sultana gitmelerinin mümkün olmasıyla gerçekleşebilir. Eğer bu her zaman mümkün olmazsa, ihtiyaç sahiplerine belirli bir gün tahsis etmeli ve böylece ihtiyaç sahiplerinin aracısız bir şekilde ihtiyaçlarını arz etmeleri ve olumsuzlukların kaldırılmasını sağlamalıdır. Mesela Acem krallarının halk tabakalarını belli gün ve saatlerde genel bir ağırlamayla kabul ettiği belirtilir. Hz. Risâlet-penâh sallallahu aleyhi ve âlihî sellem, Allâhu Teâlâ'nın Müslümanların işlerinden birinin velâyetini veya yönetimini kendisine tevdi buyurduğu kişinin, hacet sahiplerinin ve mazlumların yüzüne kapıyı kapatması durumunda, Hak Teâlâ'nın da ihtiyaç ve fakirlik vaktinde rahmet kapısını onun yüzüne kapatacağını ve lütuf ve inâyetinden onu mahrum edeceğini buyurmuştur. Emîru'l-Mü'minîn Ömer b. Hattâb radıyallâhu anh da, valilik veya herhangi bir yönecilik emanetini üstlenen kimsenin, ihtiyaç sahipleriyle arasına perde çekmemesini, muhtaç insanlarla her zaman görüşmesini, onların yüzlerine kapıları kapatmamaları gerektiğini tavsiye etmiştir. Hz. Seyyidü'l-Mürselîn aleyhi efdalu salavâti'l-Müslimîn[73] şöyle dua buyurmuş-

---

[72] Başlık çevirene aittir.

[73] "Seyyidü'l-Mürselîn", "Peygamberlerin Efendisi" anlamına gelir. "Aleyhi efdalu salavâti'l-Müslimîn" ise "Müslümanların salavatının en üstünü onun üzerine olsun!" demektir.

tur: *"Allahım! Ümmetimin bir işini üstlenip de onlara rıfk ile davranan kişiye sen de rıfk ile muamele eyle. Ümmetimin bir işini üstlenip de onlara eziyet edene sen de eziyet et."*[74]

Eser ve haberlerde rivâyet edildiğine göre Firavun, tuğyan ve küfran ehli biri olsa da iki iyi haslete sahipti: Bu hasletlerden biri, kapısına kolayca ulaşılması, kapısının herkese açık olması ve ihtiyaç sahiplerinin kolayca kendisine ulaşması; diğeri ise cömertlikle mücehhez olması ve halk sınıflarını genel ihsanlardan yararlandırmasıydı. İkinci özelliği bağlamında onun cömertlikteki mübalağası o derecedeydi ki, bununla ilgili şu rivâyet edilmiştir: İsrailoğullarından bir kadın, hamileydi. Mutfakta kadının bu durumuna uygun gıdalar hazırlanmamıştı. Firavun, bu durumdan haberdar olunca, onun kahır ateşi alevlendi ve mutfak görevlilerini, aşçıları vs. şiddetli ateş öfkesi fırınında yok etti. Ondan sonra her gün sağlıklı ve hasta insan tabakalarına uygun gıda ve beslenme türlerinin hazırlanmasını kararlaştırdı. Buna göre herkese, kendi durumuna münasip şey ne ise o götürülücekti. İlâhî celalin sert fırtına ve rüzgarları, sonsuz kahır heybetinden esinti alınca, ezelî etkili kesin meşiyyet, onu kahr u perişan eylemeye müteallik oldu. *"Bir toplum kendinde olanları değiştirmedikçe Allah kesinlikle o toplumda olanları değiştirmez."*[75] âyeti gereğince her iki hasleti zıddıyla değiştirmişti. Onun menedilmesi öyle bir mertebeye ulaştı ki aydınlık günde karanlık bir gece gibi örtünün içinde kayboldu ve batının anka kuşu gibi batıda inzivaya çekildi, gizlendi; hatta talihsiz yarasa gibi karanlık köşelere sığındı ve de ona iblis ve askerlerinden başka hiç kimseyle görüşme imkanı verilmedi. Nitekim Hz. Musa aleyhisselâm, konuşma şerefiyle şereflendiğinde, aynı gece İlâhî emirle onun sarayının kapısına geldi. Bir yıl o dergahta bulundu, ama görüşme fırsatı bulmamadı. Nihâyet bir gün onun meclis arkadaşlarından biri, istihza ile garip ve tuhaf bir durum olduğunu; bir kişinin bu sıfatla kapıda ayakta durup "Ben Allah tarafından gönderildim, benim birkaç mesajım var." dediğini arz etti. Firavun "onu çağırın da kendisiyle alay edip biraz eğlenelim." dedi. Firavun bu talebi

---

[74] Müslim, "İmâre", 1828; Ahmed b. Hanbel, *Müsned*, 41: 170 (24622); 43: 276 (26212).

[75] Ra'd, 13/11.

yaptığında, hakikatleri bildiren Kelâm'ın haber verdiği gibi münazara ve tartışmadan sonra, Hz. Musa parlak beyaz el ile açık mucizeleri uyguladı. Tâbi bu mucizeleri ortaya koysa da Firavun, şirk kirini demir paslı kalbinden söküp atmadı. İman hazinesine delalet eden apaçık ejderhanın varlığına rağmen yol gelmiyordu. Aksine geçen her dem yılan gibi başını delikten çıkarıyordu. Nihâyet onun işi korkunç sona vardı, kötü bir şekilde bitti. Pintilik ve cimriliği o dereceye varmıştı ki, Kiramen Katibîn'den başka kimse onun yeme içmesine muttali olmadı ve sinekten başkası onun sofrasına oturmadı. Öyle ki, eserlerin levhası üzerinde isbatta güvenilir insanların ispat ettikleri gibi Hz. Musa aleyhisselâm'ın İlâhî fermanla Benî İsrail ile Mısır'dan yola çıktıkları ve Firavun'un da onları takip ettiği gün, onun bütün mutfağında kurtlu bir koyundan başka bir şey kesilmemişti. Firavun o koyunun ciğeriyle beslenmiş. eti ise döndükten sonra kendi seçkin adamlarıyla yemek üzere bıçaklı bir şekilde konulmuştu. Tabii ki Firavun, cehennemin Mâliki'nin, onun ve askerlerine gereğinin yapılması için zehirli diken, zakkum ve cerahat tertip ettiğini bilmiyordu.

Filozof ve bilgelere göre üç şeye riâyet etmek, padişaha vâciptir: Birincisi hazineyi ve memleketi imar etmektir. İkincisi tebaaya şefkat ve merhamettir. Üçüncüsü ise büyük işleri küçük insanlara tevdi etmemektir. Sasani ailesinden birine, "Sizin hanedanınıza ait dört bin yıllık devletin çöküş sebebi ne idi?" diye sorulduğunda, "Akıl, fikir ve basiret sahibi için uygun olan büyük işleri denî, aşağı, bayağı küçük insanlara bıraktık." diye cevap verdi.

Denilmiştir ki, *adalet binasının temeli on kaide üzerine oturur*:

Birincisi, padişahtan başlayarak her yöneticinin meydana gelen her olayda, kendini tebaa, başkasını padişah olarak farz edip kendisi için reva görmediği bir şeyi teba için de reva görmemesidir.

İkincisi, ihtiyaç sahiplerinin bekleyişini tecviz etmemek ve bunun tehlikesinden sakınmaktır. Aristoteles, İskender'e bu bağlamda şöyle der: "Allahu Teâlâ'nın yardımını istersen, feryad edenleri gör ve onlara yardıma koş."

Üçüncüsü, zamanını arzulara ve maddi zevklere dalarak öldürmemektir; zira mülk ve melikin fesadının en kuvvetli sebep ve aracı, budur. Padişah bu yıkıcı şeyin tersine rahat ve boş zamanını ülke yönetmine ve tebaanın maslahatlarına sarf etmelidir.

Bir bilge bir padişaha nasihat ederken şöyle dedi: Gaflet uykusuna yatma ki ülkenin işsiz güçsüzleri ayağa kalkmasın ve seni Hak dergahına şikâyet etmesinler. Dolayısıyla öyle uyuma; yoksa ömrünü tüketirsin; devlet ve ömür, sabah bir duvarda, akşam başka bir duvarda olan güneş gibidirler. Öyle hareket et ki sen dünyayı ye, dünya seni değil.

Dördüncüsü, işlerin temelini inat ve kahır üzerine değil, rıfk ve sevinç üzerine atmalıdır.

Beşincisi, halkın rızasında Hakk'ın rızasını aramaktır.

Altıncısı, halkın rızasını Hakk'a muhalefette aramamaktır.

Yedincisi, hüküm istendiğinde, adaletle hükmetmek, rahmet istendiğinde affetmektir; zira halka rahmet, Hak Teâlâ'nın rahmetine sebep olur. Nitekim sahih bir hadiste şöyle buyurulur: "*Merhamet edenlere Rahmân merhamet eder. Yeryüzünde olanlara merhamet edin ki gökte olanlar da size merhamet eylesin.*"[76]

Sekizincisi, Hak ehlinin sohbetine yönelmek ve vaz u nasihatlerden mahrum kalmamak, geri durmamaktır.

Dokuzuncusu, herkese kendi mertebesinde kendi hak ettiğinin olmasıdır.

Onuncusu, sadece kendisi zulmetmemekle yetinmemeli; ayrıca mülk siyaseti öyle yapılmalıdır ki, çalışanlar, bürokratlar, askerler ve reayanın da birbirlerine zulmetme imkanları olmasın. Çünkü "*hepiniz yöneticisiniz ve hepiniz yönetiminiz altındakilerden sorumlusunuz.*"[77] mesajının gereğince, ülkede olan her şey, sultanın siyaseti altında olduğu için, kıyamet günü kendisinden sorulacaktır.

Haberlerde varid olmuştur ki, mükemmel adalet, ileri düzeyde takva ve paklıkla bilinen ve nitekim beşinci halife

---

[76] Tirmizî, "Birr ve Sıla", Hadis no: 1924. Ayrıca bkz. Ebû Dâvud, "Edeb", Hadis no: 4941.

[77] Buhârî, "Cumu'a", hadis no: 893; "Itk", Hadis no: 2554, 2558; "Nikah", Hadis no: 5200; Müslim, "İmâre", 1829.

olarak adlandırılan Mü'minlerin emiri Ömer b. Abdülaziz'i vefatından sonra rüyada gördüler. Halinden sual edilince şöyle dedi: Bir yıl bana uçurumu gösterdiler; şöyle ki bir köprüde bir delik açılmıştı. Bir koyun o köprüden geçerken o deliğe ayağını düşürdü, yaralandı. "Niçin kendi zamanımda halkın maslahatlarına ihtimam göstermedim, işlerin düzen ve intizamında gevşeklik gösterdim" diye beni azarladılar. O halde raiyyei, yani tebaayı adalet kanunlarına göre ve erdem kazanma temelinde sorumlu kılmalı ve onlara o şekilde davranmalıdır. Çünkü bedenin kıvamı tabiatla, tabiatın kıvamı nefis ve ruhla, nefis ve ruhun kıvamı akılla, şehir ve toplumun kıvamı mülk ile, mülkün kıvamı siyasetle ve siyasetin kıvamı şeriatın gözü olan hikmetledir. Cumhurun işleri şeriat yolunda olduğu sürece düzen olur. O sağlam yöntem ve usülden sapıldığında, mülkün neşesi, güzelliği ve parlaklığı gider.

Eflatun der ki, "kanunu koruyun ki o da sizi korusun." Yani şeriatı muhafaza ederseniz, şeriat da sizi muhafaza eder. Adalet maslahatlarını yerine getirmekten boş kalınca, himmet ve gayret dizginini erdem, fazilet ve ihsan tarafına yöneltin. Zira hiçbir haslet, erdem, fazilet ve ihsandan daha üstün ve daha şerefli değildir. Nitekim bu husus daha önce tafsilatıyla açıklandı.

İhsan konusunda da istihkak miktarlarına riâyet etmelidir. İhsan heybet ve haşmetle birlikte olmalıdır. Çünkü heybetin düşüşü durumunda ihsan, toplumdaki yoksul kimselerin yayılmasına ve o kimselerin tamahkârlıklarının artmasına sebep olur. Mesela memleketin bütün vergisi bir kişiye verilirse, razı olmamalıdır.

Aristoteles, İskender'e şöyle nasihat ve vasiyet etmiştir: "Mazlumlar senden çok korkmamalıdır ki sana ihtiyaçlarını arz edebilsinler. Askerlerle zor sahipleri ise senden çok korkmalıdırlar ki zulme ve haksızlığa teşebbüste bulunmasınlar." Hz. Seyyidü'l-Mürselîn aleyhissalâtu vesselâm, İlâhî azamet iz, tesir ve eserlerinin celâl ve cemâl tecellilerinin nurlarının mazharı ve namütenahi heybete sahip olmak itibariyle, o derece heybetliydi ki Ebû Süfyan henüz daha Müslüman olmadan önce bir anlaşma çerçevesinde O Hazret'in yanına gelmişti. Huzurundan döndükten sonra dedi ki

"Vallâhi ben çok kral ve güçlü insan gördüm. Onların hiçbirinden bu derece büyük bir korku kalbime düşmedi." Onun lütuf ve ünsiyeti o derecedeydi ki bir gün bir kadın Hazret'in huzuruna geldi. İhtiyacını arz etmek isterken Hazreti Mustafa'nın mukaddes ruhundan çevresine yansıyan kutsal nurların ışık damlaları sebebiyle müthiş bir dehşete kapıldı. O kadında zahir olmuştu, Hz. Peygamber'in heybeti. Hz. Muhammed (sav) bu durumu farketti ve hemen şöyle buyurdu: "*Korkma! Ben kurutulmuş et yiyen Arap bir kadının oğluyum.*"[78] Hazret'in amacı, kadını teskin etmek, korkusunu yenmesini sağlamak, heybetten kaynaklanan şaşkınlığı kalbinden almak ve nihâyet böylece ihtiyacını arz edebilmesini sağlamaktı.

Kibirlilere büyüklenme, yoksullara tevazu, güzel ahlâktandır. Düşünme ve araştırma yapmaya güç yetirmek ve düşmanlarının tuzaklarından korunmak için sırlarını gizlemek, kralların görevlerindendir. Hz. Mustafa sallallâhu aleyhi ve alâ âlihî ve sellem savaşa azm buyurunca, halkın başka bir yere gittiğini düşünmesini sağladı. Halbuki O Hazretin kutsal dünyası yalanın ar kirinden beri idi. Fakat burada yaptığı yalan değildi. Böyle sülük buyurdu; zira mesela bir yöne meyli olduğunda, insanlardan diğer yönün konaklarını sorar, onların görüşlerini alır ve o tarafın durumlarını tahkik ederdi. Böylece insanlar Hazret'in o yöne gideceğini zannederlerdi.

Filozoflar şöyle demişlerdir: Müşavere ihtiyacını da karşılayarak sırları korumanın yolu, akıl ve feraset sahipleriyle istişare etmek ve alınan kararları, sır olacak şeyleri aklı zayıf olanlardan saklamak, kesin karara vardıktan sonra da zahiren o kararın zıddı olan fiilleri yapmak, bunda da töhmete yol açmamak için mübalağaya kaçmamaktır. Alınan kararın zıddı olan fiilleri zahirde yaparken onları alınan kararın gereği olan fiillerle karıştırmalıdır.

Düşmanlara Karşı İzlenecek Siyaset, Barış ve Savaş[79]

Düşmanların durumunu araştırmaktan hiçbir zaman ve hiçbir sûrette gaflet buyurmamalıdır. Düşmanların iş ve durumlarını araştırmakla görevli olanlar, onların zahiri durum-

[78] İbn Mace, "Et'ıme", 30.

[79] Başlık çevirene aittir.

larından batın ve gizli veya görünmeyen durumlarına dair istinbatlarda bulunmalı, onların durumları hakkında bilhassa akıl noksanlığıyla bilinen maiyet adamları üzerinden soruşturma yapmalı ve onlardan aldıkları kararları öğrenmeye çalışmalıdırlar. Bu son husus çerçevesinde hareket etmek, büyük bir ilkedir ve herkesle en iyi diyalog kapısıdır. Çünkü herkesin ünsiyet kurduğu bir dostu olmalı ve sırlarını onunla paylaşmalıdır. Elbette muhavere ve sohbet esnasında herkesin içindeki saklı bilgilere vakıf olunabilir. Bir kimseden muhalefet anlayışı ortaya çıktığında, o muhalefet işinin, mümkün olduğu ölçüde güzellikle kaldırılması ve karşı karşıya gelme ve savaş noktasına varmaması için gayret etmelidir. Güzellikle konuşma ve yaklaşımla bunları yapmak mümkün olmaz ve muhalefet engellenemezse, tedbir, ihtiyat ve bezeri çözüm tarzlarıyla defedilmesi için çalışmalı ve bu mümkünken asla savaşa teşebbüs etmemelidir. Düşmanları defetmek ve engellemek için hileye başvurmak ve yalan mektuplar yazmak yerilmez, kötü görülmez. Fakat yalan konuşma, vefasızlık ve ihanet hiçbir durumda asla caiz değildir.

Savaşa ihtiyaç olursa, iki durumdan biri tercih edilmek zorundadır: Ya savaşa sebep olunur ya da savaş defedilir. Başka bir ifadeyle ya savaştan yana olunur ve savaş olsun diye uğraşılır ya da savaşa karşı çıkılır ve savaşı önlemek için çalışılır. Eğer sultan savaş için çalışırsa, maksadı, tam hayır veya iyilik olmalıdır ve elbette din veya kısas talebi veya hak için savaşmalıdır, tahakküm kurmak, zorbalık yapmak, sömürmek, üstünlük kurmak vd. için değil. Zira savaş için çalışan, savaşın müsebbibi olan kişi, din veya hak talebi için savaşmazsa mağlup olur, kaybeder.

Ayrıca ordu söz birliği içinde olmadıkça savaşa girmemeli, çıkan savaşın arasına dahil olmamalıdır. Çünkü iki düşman arasına girmek, çok büyük bir tehlikedir. Mümkün olduğu ölçüde padişahın kendi başına savaşmasına engel olmak lazımdır. Çünkü girdiği savaştan yenilerek çıkarsa, telafisi olmaz; yok eğer zafer elde ederse, bu da bir muammadan, hafiflikten hâlî olmaz. Bu da padişahın himmet ve vakarına yaraşmaz. Eğer savaşı defeden olursa ve mukavemet gücüne sahip bulunursa, pusu veya gece baskını yoluyla düşmanın üzerine gitmeli, başını ezmelidir; zira kendi topraklarında kendileriyle savaşın vâki olduğu padişahların çoğu mağlup olur. Eğer mukavemet gücüne sahip olmazsa, kalelerde tedbir almalı, tam bir ihtiyatla hareket etmeli, hendekler kazmalı, bütün boyutlarda dikkat edilmesi gereken her şeye dikkat etmelidir. Böyle savaş durumlarında hemen itimada başvurmamalı, tedbirli olmalı, her türlü ihtimali düşünmelidir; çünkü filozoflar bu bağlamda şöyle demişlerdir: "Her kuşatılan, alınır." Sulh kapısını çalmak için mallar sarfetmek ve gerekirse hilelere başvurmak sûretiyle tevessül arayışına girmelidir.

Ordunun işlerinin yönetimi için üç sıfatı olan bir kişiyi tercih etmelidir. Bu üç sıfattan birincisi, cesaretle ün kazanmış olma; ikincisi güzel yönetim ve basiret; üçüncüsü ise savaş tecrübesi ve uzmanlık becerisidir. Savaş şartlarının en önemlisi, hasmın durumları hususunda teyakkuz halinde olma, işbilir casuslar aracılığıyla bilgi toplama ve bunun için de gıpta ve faydaya riâyet etmedir.

Filozoflara göre mecbur kalmadıkça kale ve hendekle korunmayı tercih etmemelidir. Çünkü bu gibi durumlar, acziyete hamledilir ve düşmanın cüretkârlık yapmasına yol açar. Kişi savaşta cesaretiyle farkındalık oluşturursa, o kişiye izzet, ikram ve inamda çok mübalağa etmeli, onun iyi becerisini hoş hediyeler, güzel övgüler ve iyi taltiflerle mükafatlandırmayı vâcip bilmelidir. Düşmanı hor ve hakir görmemeli, istihfaf etmemelidir. Zira *"Nice az topluluk, Allah'ın izniyle çok topluluğu yenmiştir."*[80] Zaferden sonra tedbiri terketmemelidir. Mümkün olduğu ölçüde de bir kimseyi öldürmemeli, canlı esir etmelidir. Çünkü esir almada, düşmanların kalbini kazanmayı içeren köle edinme, minnet, fidye gibi pek çok fayda ve menfaat düşünülür. Nitekim bununla ilgili Kur'anî nas vardır: Düşmanlara karşı zafer kazandıktan sonra, onları katletmek caiz değildir; öldürmenin dışında onların şerrinden emin olunamazsa, o başka.

İstila edip ele geçirmeden sonra düşmanlık ve taassubun zihne gelmesine fırsat vermemelidir. Zira bu durumda düşmanlar köle ve tebaa olur. Kendi topraklarına ve halkına kast etmek, adalet kaidesine aykırıdır. Hikmet insanları ve filozof-

---

80 Bakara, 2/249.

ların eser ve haberlerinde me'surdur ki İskender, bir şehre galip gelip muzaffer olduktan sonra, oranın halkına kılıç kullanmayı bırakmamıştı. Bunu öğrenen Aristoteles, onu azarlamakla dolu bir mektup yazdı. Mektubun içeriği şu anlamdaki ifadelerden oluşuyordu: Zaferden önce düşmanlarını katletseydin, mazur olurdun, fakat zaferden sonra kendi ellerinin altındakileri öldürmende ne gibi bir özür veya mazeretin olabilir? Affı devreye sokmak büyük meliklerin özelliklerinden olup devletin temel ve sütunlarının zinet sebebi ve haşmet, ihtişam ve büyüklük kaidelerini sağlamlaştırma yoludur. Çünkü güç tam olsa bile güzel bir af, daha çok kendini gösterir. Hilafet akdi vasıtası ve celalet nazmı rabıtası olan Me'mun, şöyle demiştir: "Eğer suçlular, affetmenin benim için ne büyük bir zevk olduğunu bilselerdi, onları hediye olarak huzuruma getirirlerdi."

Elhak, insanî yetkinlik, Rabbânî sıfatlarla ahlâklanmaktır. "*Onları bunun için yarattı.*"[81] âyeti gereğince âlem ve Âdem'i yaratmaktan asıl maksat, hakikî varlığın zuhûrudur. İlâhî rahmet ve af, beşerî acziyet ve kusurların ortaya çıkış yerlerindeki zuhur etmenin tecellisini gerektirir. Nitekim hadiste şöyle ifade edilmiştir: "*Siz günah işlemezseniz, Hz. Hak Teâlâ, günah işleyen başka bir topluluk yaratır ki sebepsiz rahmeti af aynasında tecelli etsin.*"[82] O halde af süsüyle tecelli, hayrat ve iyiliklerin kaynağı olan hakiki kaynağa benzeme olabilir.

Hükümdarlık temelinin bânisi, İkinci Sahib-kıranî, ülke fethetme kaidelerini sağlam bir şekilde koyan Hazret-i Sultanî'nin delilli, delil gösteren ve karanlığı dağıtıp parçalayan görüşünde, ilham olan kutsal telkinden, kesbî eğitim-öğretimlerle öğrenilenlerin ve insanî amellerin vasıtası olmaksızın vehbî fazlın feyzinden, saltanat kurallarının incelikleri, memleket ve eyalet adabının hakikatleri, hikmet sırlarının gizemleri ve millet ile din ahkamının garibleri hasıl olunca ve de mukaddes ruhu, "*Ve ona kendi katımızdan ilim öğrettik.*"[83] yüksek payeli mertebesine erişince; evet gerçeği söylemek gerekirse, bu konuda belağat ehli meclisinin yeni yetmesi ve beraet erbabı kelamının nakledicisi olan bu fakir, hakir ve sermayesi-

---

[81] Hûd, 11/119.

[82] Ahmed b. Hanbel, *Müsned*, 1: 289; 2: 304-305; Müslim, "Tevbe", 9-11.

[83] Kehf, 18/65.

zin sözü uzatması, adalet kanunundan ve edeb yönteminden uzaklaştırır. Zira Hz. Süleyman'a kuş dilini öğretmek ve Hz. Lokman'a hikmet kanununu göstermek, kendini akıllıların ayar vermesine ve zekilerin azarlamasına arz etmek olur. Eğer faraza Sultan'ın huzuruna çıksak, mutlaka rağbet inceliklerinden bir incelik buyururlar; fakat Sahib-i Zemânî İskender-i Sânî Hazret-i Hâkânî'nin güzel ahlâkını mülahaza etmek kafidir. Çünkü tekellüf ve sapma şaibesiyle kaza ve icraya kadar icat ve tekvin kitabının tedvinini yapıp insanî kabiliyetlerin levhalarının sayfasını ruhânî yetkinliklerin rakamlarıyla süslüyor.

İlâhî lütufların güzel enderlerinin şamilliğiyle ve namütenahî desteklerin şaşırtıcı olanlarının mazhariyetiyle, melekelerinin melekî sıfatlarının kutsal zatı ekseninde, mutlu iksirlerin ve ünlü kayserlerin sayısı kapsamında sayılabilen mecmua; icat ve ibda işi ve seçim kaleminden varlığa gelmemiştir. Tâ ki Hüsrev-i Hurşid, dördüncüsü felek olan dört yastığa yaslanır. Her ne kadar gök cisimlerinin diğerleri o kadar lambayla dünyanın çevresinde dolaşsa da, dünya fatihliği bu şevket, ihtişam ve ve yücelikle görülmemiş bir şevket, ihtişam ve yüceliğe sahiptir. Hazret-i Sâhibkırânî'nin celalet ve azametin vasiyeti, bu güzellik, fer ve ululukla daha önce işitilmemiştir. Allahu Teâlâ, inâyet nazarlarının uğur ve bereketiyle, merhamet nurlarının feyziyle, cihanın aydınlık ve geniş zemin ve zamanının gül bahçesi olduğu adalet ve şefkat göğünün iki yıldızı ile hilafet feleğinin bu iki nurlusunu, ikbalin zirvesinde ve azametin yüksekliğinde vebal utancı ve zeval düşüşünden koruyor, emin kılıyor; devletlerinin bol mutluluk ve güçlü ordularını ikincil zaman silsilesi gibi ilklere muttasıl ve makrûn eyliyor. Bihakkı'l-Hakkı ve kelimâtihî ve'l-ârifîne bizâtihî.[84]

5. Lem'a: Hizmet Adabı ve Sultanlar ile Devlet İdarecilerinin Kuralları

Sultanlar, devlet başkanları ve idarecilerle muaşeret ve münasebette halkın genelinin izlemeleri gereken yol, onlara

---

[84] "Bihakkı'l-Hakkı ve kelimâtihî ve'l-ârifîne beyyinâti 'âyâti zâtihî ve sıfâtih" ifadesinin anlamı: "Cenâb-ı Hakk'ın hakkı ile ve kelime, hüküm ve yasalarının ve de bizatihi ariflerin hakkıyla."

gönülden sevgi beslemeleri, onlarla medh ü senâ diliyle konuşmaları, onlara karşı hizmet ve taat adabına uygun hareket etmeleridir. Ayrıca güçleri yettiğince onların emir ve nehiylerine, Allah'ın emirlerine ters düşmüyorsa uymaya çaba harcamaları, onların vergi ve diğer haklarını rıza ile ve isteyerek eda etmeleri, bunları yaparken asla kalbe darlık gelmesine yol vermemeleri; onları tazim ve tebcili zahiren ve batınen hiçbir dakika ihmal etmemeleri, zaruret halinde onlar için can ve mallarını feda etmeleridir. Çünkü din ve dünya ile aile ve evladı korumak, onların âlî varlıklarına bağlıdır. Onların hizmetçilerindan olan kimseler, onlara çok yaklaşmaya cüret etmemelidirler. Zira sultanlarla sohbet, ateşe girmeye ve aslanla dost olmaya benzetilmiştir. Hakikaten sultanların hizmetinde bulunma adabına riâyet, zor bir iştir. Herkeste onu yapabilecek öğrenme yeteneği, güçlü sabır ve sağlam irade yoktur.

Bazı tarikat şeyhleri şöyle demişlerdir: "Sultana hizmet etmeyen ve sevgi beslemeyen bir kişi, tarikatın sülukuna yol bulamaz." Çünkü Sultan Zıllullah'ın yanında, özel meclis adabına riayet etmek, nefsin tarikatın kurallarına riâyetle hamdem olmasında önemli bir sebep ve araçtır. Her kim Hazretlerine yaklaşma fırsatı bulursa, kendisiyle ilgili, kendisinin sorumluluk alanına giren işlerle meşgul olmalıdır. Fuzuli bir şekilde başka işlere karışmamalıdır. Hizmet etme, Sultan ne zaman talep ederse o zaman hazır olmayı gerektirir. Huzurda olmanın ağırlığından ve bıkkınlığından da kaçınılmalıdır. Onlardan her ne sadır olursa, onu nifak, gösteriş ve iki yüzlülükle değil, sıdk u samimiyetle methetmelidir. Çünkü meydana gelen her şeyde elbette güzel bir boyut olacaktır. O halde o boyutu çıkarıp o boyut üzerinden onu güzel görmelidir. Eğer bir kimse onlara nasihat mertebesinde olursa, nasihatini güzel bir şekilde, hoş bir muamaleyle, edeple yapmalıdır. Zira kutsal şeriata göre de sultanların onlara yönelik emr bilmaruf ve nehy anilmünker işlerinde zorlama ve kabalık söz konusu değildir; bilakis güzel nasihatin ve edebe göre beyanın dışında bir şey, onların görevi değildir.

Hz. Hak Teâlâ, i'câz-i i'lâm Kelamında Hz. Musa ve Hz. Harun'a Firavun'la ilgili olarak şöyle buyurur: "*Ona yumuşak söz söyleyin; belki düşünüp taşınır, öğüt alır veya huşû edip saygı gösterir.*"[85] Eğer nasihat edilen kişi, vezir ve müşavir olursa ve de ondan maslahata aykırı bir iş sadır olursa, uzlaşmalı, muvafakat etmeli, doğruyu yumuşak bir üslupla söylemelidir. Ondan sonra güzel bir yolla o aykırı işi yapmaktan vazgeçirmeye çalışmlı, yanlış işi onun zihninden çıkarmak için çalışmalıdır. Nitekim filozoflar şöyle demişlerdir: "Kral veya padişah ile egemen kişiler veya yönetici konumundakiler, dağın tepesinden inen coşkun sel gibidirler. Bir kişi, o seli yöneldiği istikametten başka bir yere bir anda veya bir defada döndürmek isterse, helak olur. Ama selin yönünü, ancak önüne çalı çırpı, odun, toprak yığmak sûretiyle tedrici olarak döndürmeye çalışırsa, döndürmek kolay olur. Hiçbir sûrette yöneticilerin sırlarını ifşa etmek caiz değildir. Bu noktada ihtiyat ve tedbir yolu, onların zahir olan durumlarını da güç yettiği kadar gizli tutmalıdır. Tâ ki bu meleke nasihat eden kişide yerleşik hale gelince, sırları gizli tutmak kolay hale gelir. İnsanlara gizli durumları anlama yolunu göstermeli ve sırları ifşa etmekle suçlanmaya yol açmamalıdır. Gerçekten de gizli işleri veya durumları aleni durumlardan hareketle anlamak mümkündür; zira dünyanın işleri tamamen birbirine bağlı ve muttasıldır.

Bilmek gerekir ki, kralların veya hükümdarların yüksek himmet ve gayretleri vardır. Bu sebeple halkı kendileriyle ilişkilerinde kulluk makamında tutarlar. Hiçbir şekilde, hiçbir durumda ve hiçbir işle onlara suç atfı yapılamaz. Krallar, halk tarafından günah ve ayıp topundan uzak görülürler. Krallara kimse kötü kimseler, kötülük yapanlar olarak bakamaz. Onlarla ilişkilerde onların rızası esas alınmalı, hatta onları razı etmede mübalağa edilmelidir. Hizmet eden kimse, hizmet ilişkisinde kralın hoşnutluğuna bakmalı, kendi kişisel hazzını bir kenara bırakmalıdır. Maksatları gerçekleştirmede ise ısrar ve abartıya değil, tedbir lütfuna tevessül etmelidir.

Hırstan kaçınmalıdır. Kanaat etmeye çalışmalıdır. Çünkü dünyanın kendisi, kendine yönelen kimseye meyleder. Kişi dünyaya yönelir ve dünya hesaplarına boğulursa, dünya da onun işini tersine döndürür. Nitekim hadiste şöyle gelmiştir: "*Dünyayı terket; o sana şiddetli bir arzuyla gelir.*" Tevrat'ta da şöyle gelmiştir: "*Allahu Teâlâ, dünyayı yaratıp şöyle dedi: Ey*

---

[85] Taha, 20/44.

dünya! Bana hizmet edene sen de hizmet et. Sana hizmet eden, bana hizmet etmesin."

Sultanlar, fayda, mal ve menfaat araçlarını hazırlamalıdırlar. Sultanlar vesilesiyle mal ve menfaatler tahsil edilmelidir. Özellikle sultanların mallarına tamah etmemelidir. Tâ ki böylece sualin zilletinden korunmalı; hem çok fayda temin etmeli, hem de onlar nezdinde saygın ve makbul olmalıdır. Onlar küçük bir iltifatta bulunulduğunda, bütün mal ve zahirelerinin dağıtılmasını emir buyururlar. Çünkü bu bağlamda sultanlarla konuşmada münakaşa tarzı benimsenir ve ortaya konulursa, "İnsanlar, yasaklandıkları şeye harîstirler." mucibince sultanların hırsı, çok artar.

Filozofların görüşünde yasaklanılan, hırs duyulan, düşkün olunan; çok sarfolunan, kendisinden bıkılmış olunandır. Makam, mal, elbise, süslenme, yeme, içme, binme vs. noktasında sultanlara benzemeye çalışmamalıdır. Onlara ait olan bir tarzı almamlıdır. Çünkü bunu yapmakla, edepsizlik suçlamasıyla o şeyi yokluk alanına, kendini de helak meydanına getirmiş olursun. Hiçbir işte mal mülk, makam mevki küçük görülse de onlardan müstağni olduğunu ızhar etmemelidir. Her halükarda onların hükümlerine rıza göstermeyi şiar etmelidir. Süleyman b. Dâvud'un, Peygamberimize ve ona selam olsun, sahifesinde yazdığına göre o kendi nefsiyle konuşma yolu üzerine şöyle buyuruyor: "Ey nefis! Kralları hor görme. Onların sözlerini kabul et. Onların yanında kendinle ilgili veya başkası hakkında kötülük içeren bir söz söylemeye hiçbir şekilde teşebbüs etme. Çünkü eğer bu söz kendinle ilgili olursa, kendini padişahların öfke meydanında cezalandırmış olursun. Eğer başkasıyla ilgili olursa, kendini hakiki padişahın öfkesine maruz kılmış olursun."

Âdâb[86] adlı eserinde İbnü'l-Mukaffa'[87] (720?-759) şöyle der: Eğer sultan sana kardeş derse, ona hükümdarım veya padişahım diye hitap et. Sana ne kadar çok yakınlık gösterirse, saygıyı o kadar çok arttır. Senin onun nezdinde bir ya-

---

[86] İbnu'l-Mukaffa'nın *Kitâbu'l-'Âdâb* adlı kitabu kastedilmektedir.

[87] Thompson'ın çevirisinde İbn Mukaffâ anlaşılmadığından İbn Mukanna şeklinde yanlış olarak çevrilmiştir. Benzer bir yanlışı diğer İngilizce çevirisinin mütercimi Deen de yapmıştır. Deen, İbn Mukaffa' yı Ibnu'l-Mukna' olarak olarak çeviri kitabına almıştır (s. 224).

kınlığın olduğunda, onunla başbaşa konuşma esnasında çok dalkavukluk ve tazarru gösterme; zira bu, yalnızlık ve yabancılığın alametidir. Ona asla senin onun üzerinde hakkın olduğunu veya ona hizmetinin çok olduğunu izhar etme. Bilakis eklemelerle hizmeti ve hukuku yeniden ortaya koy ve geliştir. Öyle ki onun sonu başını ihya etsin. Çünkü sultanlar, hatta çoğu insanlar, sonu başından inkıtaya uğrayan hakkı unuturlar. Hiçbir iş, sultanlara vezirlikten daha tehlikeli değildir. Vezirin sultan karşısında o noktada hiç yardımcısı yoktur. Hizmete atanmışsa, o takdirde hizmet ettiği kişinin kötü sözlerinden rencide olmamalıdır ve ondan asla bir nakilde bulunmayı hatırına getirmemelidir. Hasetçilerin kendisiyle ilgili hile ve desise peşinde olduklarını anlarsa, asla bundan etkilendiğini belli etmemeli, onlara kin ızharında bulunmamalıdır. Zira onlar hileyi tekrarlayacaklardır. Bu şekildeki çalışmalarını mücadeleye, çatışmaya teşebbüsle devam ettirirlerse, vakar dairesinden çıkmamalı ve hilim yoluyla cevap vermelidir. Bilmelidir ki galibiyet ve üstünlük her zaman halim kişinindir.

Sultanlarla büyüklerin meclis adabından biri, onların huzurunda asla meşveret etmemektir. Bu adab ilkesinin bir gereği olarak, başkasına soru sorulduğunda kendin cevap vermeye kalkmamalıdır; bilakis daha önce zikredildiği gibi bu ilkeye riâyet etmelidir. Aksi halde hakikaten böyle bir şey, hem konuşanın tahkirine, hem de soran ve sorulanın küçük düşmesine sebep olur. Böyle bir şey yaptığında, eğer soru soran, "ben sana sormuyorum." dese ve konuşanın bir cevabı da kalmasa, araya girip cevap veren de kendi zavallılığından utansa, durum nasıl kötü olur? O halde bir topluluğa soru sorduklarında, öne geçerek cevap vermeye kalkmamalıdır. Çünkü bunu yapan hoş görülmez. Bu şekilde yapmak, ayıp karşılanır. Fakat eğer konuşmayı erteler ve böylece diğerleri cevap verir ve ondan sonra sözün ayıbı, kusuru ve becerisi ortaya çıkar. Ondan sonra ilave yapmaya ihtiyaç olursa, o taktirde söylenecek söz veya cevap edebe riâyet ederek arz edilir ve böylece de bu şekilde cevap verenin beraati ortaya çıkar.

Önemli bir husus da, onlara çok yakın olan topluluğun önüne geçmeye çalışmamak ve erdemsiz birinin yakınlık ve mertebe itibariyle kendisine tercih edilmesinden incinmemektir. Çünkü çok yüksek bir makamda da olsa, herkesin bir başkasıyla zatî bir münasebeti olabilir. Çok düşük bir makamda da olsa, yine aynı şekilde biriyle kendine uygun bir münasebeti olabilir. Bu münasebet, muhabbetin menşeidir. Onu kazanmak, güç alanının dışındadır. Öyleyse kendini bu sebeple üzmemelidir. Ayrıca belki sultan ve büyük zatlarla münasebette yakın olan kişinin haklarda öncelikleri vardır ve belki o önceliklerden bir başkasının haberi yoktur; dolayısıyla onunla münakaşa veya çekişme, padişahın gönlünü incitebilir. Bu durumda mutlak sûrette kendi arzundan vazgeçmelisin. Kendi iradeni padişahın iradesine tâbi kılmalısın. Çünkü daha önce işaret edildiği gibi iki kişi bir ve birlik olmadıkça, sevgi bağı güçlü olmaz; fakat bir olup ta biri kendi payından vazgeçtiğinde aralarında muhalefet, hatta uyuşmazlık olmaz, varsa da kalkar ve bütün işleri, birlik uğurlarıyla, vahdet bereketleriyle düzene girer.

6. Lem'a: Arkadaşlık Erdemi ve Arkadaşlarla İlişkilerde Görevler

İnsan, özel yetkinliğe ulaşmak için kendi türünden diğer varlıklardan yardım istemeye muhtaçtır. Yardım isteme ve alma ise arada ülfet ve dostluk olmadan gerçekleşmez. Kişinin ne kadar çok dostu veya arkadaşı olursa, yardım alması o kadar mükemmel ve dolayısıyla kendi yetkinliğine erişmesi o derece kolay olur. Dostluk ve sadakat mertebesi, sevgi mertebelerinin en yükseği olduğu için dostluk ilişkisi ile yetkinleşme isteği daha çok olur. Gerçek dost ve arkadaş, sayıca çok olamaz. Çünkü çok değerli mücevherlere izzet, üstünlük ve şeref lazımdır. İnsanların çoğu hayvan lezzetlere ve nefsanî arzulara talip olur. Bu tür insanlarla zaruret ölçüsünde bir araya gelinmelidir. Filozoflar bu taifeyi baharatlara benzetmişlerdir. Bilindiği üzere baharat, yemeklerde ihtiyaç olduğu ölçüde kullanılır; az konulduğunda da çok konulduğunda da yemeğin bozulmasına yol açar.

Aristoteles konu bağlamında şöyle demiştir: "İnsanlar dost ve arkadaşa her hâl ve şartta; mesela refah hâlinde onların gelişiyle mutlu olma itibariyle, şiddet ve sıkıntı durumunda ise yardımlaşma itibariyle muhtaçtır. İnsanların en müstağnileri olan, halka en az muhtaç olan büyük padişahlar dahi, örnek olarak insanların en muhtacı olan fakir, yoksul ve miskinlere muhtaçtırlar, tıpkı fakir, yoksul ve miskinlerin ihsan ve servet sahiplerine muhtaç oldukları gibi. Filozof Sokrates (M.Ö 470 - M.Ö 399) de şöyle demiştir: "Bütün dünya ve içindekiler bir kişinin olsa, fakat bu kişi, sadakat ve arkadaşlığın faydasından mahrum olsa, hayat ona vebal, yük ve sıkıntıdır. Belki bu kişi için yaşamak imkansızdır. Bu hasleti elde etmenin, dost kazanma ve dostluk kurmanın kolay olduğunu zannederse yanılır. Zira temel ayarlama ölçütü olan sadakat, dostluk ve arkadaşlık cevheri dünyanın rağbet edilen ilginç ve ender güzelliklerinden, enfes nevadirindendir. Çünkü bela ve musibet vaktinde yardımcı ve rahatlıkta yakın olan samimi dostun eşi benzeri yoktur. Çok büyük meselelerle karşılaşıldığında, bütün hazineler ve definelerden, hatta dünya ve içindekilerden hiçbiri, dostluğun, arkadaşın yerini tutamaz. Gerçekten de insanın başına öyle bir hâl gelir ki dünyanın bütün mallarını harcasa bile o anda faydalı olan ve üzüntü darbesini gideren dost olmadıkça fayda vermez. Tebaanın işlerini yürütmek, genel ve özel durumlardan haberdar olmak ve ihtiyat kanununa göre davranmak isteyen yetkin padişaha iki göz, iki kulak, bir kalp ve bir dil nasıl yeter? Ama hakiki dostları olunca, onların gözleri, kulakları, kalpleri ve dilleri de ona göz, kulak, kalp ve dil olur ve manaca nice göz ile bakmış, nice kulak ile işitmiş, nice kalp ile düşünmüş ve nice dil ile anmış olur. Böylece memleket işleri onun için son derece kolay hale gelir.

Denılmıştır ki, bir kimse arkadaş olarak seçilmek istendiğinde, önce onun durumları, kişilik özellikleri, geçmişi, aile yapısı, ailesiyle ilişkileri vs. öğrenilmelidir. Böylelikle mesela onun çocukluğunda anne ve babasıyla ilişkilerinin nasıl olduğu anlaşılır. Eğer anne babasına karşı asilik suçu işlemişse, ona asla itimat edilmez ve dolayısıyla böyle biri kesinlikle dost edinilmez. Din ve hukuka isyan ederek, anne babaya karşı koyan kişiden hayır beklenemez. Bunlardan sonra arkadaş olarak benimsenecek kişinin dostlarla ilişkilerinin, dostalara muamelesinin keyfiyeti araştırılmasıdır. Bundan sonra dostlarının nimetine şükürle mi yoksa nankörlükle mi karşılık verdiğine bakmalıdır. Eğer nankörlükle mevsuf ise, onun dostluğuna rağbet edilmemelidir; zira eşkiyanın vasıflarında hiçbir haslet nimete nankörlükten daha kötü değildir. Kutlu ve mutluların vasıflarında ise hiçbir erdem, nimete şükürden daha makbul, daha övgüye layık değildir. Şükürden murat ise soyut mükafatlar değildir. Zira bazen bir kişi fakirlik sebebiyle mükafatlar için harekete geçmekten aciz olabilir; fakat gönül, dostluk ve sevgiyle hareket eder, tecrübe kazanır; senâ ve övgü diliyle konuşur. Böyle bir kişi kusurlu değildir. Öyleyse onun lezzet, zevk veya hazza ve mal biriktirmeye eğilim durumu hakkında da düşünmelidir. Eğer hırs onda galip bir özellik ise, onunla arkadaşlık veya dostluk olmaz. Sonra onun yükselmeye ve galip olmaya veya zorbalığa meyline bakmalıdır. Bu konuda ifrat sahibi ise, reddedilir. Çünkü zorbalık ve üstünlük davasıyla insaf mağlup olur. Bu kişi hakkından fazlasını ister ve işin sonu sevginin zevaline gider.

Eğer bir insan oyun ve eğlence türlerine meyilli ve şarkı dinlemeye ve güzel kadınlarla muaşerete düşkün ise ondan dostluk ve dostluğa riâyet beklememelidir. Gerçekten de nefsin arzusuna aşırı meyletmek dostların haklarını gözetmeye engel olur. Ama bir kişi, bütün bu sıfatlar içinde bu imtihanlardan tam ayarlı ve yetkin derecede ölçülü çıkınca, onu kamil bir dost ve fazıl bir şefîk bilmelidir. Onun sevgi cevherini, can nakdiyle gönül hazinesinde tutmalıdır. Zira ancak kamil dostla övünülür. Bazı filozoflar şöyle demişlerdir: "Bir kişinin erdemli dostu varken üzülmesi şaşılacak bir şeydir." Fakat böyle bir kişi, kırmızı kibritten daha üstündür ve eğer hakiki bir dosta el verirse, bu bir dostla yetinmelidir. Zira fazla sayıda dostların haklarına riâyet etmek zor olur. Çünkü onların durumlarının gereği uyumsuz olur. Mesela bir muvafakatla ferahlık, açılma ve sevincini ızhar etmelidir. Başka bir arkadaşlıkla ise daralma ve acı ızhar edilebilir. Düşmanlık sebebi çoğunlukla önceden tanışıklığın olduğu yerde görülür. Zira bir kimse ile hiç tanışıklık ve münasebet yoksa düşmanlık ve görüş ayrılığı da olmaz. Genelde dostluktan sonra ortaya çıkan düşmanlığın zararı çok olur; çünkü o kişi, sonradan düşman olduğu kişiyle tam bir etkileşime girmiş olup bütün hâllerin inceliklerine vâkıftır ve acı ve zarar verme yollarını bilir. Öyleyse insanlarla karışmada ve etkileşime girmede ihtiyat gözetilmeli ve etkileşimde zaruretin gerektirdiği kadarla yetinmelidir. Nitekim şöyle denilmiştir (kıta):

'Aduvvuke min sadîkıke mustefâdun
Felâ tuksiranne mine's-sıhâbi
Feinne'd-dâ'e ekseru mâ terâhu
Yekûnu mine't-taâmi ve'ş-şerâbi[88]

Dost kazanılınca, onun haklarını gözetmeyi vâcip bilmeli ve ona düşmanlık ve asilik etmekten kaçınmalıdır. Önemli işlerinde ona yardım etmeli, onunla görüşme ve karşılaşmalarında güleryüz göstermeli, itifat övmeli ve onunla ilişkileri yumuşak ve adaletli sürdürmelidir. Sadece kalbî sevgi ile yetinmemelidir; zira kalbi bilmek sadece gaypları bilen Allâmu'l-Ğuyûb Allah'a mahsustur. Samimi dosttan sâdır olan küçük kusurlarla basit hataları affetmeli, görmezden gelmeli, daha doğrusu onlara itibar etmemelidir. Beşerî fertler, hata etmekten hâlî değildir. Hatasız kul olmaz. Bu konuda abartılı davranılır ve arkadaşın hataları ile kusurlarının peşine düşülürse, o takdirde yalnızlığa ve sadakat ve arkadaşlık erdeminden mahrum kalmaya mahkum olunur. Bu işte asıl erdem kendi ayıp ve kusurların, günah ve hataların üzerinde düşünmektir. O halde kendi kusur ve yanlışların hakkında düşünmek, büyük bir yardımdır. Başkalarının, bilhassa arkadaş veya dostların kusurunu aramaya çalışmamalıdır. Nitekim bir hadis-i nebevîde şöyle buyrulur: "*Ne mutlu insanların ayıplarıyla değil de kendi ayıbıyla meşgul olana!*".[89] Bir insan, bu görevler yerine getirdiğinde, halis sevgi pekişir, sapasağlam olur ve o sebeple garipler ve kendisiyle daha önceden tanışmayan kimseler kendisine yaklaşır. Sadakat, arkadaşlık veya dostluk vazifeleri bağlamında belirtilmelidir ki, dostları nimetlerde, imkanlarda ve mertebelerde kendisiyle ortak görmeli, bu noktada onu incitmemeli, ren-

---

88 Düşmanın dostlarından çıkar
Onun için çok dost edinme
Gördüğün birçok hastalık da
Yiyecek veya içecekten.

89 Bkz. el-Aclûnî, *Keşfü'l-Hafâ*, 2, 42.

cide etmemeli, cömertlik kaynağını minnet fitnesinden korumalıdır. Dostlarına bir musibet geldiğinde, onlarla can ve malda yardımlaşmalı, dertlerini, hüzün ve acılarını paylaşmalı, hatta tasa, zarar ve zorlukta ortaklık, neşe ve sevinçte, bolluk ve kolaylıkta paylaşım en sağlam ve en faydalı yoldur. Canlar söz konusu olduğunda ise daha da ileri paylaşım ve yardımlaşmalarda bulunmak gerek. Beyit:

Da'vâ'l-'ihâi ale'r-rahâi kesîratun
Bel fi'ş-şedâidi tu'rafu'l-ihvân.[90]

Dostları gözetmede hassas olmalı, onlardan bir rica, istek veya yalvarma beklemeden, bilakis emarelerden, karinelerden, olup bitenlere dair delillerden hareketle onların durumlarını farkederek her konuda yardımlarına koşmalıdır. Arkadaş veya dostta bir zayıflık, sıkıntı vs. işareti gözlemlediğinde, insanın ihmal etmesi asla caiz değildir. Bilakis onunla ilgilenmede gerekirse mübalağa etmeli, üzerine düşmeli, meselesini çözmek için büyük gayret sarfetmelidir. Çünkü eğer o da geri durur, ilgisiz kalırsa, aradaki muhabbet bağı ve ilişkisi kesilir, hatta muhabbetlerinin arasına çok kalın bir perde girer ve aralarında tam bir ayrılık baş gösterir. Dolayısıyla arkadaşların sevgi bağlarının güçlü bir şekilde kalmasının yolu, sevgiyi hiçbir tekellüf olmaksızın tertemiz bir yürekle, canıgönülden ızhar etmek ve böylelikle tam bir bereketle saf bir şekilde münasebeti korumak ve devam ettirmektir. Arkadaşların dostluk vazifelerini yerine getirmeyi sürdürmeleri vâciptir. Zira ev, giyecek veya binek konusunda yardımlaşma içinde olmazlar ve bunu gözetme konusunda ihmalde bulunurlarsa, ilişki fesada uğrar, bozulur. O halde dostun dostuna karşı taahhütlerinden vazgeçmesi veya onları yerine getirmemesi, evet, kendisinden hayrât-ı dâreyn beklenen kişinin taahüdünden yüz çevirmesi nasıl olur? Sadakatin, dostluğun, arkadaşlığın bitmesinin, dostluğun düşmanlığa dönüşmesinin sınırsız derecede zararı olur. Çünkü muhabbetten sonra adavetin gaileleri daha çok olur.

---

90 Rahatken kardeşlik davası çok olur
Fakat kardeşler zorlukta belli olur.

Normal şartlarda mezkur bağlamda cidal ve gereksiz münakaşa mutlak sûrette yerilirken, dostlar arasında olduğunda daha şenî ve daha kötü görülür. Çünkü bundan ihtilaf doğar, ihtilaftan ayrılık çıkar. Ayrılık ise bütün kötülüklerin kaynağıdır. Dostlar birbirine kötü davranmamalıdır. İlim ve edep öğretiminde birbirlerinden hiçbir şeyi esirgememelidirler. Bilmelidirler ki biriktirme yeri olan dünya metaında dostların birbirlerine cimrilik, pintilik ve hasislik yapması, darlık göstermesi çok kötüdür, şenîdir. İnfakla çoğalan ve cimrilikle azalan ilimde nasıl cimrilik ve hasislik yaparlar? Dost, dosttan bir kusur gördüğünde, uygun bir yolla, güzel bir tenbih ve uyarıyı içine alacak şekilde onu ızhar eder, ortaya koyarak düzeltilmesini sağlamaya çalışır. Kusur konusunda ona müsamaha etmek ve dalkavukluk yapmak caiz değildir; zira böyle bir şey, tam mânasıyla hiyanettir.

Güzel tenbih ve uyarı yolu şudur: Öncelikle arkadaşın tenbih edilmek ve uyandırılmak istendiği hususlar, mesela başkalarının hikayeleriyle anlatılır. Bu fayda etmezse, söz konusu hususlara ima ve kinaye yoluyla işaret edilir. Bundan sonra da açıklanmaya ihtiyaç duyulan noktalar varsa, yalnızken güven sağlamayı gerektiren öncülleri ve delilleri ortaya koyduktan sonra açıklanmalıdır. Bu hususlar, dostlardan dahi gizli tutularak anlatılır. Bu noktada gammazın, laf taşıyanın işe karışmasına asla müsaade etmemek gerek. Çünkü sevginin binası sağlam olsa da, gammazın dedikodusu ve çekiştirmesiyle dostluğu bozacak durumlar ortaya çıkabilir. Hikmet insanları ve filozoflar, gammazı, laf getirip götüreni, insanların arasını açan kimseyi, sağlam duvarı tırnaklarıyla tırmalayarak bir çatlak bulan ve o çatlağı daha da büyüterek binayı yıkan kimseye benzetmişlerdir. Sevgi ve muhabbeti korumak için çok dikkat etmek, tedbirli olmak zorunludur; zira daha önce geçtiği üzere işlerin düzeninin odak noktası ve cumhurun maslahatlarının kıvamı bunun üzerine oturur.

7. Lem'a:Toplumun Sınıflarıyla İlişkinin Adabı

Kişi, ilişkili olduğu halk sınıflarıyla karşılaştırıldığında, şu üç vecihten hali olamaz: Ya mertebeye göre onlardan daha yüksek, ya onlara eşit ya da onlardan daha aşağı. Kişinin toplumun sınıflarından birinci kısımla münasebeti,[91] beşinci lem'ada ele alındı ve ortaya konuldu. Fakat ikinci kısımla münasebet üç türdür: Birincisi, dostlarla münasebet, ikincisi düşmanlarla münasebet, üçüncüsü ise ne dost ne de düşman olan kimselerle münasebettir.

Dostlar, hakiki ve hakiki olmayan şeklinde iki sınıftırlar. Hakiki dostla münasebet yolu, usûl ve adabı daha önce açıklandı. Hakiki olmayan dost ile kurulacak toplumsal ilişkiye gelince, bu şu şekildedir: Eğer hakiki olmayan dost, yapaylık, dalkavukluk ve ikiyüzlülükle kendini hakiki dostlara benzeterek yaklaşırsa, onlara mümkün olduğunca büyük bir genişlikle iyi davranmalı ve kalplerini kazanmaya çalışmalıdır. Belki bu sayede hakikî dostluk şerefine erişir ve gerçek dost mertebesine yükselir. Ancak tam olarak güvenmemeli, kendi sırlarını, gizli hâllerini, kusurlarını ondan saklamalı, ayrıca onları kusurlarından dolayı sorguya çekmemeli ve hukuka riâyetsizliklerinden dolayı azarlamamalı veya cezalandırmamalıdır. Mümkün olduğu kadar onların durumlarına güleryüzle yaklaşmalı, bunu bir stratejiyle, ister gönüllüce, isterse tekellüfle yapmalı ve onlardan biri makam, mevki, mal, izzet, ikram ve mülkte ilerleme kazandığında, dengeli bir şekilde ilgi göstermekten kaçınmamalıdır.

Düşmanlara gelince; onlar, yakın ve uzak olmak üzere iki türlüdür. Bunların her biri de kendi içinde gizli ve açık diye iki kısma ayrılır. Kindarlar açık düşman, hasetçiler gizli düşman kapsamına girer. Yakın düşmandan sakınmak çok önemli ve önceliklidir. Dolayısıyla ondan çok sakınıp kaçınmalı, ona karşı dikkat etmelidir. Çünkü yakın düşman, hâllerin inceliklerini daha çok bilir; dolayısıyla yiyeceklerde, içeceklerde, kaynaklarda, girdilerde, çıktılarda, kazanmada ve harcamada ona karşı dikkatli ve ihtiyatlı olmalıdır.

Düşmanların siyasetinde, düşmanları yönetme ve idare etmede temel umde; mümkünse, yumuşak davranarak, nezaket ve ihsanda bulunarak onların dilindeki buğzu kaldırmaktır. Bundan daha güzel tedbir yoktur. Eğer bu fayda etmez, işe yaramazsa, o takdirde de zahiren güzel geçinmeye çalışmalı, hiçbir şekilde düşmanlığı belli etmemelidir. Zira düşmanlığın belli edilmesinde kesinlikle daha çok zarar var-

---

[91] Metnin orjinalinde muâşeret kelimesi kullanılmaktadır.

dır. Kötülük başka bir kötülükle değil, ancak hayır ve iyilikle ortadan kaldırabilir.

Düşmanların sefahetine, aptallık ve beyinsizliklerine, topluma kötülük getiren davranışlarına iltifat etmemelidir. Onlarla ilişkilerde tahammülü esas almalıdır. Çekişme ve hasımlıktan, çatışma ve gerilimlerden uzak durmaya çalışmalıdır. Çünkü çekişme, çatışma gibi durumlar, nimetlerin ortadan kalkmasına, devletlerin yok olmasına, düşünce üretiminin devam etmesinin fesadına sebep olur. Hatta nefislerin, ruhların, malların helakine yol açar ve başka kötülükler getirir. Ömür sermayesi, düşmanlarla muaraza ederek vakit geçirmek ve ömür tüketmekten daha aziz ve daha üstündür. Elbette düşmanların durumunu araştırmalı ve onların durumları, ne yaptıklarını iyice öğrenmeye gayret etmelidir. Onların durumları hakkında önemli bilgilere sahip olunduğunda, o bilgileri gizlemek için azami çaba harcamalıdır. Onları ifşa etmek kesinlikle caiz değildir. Zaruret hali varsa, o başka. Çünkü düşmanın ayıplarını, eksik ve kusurlarını yaymak, onların kötü davranışları alışkanlık haline getirmelerine yol açar, hatta kötülüklerin toplumda yaygınlaşmasına zemin hazırlayabilir. Fakat onlar gizli tutulur ve vakti gelince maslahat gereği ızhar edilirse, bu, düşmanın kırılıp kahrolmasını, ezilip mağlup olmasını sağlar. Fakat düşmanın kalbi kırık, incinmiş ve mahzun olduğundan haberdar olunduğunda da işi bırakmamalı, çalışmaya devam etmeli ve asla ve kat'a bühtanla kendini kirletmemelidir; zira bühtan veya iftira, yalan, evet bu gibi şeyler, hasmın kuvvetine ve istilasına yarar. Büyüklerin ve yöneticilerin yanında düşmanlardan şikâyet etmelidir ki düşmanların durumunun hakikatini öğrensinler. Eğer dedikodu vs. yapılırsa, kabul etmemelidir. Her sınıfın adet, alışkanlık ve huylarına göre onlardan muttali olmalı ve onların ızdırap duydukları şeylere de vakıf olmalı ve böylelikle zamanı geldiğinde eldeki bilgiler kullanılmalıdır.

Bu bağlamda Eflatun şöyle demiştir: Düşmanları defetmenin en iyi yolu, kendini onlar arasında müşterek olan erdemlerde onların üzerine çıkarmandır. Çünkü kendinin kemal derecesine erişmekle düşmanların saldırısını kendinden savar, düşmanları rezil rüsva edersin. Sövme, nefret, lanet ve gıybet, eksik kadınların huyu olup akıl ve feraset erbabının alışkanlıklarından uzaktır. Zira kendin sefihlerin ahlâkını işlemekle düşmana hiçbir zarar veremezsin ve onların sana saldırmalarına sebep olursun.

Hikaye edildiğine göre, Ebû Müslim-i Murûzî'nin huzurunda bir şahıs, onun arkadaşı sıfatıyla Horasan valisi Nasr Seyyar'ın paralelinde durup ona karşı kötü bir şey yaptı. Bu durum Ebû Müslim'in hoşuna gitmedi ve o arkadaşını açık bir şekilde azarladı ve şöyle dedi: Eğer maksadımız onların kanına elimizi bulaştırmak olursa, o zaman bizim taarruz diliyle onlara hamle yapmamızdan maksat nedir? Bizim onlardan ne farkımız kalır? Düşmana, kendisinin de gelmesinden emin olmadığı bir afet erişince, sevinmesin ve sevincini ızhar etmesin. Çünkü hakikatte afet müşterek olduğu için düşmana afet erişmesine sevinince, kendisine de sevinmiş olur.

Ferd:

Ey dûst ber cenâze-i doşmen çû begozerî
Şâdî mekon ki bâ tû hem în mâcerâ reved.[92]

Eğer düşman kendisine sığınır veya ona itimat ederse, gadir ve ihanetten sakınıp cömertlik ve mürüvvet şartını yerine getirmelidir. Öyle davranmalıdır ki onun güzel davranışı ve ahdi herkese malum olsun. Kötülük ve erdemsizlikler de düşmanların olsun. Bu noktada "*Allah'ın Rasûlünde sizin için güzel bir örnek vardır.*"[93] âyeti gereğince, güzel ahlâkın tamamlayıcısı Hz. Muhammad'i temiz ahlâk ve sünnetine uymayı vâcip bilmelidir. Nitekim eser ve haberleri nakledenler, rivâyet etmişlerdir ki Arap fasihlerinden Ka'b b. Züheyr, radıyallâhu anh, İslam şerefine nail olmadan önce dili, Risâlet'in eşiğinin hizmetkârlarından ve sürekli azamatli Kabe'ye yönelip ibadet edenlerden bazılarını hicvetmekten dolayı kirlenmişti. Ka'b'ın İslam düşmanlığı had safhadaydı. Hz. Risâlet-penâh, bundan dolayı onun kanını helal kıldı. Ka'b, bu durumu öğrendiğinde, O Hazret'in kahrının felake-

---

92 Ey dost! Düşman cenazesinin yanından geçerken sevinme
Zira aynı şey senin de başına gelebilir.

93 Ahzab, 33/21.

tinden, "*Biz seni ancak âlemlere rahmet olarak gönderik.*"[94] âyetinin hükmüyle yine onun (Hz. Peygamber'in-EO) iki âlemin zerrelerini kuşatan ve hiç kimseden esirgemediği rahmetinin gölgesine sığınarak ancak kurtulabileceğini biliyordu. Hz. Hâtemiyyet-Şiâr'ın kemâl natının süsüyle tezyin olmuş parlak bir kaside tertip etti. Arapların adetiyle keskin yüzlü bir deve üzerinde çöllere düştü, kendini meleklerin eşiğine eriştirdi. Selamdan sonra kasideyi okumaya başladı ve o esnada özür beyan etti, af diledi ve istiğfarda bulundu. Hazret, bunu işitince, onun günah defterine af işareti koydu. Sonra uğur ve bereketiyle aman dilenilebilen Yemen ketenini, ruha ferahlık veren teninden ve temiz bedeninden çıkarıp ona havale etti ve onu kutlu kullar yoluna dahil eyledi.

Düşmanların zararı üç yolla defedilebilir: Birincisi nefisleri noktasında onları ıslah, yani bizzat kendilerini düzeltmektir; eğer bu mümkün olmazsa, düşmanların arasını düzeltme yoluna gidilir. İkincisi evden uzaklaşarak veya uzak seyahatler yaparak onların şerrinden kaçınmaktır. Üçüncüsü ise kahr etme ve ezmedir. Bu bütün tedbirlerin sonuncusudur. Bu son çareye şu durumlarda başvurulabilir: Düşman, bizzat kötü olur, kötülüğün kendisi haline gelir ve ondan sakınmak artık hiçbir sûrette tasavvur edilemez. Bu durumda bilinir ki düşman zafere ererse, bu zarardan daha fazlasına uğranır. Yine bilinir ki, onun dünya ve ahirette yerilen bir âkıbeti yoktur; olursa ihanet ve gadirden korkmak gerek. İşte bütün bu durumlarda üçüncü yola başvurulur. Eğer üçüncü yol, yani kahretme başka bir düşmanın eliyle olursa, bu daha iyi olur.

Hasetçiye gelince; hasetçiye, onun haset yangınının ve nefsânî elem maddelerinin heyecanının sebebi olan nimetleri ızhar ederek ve erdemleri ve diğer dahilî ve haricî mutluluk yollarını göstererek eziyet etmeli, acı çektirmelidir. Onun setr perdesini yırtıp kaldırmalıdır ki insanlar onun yatağının pisliğini öğrensin, onun hasetle suçlu olduğunu bilsinler ve de onun düşmanlığını izale etmek için çaba göstermek artık bitsin. Nitekim bu durum şu şiir dizelerinde ifade edilmiştir:

---

[94] Enbiya, 21/107.

Kullu'l-'adâveti kad turcâ 'izâletuhâ
İllâ 'adâvetu men 'adâke min hasedin.[95]

Ne dost ne de düşman olan kimselerle muaşeret etme, onların mertebelerine göre değişik olur. Mesela nasihat, samimiyet ve ihlas makamında cumhurla yakın olan vaizlerle karışıp kaynaşmalı ve güler yüzle karşılamalıdır. Lakin herkesin sözünü kabulde acele etmemeli, zahire aldanmamalıdır. Tersine herkesin maksatlarını düşünerek öğrenmeye çalışmalıdır. Ondan sonra doğru olanı yapmaya devam etmelidir. Salihlere, yani iki kişinin arasını düzeltmekle meşgul olan topluluğa saygılı olmalı, izzet ikramda bulunmalıdır. Aptal ve ahmaklarla yumuşak bir şekilde ilişki kurmalı, onların sefihlik ve çirkin sözlerine itibar etmemelidir. Onlara mükafat makamında yaklaşmamalı, bilakis sakinlikle, rıfkla, güzel bir ayrılışla onlardan kurtulmalıdır. Tekebbür sahibi kişilere karşı tekebbürle yaklaşmalı ki acı çeksin ve ezilsinler. Nitekim bir hadiste şöyle buyurulmuştur: "*Mütekebbire tekebbür, sadakadır.*" Yani kibre kapılan kimseye kibirli davranmak, sadakadır. Çünkü kibirli kişilere tevazu, onların dalaletinin uzamasına yarar. Kibirlilere kibirli davranmak, belki onlar için uyarıcı olur, onları uyandırır.

Erdemli insanlara, yani fazıllara saygı göstermek vâcip, onlardan yararlanmak ganimettir. Komşunun ve akrabanın kötü huyuna sabretmelidir. Filozoflar şöyle demişlerdir: Rezil, aşağılık kişiler, bedene sabrederler, iyi ve yüksek kimseler ise nefse sabrederler. Fakat el altında bulunanlar, kendilerinin de çocuklar gibi saygıdeğer olmaları gerektiğini ve huy, davranış ve tabiatları üzerine düşünmek lazım geldiğini öğrenirlerse, yararlı olur. Onlar, daha çok istidad gösterdikleri şeyle meşgul edilmelidirler. İmkan ölçüsünde onlara yardım etmelidir. Öğrencileri onların anlayış ve idraklerinin daha yakın olduğu şeye rağbet ettirmelidir. Ömrü zayi etmekten men etmelidir. Dilencileri, aşırı ısrar ederlerse, kovmalı ve icabet etmemelidir, ısrar aşırı çaresizlikten ve ihtiyaçtan olursa o başka. Muhtaç ile tamahkârın arasını ayırmalı ve muhtacın ihtiyacını görmelidir. Bir zarar vermedikçe muhta-

---

[95] Bütün düşmanlıkların yok olması beklenir
Hasedinden sana düşmanlık edenler hariç.

ca isarda bulunmalı ve açgözlüyü açgözlülükten men etmelidir. Zayıflara yardım etmeli ve mazlumların elinden tutmalıdır.

İmkan nispetince hayır ve iyiliklerin kaynağı ve yetkinliklerin Feyzedicisi Mutlak Hayr Teâlâ ve Tekaddes'e benzemelidir. O, yaratılmışlara ve bilhassa insanlara tam olarak sonsuz cömertlik, nihâyetsiz kerem, kudret bulutundan feyz ve rahmet akıtma, sebepsiz sevgi ile yaklaşır. Rabbânî terbiye nesimleriyle semavî yetkinliklerin gülleri kendi istidat çimenlik veya bahçelerinde açar. O, bütün bunları yaparken bir menfaat beklentisine girmeksizin veya maksat, gaye ve sonuç beklemeden yapar. O, böyle bir beklentiden münezzehtir, yücedir. O halde kemal ve yetkinlik peşinde olan kimse, İlâhî hilafetin yüce rütbesine erişmek için bütün iyiliklerde tam anlamıyla O'nun rızasını istemeli, o tam hayır ve iyiliği isteme hedef ve gayesine yönelmelidir.

Allah, her iyilik ve yetkinliğe muvaffak kılandır. Konuları ve emelleri tahkik, O'nun elindedir.

BAZI EKLERLE SONUCA GİTME

Bu kitaptaki lâmiaların, aydınlık veren bölümlerin çoğu, faydalı nurlarının aydınlatıcı ışığında yazılan muhakkik hakîm, ince araştırmacı, müdekkik filozof Nasîru'l-Mille ve'd-Dîn Muhammed et-Tûsî, *Ahlâk-ı Nâsırî* kitabının sonuna Eflatun'un, öğrencisi Aristoteles'e buyurduğu vasiyet ve nasihatleri koymuştur. Elhak, müsvedde nüshayı güzel beyaz sayfaların üzerine kalemle yazdıklarında, hatta büyüklerin kalemleriyle ruhların levhalarının üzerine kaydettiklerinde, o hikmetlerin doruğundaki güzel kelimelerin herkese fayda sağlayacağı aşikardır. Hz. Sultânî Süleyman-mekânî devletinin eserlerinden güzel tesadüf, ittifak, bir araya gelmelerin latifeleri ve türlü türlü bereketleriyle imkanlar ortaya çıktığı için bu fırsatta Aristoteles'in öğrencisi İskender-i Zülkarneyn'e hitaben tasnif ettiği *Sırru'l-Esrâr* nüshasını, bu noksan ve kusurlu bakışla acizane gördüm. Bu eser, birçok değerli nasihatları içine alan bir eserdir. Siyasetle ilgili tam bir hususiyeti olan o nasihatlerin özetinin risalenin sonuna yerleştirilmesi, uygun gözükmekteydi. Dolayısıyla bu sonucun içeriği, tabii olarak Eflatun ve Aristoteles'in nasihatlerini ayrı ayrı ortaya koymak adına iki ayrı bölüm halinde düzenlendi.

1. Semt: Eflatun'un Vasiyet ve Nasihatleri

Tanrı'yı bilip tanı ve hakkını koru. Mütemadiyen azim ve gayretini eğitim, öğretim ve öğrenime hasret. İlim sahibini, bilgi çokluğuyla imtihan ederek değil, bilakis kötülük ve fesattan kaçınma itibariyle seç. Cenab-ı Hak'tan, yokluğu o yolun faydasına olan bir şey isteme, tersine kalıcı güzellik ve iyilikler iste. Her zaman kötülüklerin sebep ve araçlarının çok olduğunu bil ve bu konuda uyanık ol. Uygun olmayan, yapılmaması gereken şeyi arzu etme. Bil ki kuldan İlahî intikam, öfke yoluyla değil, bilakis tedip, eğitim, tehzip ve ıslah ile olur. Gerekli hayatı arzu etmeye kâni olma ki yaraşır ölüm ona eklenmesin. Hayatı, hayrı ve iyiliği kazanma vesilesi olmanın dışında yaraşır sayma. Nefsini şu üç konuda sorguya çekmedikçe, uyku ve rahata meyletme: Birincisi, o gün bir hata ve kötülük yapıp yapmadığını düşün. İkincisi, o gün iyilik yapıp yapmadığını düşün. Üçüncüsü, o gün bir işi yapman mümkün iken yapıp yapmadığını düşün. Hayattan önce ne olduğunu ve ondan sonra ne olacağını fikr eyle. Hiç kimseyi incitme. Çünkü dünyanın işleri değişir, kaybolur ve yok olur.

Bedbaht, akıbeti hatırlamaktan gafil olan, zilleti bırakmayan ve günahtan uzak durmayan kimsedir. Sermayeni, özünün dışından olan bir şeyden edinme. Hak edenlere iylik etmede, hayır ulaştırmada, onların istemesine bırakmadan hareket et. Dünyevî lezzetlerden zevk alarak sevinen ve bir musibetten dolayı üzülen kimseyi filozof ve hikmet sahibi sayma. Her zaman ölümü hatırında tut ve ölmüşlerden ibret al.

İnsanların pintilik, hasislik ve alçaklığını faydasız söz söylemesinden ve sorulmayan veya kendisine ulaşmayan şeyleri haber vermesinden anla. Bir kimsenin başkasına kötülük istediğinde, o kişinin nefsinin o kötülüğü kabul etmiş olacağını bil. Bir konuyu defalarca düşün, ondan sonra söyle ve sonra yap. Herkesi sev. Çabuk öfkelenme ki öfke sende alışkanlık haline gelmesin. Muhtaç olanın ihtiyacını görmeyi yarına bırakma. Yarın ne olacağını nereden bileceksin?

Çirkin iş ve kötü huya yakalanmadıkları, bağımlı olmadıkları sürece müptelalara yardımcı ol. İki hasmın sözünü tam anlamadan aralarında hüküm verme. Sadece sözle hüküm verme, hakîm olma; bilakis söz ve eylemin her ikisiyle birlikte hüküm ver, hakîm ol. Çünkü sözlü hikmet, bu dünyada kalır. Amelî hikmet ise öbür dünyaya ulaşır ve orada kalır. Eğer iyilikte zahmet çekersen, zahmet gider, iyilik kalır. Eğer kötülükten tat ve zevk alırsan, tat gider, kötülük kalır.

Seni çağırdıklarında duyma ve konuşma organından mahrum olup ne söylemeye, ne dinlemeye ne de anmaya gücünün yeteceği günü hatırla. Orada ne dostu ne de düşmanı tanıdığın bir yere yöneldiğini kesin olarak bil ve dolayısıyla burada kimseye kötü davranma, kimseyi kusur ve eksiklikle damgalama. Orası efendi ile kölenin bir ve eşit olduğu bir yer olacak; öyleyse burada büyüklük taslama, tekebbüre kapılma.

Sefer araç gereçlerini daima hazır tut; ne zaman göç edeceğini nerden bileceksin? İlâhî lütuf ve ihsanların içinde hiçbir şey hikmetin yerini tutmaz. Hakîm, yani hikmet sahibi, fikri, sözü ve davranışı birbirini tutan, birbiriyle uyumlu olan kişidir.

İyiliği mükâfatlandır, kötülüğü affet. O dünyanın büyük işlerinden hiçbirinde bıkkınlık gösterme, hiçbir zaman ihmalkarlık yapma. İyilik ve güzelliklerin dışına çıkmayı caiz görme. Hiçbir kötülüğü, iyiliği kazanma aracı hâline getirme. Geçici sevinç için doğru, erdemli ve üstün olan iyi fiili terk etme; yoksa daimi sevinçten yüz çevirmiş olursun.

Hikmeti ve felsefeyi sev ve hikmet ehli filozofların sözüne kulak ver. Dünya heva ve hevesini kendinden uzaklaştır. Tersine güzel, övgüye layık ve makbul adabdan imtina etme.

Hiçbir işe vaktinden önce başlama. Bir işle meşgul olduğunda anlayış, kavrayış ve basiretle meşgul ol. Zenginlik ve güçlülüğe aldanma, zenginlik ve güç ile bencilleşme. Musibetlerin sende kırılganlık, tembelik, tükenmişlik ve yenilgiye yol açmasına izin verme.

Dostuna kadıya muhtaç olacak şekilde davranma. Düşmanına kadıya varmak zorunda kaldığınızda kazanacak şekilde davran. Kimseye aptalca bir şey yapma. Hiçbir kimseyle zevk u sefa yapma. Herkese tevazu göster. Mütevazı olanları hakir görme. Sende bulunan bir kusurdan dolayı kardeşini kınama. Aymazlık ve tembellik ile sevinme. Bahta güvenme. İyi işten pişman olma. Hiç kimse ile cedelleşme. Her daım adalet yoluna bağlı kal ve iyilikler yapmanın peşinde ol.

2. Semt: Aristoteles'in Vasiyet ve Nasihatleri

Sırru'l-Esrâr kitabının mütercimi, Halife Me'mun'un emriyle Yunanca'dan Arapça'ya çevirdiği mezkur kitabın çevirisinin başında şöyle der:

İskender'in veziri ve hocası olan Aristoteles, İskender Acem beldelerini istila etmek için sefere çıktığı sırada yaşlılık ve bünye zayıflığı sebebiyle gidemeyip kalmıştı. İskender'in istila ettiği Acem diyarında çok sayıda akıllı, zeki, soylu ve yiğit kimseler vardı. İskender, bunları sağ bıraktığında, krallığının onlar yüzünden zarar görebileceğinden, hepsini ortadan kaldırdığında da adalet ve mürüvvet yasasından uzaklaşacağından korktu ve dolayısıyla onlara ne gibi bir muamelede bulunacağı konusunda şaşkınlık yaşadı. Bunun üzerine Aristo'ya kıvrımları şefkat, özlem ve sevgi ile dolu, içeriği buluşma çağrısıyla ilgili satırlardan oluşan bir mektup yazdı. Mektupta özetle şunu yazmıştı: "Boğucu, karanlık, ışıksız karanlıklarda, yetkin filozofun aydınlatıcı görüşünün yönlendirici ışığı olmadan bir tarafa gitmeye karar vermek zordur. Öyleyse mümkün olduğunca çabuk buluşma sebeplerinin hazırlanmasına gayret buyurulsun."

Aristoteles cevaben şöyle yazdı:

Haşmetli evlad ve soylu sultan! Hizmetine katılmaktan geri kalma sebebimin, sohbetine rağbet etmemek değil, aksine yaşlılığın verdiği güçsüzlük olduğunu bilesin. Karşılıklı sohbet etme imkanı olmadığı zaman, öyle bir risale yazayım, bu risalede öyle bir program ve yasa açıklayayım ki tikellerde ona başvurasın, ona göre hareket edesin, sohbet ve nasihatime ihtiyaç duymayasın. Acem ileri gelenleri, fazılları ve emirlerine nasıl muamele edileceği konusuna gelince, onları öldürebilsen de iklimilerini, su ve havasını değiştiremezsin. O zaman bunların benzerleri yine ortaya çıkacaktır. O halde onları ihsanınla kölen haline getirmeye öyle çalış ki hepsi samimi olarak kölen olsun ve senin bütün kullarından daha itaatkâr olsunlar; kölelik kemendine eski kullarından daha istekli bir şekilde boyunlarını uzatsınlar.

Bundan sonra şöyle der:

Padişahlar dört sınıftır:

Birincisi, hem kendisine hem halka karşı cömerttir.

İkincisi, kendisine cömert, halka karşı cimridir.

Üçüncüsü, kendisine cimri, halka karşı cömerttir.

Dördüncüsü, hem kendisine hem halkına karşı cimridir.

Birinci kısım, ittifakla kabul edilmiş ve övülmüştür. İkinci ve dördüncü kısım, ittifakla yerilmiş ve reddedilmiştir. Üçüncü kısımda ihtilaf vardır. Üçüncü sınıf padişah, Hint filozofları tarafından övülmüş, makbul görülmüş, Fars filozofları tarafından yerilmiş, reddedilmiş, makbul görülmemiştir. Cömertlik, hak eden muhtaca ihtiyacı kadarını vermektir. Her kim bu mertebeyi, bu sınırı aşar ve ifrat sınırına meylederse, itidali terketmiş, cömertlikten israfa sapmış olur. Bir padişahın gücünün üstünde bahşiş vermesi, cömertlik sergilemesi, kesinlikle mülkünün, hükümdarlık ve başkanlığının fesada düçar olmasına ve sarsılmasına sebep olur.

Ey İskender! Cömertlik, kerem ve krallığın devamı konusunda asıl olanın kimsenin malına tamah etmemek olduğunu sana defalarca söyledim. Tam mürüvvet ve cömertlik, zulüm ve haksızlığı caiz görmemen ve halkın gizli kusurlarını araştırmamanla gerçekleşir. Bir kimseye verdiğin nimetleri, yaptığın ikram ve iyilikleri anmamalı, hatırlatmamalısın. Bütün lütuf ve ihsan, iyilere değer vermen, onların kadrini bilmen, halka güler yüzlü davranman, selamlarını alıp karşılık vermen, insanların durumuna göre cevap vermen ve cahillerin hatasını affetmendir.

Ey İskender! Akıl, tedbirlerin esası ve kemâlât, yetkinlik ve eksikliklerin aynasıdır. Bütün faziletlerin aslı ve ilkesi, akıl aletinin ilki, iyi nam sevgisidir. Saltanatın maksadı lezzetleri tatmak ve şehvetleri elde etmek değil, bilakis iyi namın devam etmesidir. Çünkü dini kendine tâbi kılan ve İlahî yasayı tahfif eden padişahı, İlahî yasa kesinlikle yok eder.

Ey İskender! Padişahın, yüksek gayretli ve görüş sahibi olması, fasih olması, açık seçik ve az konuşması, tatlı dilli olması, şöhretinin yaygınlığıyla cihanı süslemesi, rezil, erdemsiz kimselerle oturup kalkmaması, toplumsal münasebete girmemesi gerekir. Sarayından çıktığında saltanata layık ve kendisini başkalarından ayıran uygun zinet kullanmalıdır. Uzak beldelerden gelen tacirlere ilgi göstermeli ve ihsanda bulunmalıdır. Böylece iyi şöhret ve güzel anısı memleketin etrafına yayılır, tüccar ve ziyaretçiler onun hakkında iyi şeyler, söyler, onu iyi anar ve her taraftan ülkesine yönelir, böylece memleketi mamur olur. Onlara gösterilecek az bir müsamaha bile genel bir şöhret kazandırır ve çok fayda celbeder. Padişah çok gülmemelidir; zira bu hem vakar ve heybetin kaybolmasına yol açar, hem de yaşlanmaya ve dolayısıyla fıtrî, içgüdüsel sıcaklığın azalmasına sebep olur.

Ey İskender! Şehvete düşkün olma. Zira aşırı şehvet düşkünlüğü, domuzların özelliklerindendir. Değersiz ve hasis hayvanların sana üstün oldukları konularda övünme. Şehvetin ifratı bedeni zayıflatır, ömrün azalmasına yol açar ve kadınların ahlâkını almaya, kadınsı huylar edinmeye sebep olur.

Zayıflar ve miskinlerin hâllerinden gafil olma. Onların işleriyle ilgilenmeyi, onların durumlarını kontrol etmeyi görev bil. Bu, Yaratan'ın rızasını kazanmaya ve yaradılanların kalplerini çekmeye vesile olur. Ürün ve tahılları bollukta depola ki pahalandığı zaman fakir ve muhtaçlara yardımcı olasın. İyilerin senden emin olacağı ve kötülerin senden korkacağı şekilde davran.

Ey İskender! Sana defalarca vasiyet ettim, tavsiyede bulundum ve yine teyiden diyorum ki kan dökmede cesur davranıp ileri gitme; zira canlıları öldürmek Hakk'a mahsustur. İşin hakikati Allâmu'l-Ğuyûb'tan, Ğayb Âlemini, Görünmeyenleri En İyi Bilenden başkasına malum değildir. Bir suçla itham edilen, ama suçsuz olan kişinin katline hüküm verebilirsin. Bundan daha ağır ne suç olabilir? Bana Büyük Hermes'ten, yani İdris aleyhi's-selâmdan ulaştığına göre, bir kul diğer kulun öldürülmesine sebep olunca, göğün melekleri Hazret-i Bârî'ye şöyle feryad ederler: "Ya Rab, filan kulun başka bir kulun öldürülmesinde sana benzemeye çalıştı!" Eğer bu öldürme kısas gereği yapılmışsa, Hazret-i Cenab-ı Hak: "Onu kısas hakkıyla verdiğim hükümle öldürdüm." diye buyurur. Eğer haksız olarak öldürülmüşse, "İzzetim ve celalim hakkı için ben onun katlini helal kıldım." buyurur. O zaman melekler tespih ve istiğfara başlayıp kısas oluncaya kadar o katile beddua ederler. Onun için en faydalı ve en iyi yol kısastır. Eğer kendisi ölürse, bu, Allahu Teâlâ'nın gazabının nişanesi olur ve ebedî azap ve şiddetli cezaya çarptırılacağını gösterir. Verdiğin sözü çiğneme ve asla yemin etme. Yemin edersen de dönüp onu hiçbir sûrette bozma. Yalan yemin ve ahdi bozma yüzünden nice Yunan krallarının krallıkları bozulmuştur. Kaybolan şeyin ardına düşüp üzülme; çünkü bu tutum çocukların ve nâkısların âdeti ve huyudur.

Vatandaşlarına ilim tahsili ve bilgi öğrenmeyi emret. İlimde öne çıkan, başarılı olan kimseye bol inâyet ve eğitim tahsis et ki kalplerde sana duyulan sevgi yerleşsin ve çevrede krallığının parlaklığı, güzel anısı ve övgüsü yayılsın. Yunanlıların krallıkları vatandaşlara ilim öğrenmeyi emretmeleriyle yerleşip kökleşmiştir. O derece ki kızlar, baba ocaklarında miras ilmi, hukuk usûlü, yasaların adabı, bütün tıp ve astroloji yöntemlerini öğrenirlerdi.

Güvenmediğin kimsenin elinden bir şey yeme ve kendini korumada ihmal gösterme. Şu kıssayı unutma: Hani bir Hint padişahı bir cariyeyi küçüklüğünden itibaren zehir ile eğitmiş ve engerek yılanı tabiatına getirdikten sonra sana hediye göndermişti. Amacı seni öldürmekti. Ben de bu durumdan ferasetle haberdar olmuş ve seni uyarmıştım.

Ey İskender! Bir tek delil ile hüküm verme. Deliller birbiriyle çatışınca da, en güçlüsünü tercih edip ona göre hüküm ver. Ey İskender! adalet İlahî sıfatlardan bir sıfattır. Gök ve yer adalet ile ayakta durur ve peygamberler adalet ile gönderilmiştir. Adalet aklın sûretidir. Adalet sayesinde gönüller kazanılır ve boyunlar eğdirilir. Hintliler derler ki: "Sultanın adaleti, zamanın bereketinden daha iyidir. Âdil sultan, yağmur ve deveden faydalıdır." Bazı taşlar üzerine Süryanice şöyle yazmışlar: "Siyasal iktidar ile adalet, birbirine daima muhtaç olan iki kardeştir." Sonra şöyle devam eder: Dünya düzeni sebeplerinin birbiriyle irtibatını güzel bir dairede ortaya koyayım da sebeplerin birbirini izlediği ve birbiriyle kenetlenmiş olduğu açıkça hissedilsin ve müşahede edilsin. Bu mektubun özü ve mektupta işlenen konularının özeti bu dairedir. Sana bu daireden başka bir şey göndermeseydim dahi, yeterli olurdu. *Adalet Dâiresi*nin şekli şudur:

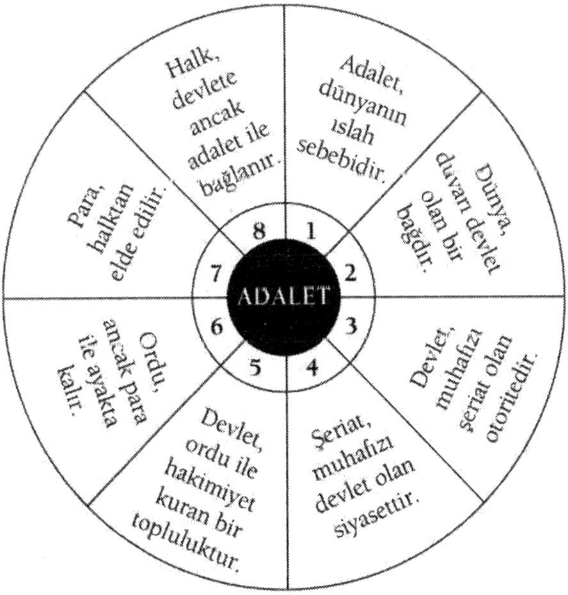

SONUÇ[1]

Bu üstün ilkelerin şeklini çizen, bu kitabı yazan ve enfes eserler gerdanlığını dizen, fakîr-i cânî Muhammed bin Es'ad Devvânî,[2] Devlet-i Hakânî'nin bereketleri ve sultanlık terbiyesinin eserleriyle kendini, uli'l-eydî ve'l-ebsâr[3] ünlü filozofların kalbe giren hitabının envâr lem'alarının ışıklarının yayılma meydanına zerrecik olarak çıkardı. Kemal yolunun yolcularının, ışık saçan hidâyet mumunun kılavuzluğunda tabiatın noksanlıklarının karanlıklarından saflık, paklık ve nezahet âleminin nurlarına yol götürebilsin diye yazdığı *Levâmi'u'l-İşrâk fî Mekârimi'l-Ahlâk* (Güzel Ahlak Hakkında İşrâk Parıltıları) kitabını, onların eserlerinin güneşinin gönül feyzinden iktibas etti. Güneş oğlak burcuna girdiği zaman, yani feleğin dördüncü ikliminin Sultanı, değişen kış ülkesine, kışlak geleneğine göre gelip oturduğu ve besleyici güçlerin görevlilerini tabiatın giriş noktaları ve imkanlarına tasarruftan azlettiği zaman, bulut, devlet-i Hakânî'nin düşmanlarının gözyaşı gibi gözyaşı döker, hatta siyasî otoritenin bağış deryasının dalgası gibi dünyanın dört bir yanına umumi nimetler yayar. Zaman öyle bir zaman zaman ki, sonbahar hazinesinde toplanan her altın, Sultan'ın ayağına atılır. Şimdi yağmur damlalarından inciler yağıyor, hatta Umman adasının giriş noktalarından muzaffer askerlere inciler resmen su gibi akıyor. Havaya topraktan toz karıştı, fakat hava bulutun

---

1 Başlık çevirene aittir.

2 İsmin başında geçen fakîr, tasavvuf terminolojisinde Allah katında ve karşısında yoksul, Allah'a muhtaç gibi anlamlarda, cânî ise günahkar anlamındadır. Yazar, adının başına bunları bir tevazu örneği olarak koymuştur. Fakat Anay'ın da belirttiği gibi Thompson'ın İngilizce çevirisinde bu nitelemeler, anlaşılmamış olacak ki kitabın kapağı ve jeneriğinde yazarın adı bir parçası olarak "Fakîr Jâni Muhammad Esaad" şeklinde yazılmış. Anay'ın açıklaması için bkz. Harun Anay, *Celâleddîn Devvânî: Hayatı, Eserleri, Ahlâk ve Siyaset Düşüncesi* (Doktora Tezi. Marmara Üniversitesi, 1994), 230-231.

3 "Uli'l-eydî ve'l-ebsâr", güçlü, basiretli, otorite ve öngörü sahibi olarak anlaşılabilir. Burada Sad 38/45 ayetine gönderme var.

harekete geçmesiyle temizlendi. Suda perişanlık ve aylak aylak dolaşma kendini gösterdi, hava onu zincire bağladı. Güneş okun yayından yağmur yaptı. Bitkinin yavrularında henüz evin gizli yerlerinden başını çıkarma cesareti yoktur. Zemheri beyni dondurduğunda, burun deliklerinden su ile çözüldü. Bir müddettir soğuk ateşinden acı çeken yeryüzü ve toprak, şimdi bolca terliyordu. Çıplak dallar, şarkısız ve makamsız, yoksul sakiler gibi nevruz hilatini bekliyordu. Çınarın, çıplak, eli boş kumarbazlar gibi altın kartları ellerinden gitmişti. Nergisin kirpiği, yaseminle arkadaşlıktan ümidini kaybetmekten ve fulyayı beklemekten beyaza büründü. Çimenlikte, nergisin dışında onca fesleğen fidanı yok oldu. Çaresiz dünyaya onun gözüyle baktı. Ayakta duranlarıyla bahçeye selvi gibi sabit kadem bir düzgünlükle el vermedi. Bu yüzden ona özgü sırmalı ipek kaftana sahipti.

Güneşin müdebbirinin kuzey ülkelerinden güney tarafına yöneldiği tarihten beri hava, serin hareketler yapmaya, toprak da ıslanmaya başlamış. Soğuğun şiddeti, o mertebeye varmış ki zehirli büyük kara yılanların nefesini ağızlarında dondurmuş. Kar o kadar çok yağmış ki atmosfer küresine merdiven dayamış. Arslan yürekliler, soğuk ordusunun korkusundan tilki ve samurun karnında sürünmüş. Cesur kahramanlar, kışın kalp katılığından kışın kalbine sığınmış. Hava değişikliğinden gökyüzü bambaşka olmuş, sincabî bulutlarla kaplanmış. Zekiler, mizacın dengesini korumak için ocak ve merkez kanunun bağlayıcılığını gerekli görmüş. Hayır hayır, ne diyeyim ki: Sultanlığın adalet nöbeti ve saygısıyla, tabiatın ölçü ve dengenin, vasat ve itidalin sınırlarını aşma, sapmadan dem vurma veya ifrat ve tefrit karmaşasına adım atma imkanına sahip olabilir mi? Bilakis zamanın tabiatına kök salmış olan adaletin hükmüyle hava, günlerin geçmesiyle yerden aldığı her küp ve testiyi, mal ve paraları şimdi ödüyor. Bulut da denizlerden gasp ettiği her buharı, dürdaneler karşılığında geri veriyor.

Ezelî Mimar, âlem binasını tesis için toprağa su döküyor. Yaşlanmış ulvî atalarda gençlik neşesi başlamış; bitki nesli için süflî anaların rahimlerinde nutfe katreleri üretiyorlar. Korkusuzluk maddeleri, korku bilmez unsurlar, dünya bedeninde zulüm ve düşmanlığın ateşleriyle yanmıştı; İlâhî rahmet doktoru, kâfurla onların mizacının hararetini teskin etmeye, düşürmeye çalışıyor. Zamanın mizacı, devrin olaylarının bağından sapmıştı; tabiatın Müdebbiri peşpeşe şuruplar vererek onu tedavi ediyor. Yiğit süvarinin arzular nihali, fitne senesinin kuru tesiriyle kurumuştu; eserler bağışlayan, hayrat sahibi sultanın şefkat ve bereket yağmurlarının feyzinden nehre tekrar su geldi ve herkesin, ehl-i tuğyanın soğuk nefesleri ve sert kuyruklarının iç içe düğüm attıkları gönüller goncası, o Hazretin adalet esintisiyle açıldı.

Benzer bir biçimde düşünüp taşınarak hareket etme suyu, olayların soğukluğunun tesiriyle donduktan sonra tabiatın gülü, zehirlenmiş, hüzünlenmiş ve kurumuştu; fakat "*Allah'ın rahmet eserlerine bir bak da ölümünden sonra yeri nasıl diriltiğini bir gör.*"[4] âyetinin hükmü gereğince, fikir çimeninde anlayış dallarından, bu hakikatlerin nuru çıkmış, olan kötü şeyleri darmadağın etmiş, onların yerine yenilerini diriltmişti. Zamanın ilgilerinin bulanıklığının karanlıkları, gönül ve can ufuklarını dağıttığı zaman, bu incelikler nûru infilak etmişti. Ayrıca onun ışığından bu aydın görüş doğudan yükselip yeşerdi.

Risalenin doğusu, doğuşu ve girişi, Hz. Sâhib-i Zemânî'nin[5] kutlu hümayunun güzel lakaplarının nurlarıyla ve Sultan Süleyman-Mekânî'nin kutlu vasıflarının parıltılarıyla aydınlandığı gibi batısı, batışı ve sonucu da onların (Sultanın-EO) nihaî mutluluk namının ışığıyla aydınlandı. Evrenin doğusu ve batısı onların saltanat nurlarıyla aydın olduğu gibi, bu risalenin doğusu, doğuşu ve girişi ile batısı, batışı ve sonucu da, kendilerinin intisab şanının lakaplarının bereketleriyle süslendi. Yani azametli dünya fatihliği feleğinin ve mutluluk feleğinin iki yıldızının nurlarıyla aydınlığa büründü. Biri güneş gibi ışık saçan kılıçla âlemin doğusu ve batısını kuşatmış, diğeri ise ay gibi adalet ışığıyla zulüm ve düşmanlık karanlığını yok edip Süleyman mülkünden atmış. Eğer feleklerin ülkeleri ve krallıklarında, güneş ve ay siyasetinin ışığıyla geyik arslanın yanıbaşında yer alsaydı veya inek ile arslan aynı merada bir araya gelip otlansaydı, yılanlarla

---

4 Rûm, 30/50.

5 Daha önce de ifade edildiği üzere "Sâhib-i Zemânî" veya farklı kullanımıyla "Sâhib-i Zemân", Zamanın Sâhibi anlamında güçlü, fâtih, muzaffer, âdil, iyi hükümdarları veya başka büyük şahsiyetleri nitelemek için kullanılan sıfatlardır. Esasen "Sâhib-i Zemân" veya "Sâhib-i Zemânî", bazı dinî ve mezhebi yaklaşımlarda Mehdi anlamında da kullanılmaktadır.

çocuklar aynı yatakta dinlenseydi, şu toprak ve yeryüzü meydanında bu iki âlem-penah padişahın adaletiyle zıtlar tabiatından muhalefet ve çatışma kesinlikle kalkar, kurt kuzuya çobanlık eder ve karga çöl horozuna bekçilik ederdi. Onların şefkat ve merhamet günlerinde yırtık bir yaka, sabahtan başka bir meşaleyle görülemez, bulaşık bir kana şafaktan başka bir çerağ ile ulaşılamaz. Saltanatın iki aydın gözüdür ki günlerin göz aydınlığı onların çehresindendir. Hilafetin iki güçlü elidir ki İslam'ın kuvveti onların iktidarının büyük gücündendir. Kim başını Allah'ın bu iki halifesinin ubudiyet gerdanından çıkardıysa, iblis gibi boynunda lanet gerdanını gördü. Onlara itaat caddesinden ayağını dışarı koyan kimse, ebedî zulüm, kötülük ve mutsuzluğun esiri oldu.

Kehribar bazen gaspla bir saman yaprağına taarruzda bulunursa, onların siyasetinin korkusundan yüzü samanla dolar, saman yüz haline gelir ve mıknatıs, iğneyi çektiği için kılıç çekmekle suçlanır. Onların azametinin korkusundan kan bedende yanıp kararır. Onların adalet mimarı, zulüm binasını kaldırıp refah, bolluk ve istikamet binasının temelini yeniden atmıştır. Şüphesiz ki günler ve geceler boyu birbiri ardınca fetih imdadı söz konusudur. Dünyanın dört bir yanından ve kara ve denizin çevresinden gelip kulluk ve bağlılık eşiğine iştiyakla yüz sürüyor.

Allâh Teâlâ kara ile deniz yolları ve mesleklerinin sâlikleri, güneş ve ayın kılavuzluğunda tehlikeli yerlerin uçurumlarından çıksınlar diye dünyanın kara ve denizini bu iki Cemşid-i Hurşidin adalet beşiğinin nurlarıyla uyandırır, biri hilafet dairesinin noktası, diğeri saltanat ve şefkat halkasının aracı olan bu iki âlem-penah, cihanın sığınağı güneşle aydınlatır. İnsan ve evreni azametli hükümdarlık feleğinin iki yıldızının bir burçta yakınlaşma eserlerinin bereketleriyle ve mutluluk feleğinin ışık veren bakışlarıyla konu veya meselelerin özlerine ve çözümlerine eriştirir. Allahım! Kullarını şefkat ve merhamet gölgesi altına sağlam bir şekilde yerleştirdiğin gibi o ikisini hilafet tahtının üzerine sağlam bir şekilde yerleştir! Adalet ve ihsan bardağını insanoğlunun üzerine boşalttığın gibi o ikisini seçkinlerin seçkini, gözdelerin gözdesi Hz. Muhammed ve ailesi ile gözde seçkinlerden olan Ashabının hakkı için bol destek ve nimetle güçlendir, destek ol.

KAYNAKLAR

Kur'ân-ı Kerîm

Kütüb-i Tis'a

el-Aclûnî, İsmail Muhammed. *Keşfu'l-Hafâ ve Muzîlu'l-İlbâs*, 2 Cilt. Beyrut: Dâru İhyâi't-Turâs, 1351.

Anay, Harun, *Celâleddîn Devvânî: Hayatı, Eserleri,Ahlâk ve Siyaset Düşüncesi*. Doktora Tezi. Marmara Üniversitesi, 1994.

'Ârâ'î, Abdullah Mes'ûdî. "Mukaddime-i Musahhih". *Ahlâk-ı Celâlî*. Tas. Abdullah Mes'ûdî 'Ârâ'î. 9-30. Tahran: İntişârât-i 'Ittılâ'ât, 1391.

'Ârâ'î, Abdullah Mes'ûdî. "Havâşî ve Ta'lîkât". *Ahlâk-ı Celâlî*. Tas. Abdullah Mes'ûdî 'Ârâ'î. 309-341. Tahran: İntişârât-i 'Ittılâ'ât, 1391,

Celâleddîn Devvânî. *Ahlâk-ı Celâlî*. 1438: 218/b-299/b. Süleymaniye Kutuphanesi.

Celâleddîn Devanî. *Ahlâk-ı Celâlî*, Leknev, 1316/1898.

Celâleddîn Devanî. *Ahlâk-ı Celâlî*. Tas. Mevlana Mevlevî Nasîruddîn. Ed. Şeyh Mübârek Ali. El Yazmasını Yazan: Muhammed Şerif. Lahor: Matbaa-i Rohri, 1302.

Celâleddîn Devanî. *Ahlâk-ı Celâlî*. Tas. Abdullah Mes'ûdî 'Ârâ'î. Tahran: İntişârât-i 'Ittılâ'ât, 1391.

Celaleddin Devani, *The Akhlak-ı Jalaly*, *Practical Philosophy Of the Muhammadan People*, Çev. W. F. Thompson, The Obiental Translation Fund of Great Britain and Ireland, Londra MDCCCXXXIX.

Celaleddin Devani, *Akhlâq-ı Jalâlî*, Ed. Muhammed Kazım Şirazî, the Hablul Matin Press, Calcutta 1911.

Jalaluddin Mohammad Allame Dawwani, *The Akhlak-ı Jalali*, Çev. S. H. Deen, Yayınlayan: Seikh Mubarak Ali , Lahore 1939.

Kâtib Çelebi, *Keşfu'z-Zunûn an Esâmi'l-Kutubi ve'l-Funûn*, Haz. Ş. Yaltkaya-R. Bilge, c. 1, Dâru'l-Fikr, 1990.

Kâtip Çelebi, *Mîzanu'l-Hakk Fî İhtiyari'l-Ahakk*, Haz. O. Şaik Gökyay, Tercüman 1001 Temel Eser, İstanbul 1980.

Kâtib Çelebi, *Düstûru'l-Amel liIslâhi'l-Halel*, İstanbul h. 1280.

Kâtib Çelebi, *Bozuklukların Düzeltilmesinde Tutulacak Yollar*, Haz. Ali Can, Kültür ve Turizm Bakanlığı Yay., Ankara 1982.

Kınalızâde Âlî, Ahlâk-ı 'Alâî, Bulak h. 1248.

Kınalızâde Ali Çelebi, *Ahlâk-ı Alâî*, Haz. Mustafa Koç, Klasik Yayınları, İstanbul 2007.

Kınalızade Ali Çelebi, *Ahlâk-ı Alâî*, Sadeleştiren: Murat Demirkol, Fecr Yayınları, Ankara 2016.

Kınalızâde Ali Efendi, *Ahlâk-ı Alâ'î*, Haz. Hüseyin Algül, Tercüman 1001 Temel Eser, İstanbul ty.

Kınalızâde Ali Efendi, *Devlet ve Aile Ahlakı*, Haz. Ahmet Kahraman, Tercüman 1001 Temel Eser, İstanbul ty.

Koçi Bey, *Koçi Bey Risalesi*, Haz. Yılmaz Kurt, Ecdâd Yay., Ankara 1994

Nasîruddin Tûsî, *Ahlâk-ı Nâsırî*, Tah. ve Tas. ve Tavzih: Mücteba Mîneva ve Alirızâ Haydarî. Tahran: Çâphâne-i Gülşen 1369

Nasîruddin Tûsî, *Ahlâk-ı Nâsırî*, Çev. Anar Gafarov ve Zaur Şükürov, 3. Baskı, Litera Yayıncılık, İstanbul 2016.

Orman, Sabri, *İktisat, Tarih ve Toplum*, Küre Yayınları, Birinci Baskı, İstanbul 2001

Thompson, W. F., "Preface", *The Akhlak-ı-Jalaly*, *Practical Philosophy Of the Muhammadan People,* Celaleddin Devani, Çev. W. F. Thompson, The Obiental Translation Fund of Great Britain and Ireland, Londra MDCCCXXXIX (1839), v-x.

Thompson, W. F., "Some Notice of the Nature, Origin, and Uses of The Following Treatise", *The Akhlak-ı-Jalaly*, *Practical Philosophy Of the Muhammadan People,* Celaleddin Devani, Çev. W. F. Thompson, The Obiental Translation Fund of Great Britain and Ireland, Londra MDCCCXXXIX (1839), xv-lxiv.

DİZİN